AVANT-PROPOS

Cet ouvrage a pour objectif de présenter de façon claire, structurée et directement opérationnelle, l'ensemble des connaissances fondamentales et des enjeux concernant la mondialisation. Il est composé de cent fiches, pouvant être étudiées séparément, dont chacune propose une présentation concise et organisée d'une question sur ce thème. Des renvois permettent l'examen d'analyses ou de données complémentaires figurant dans d'autres fiches.

Cet ouvrage traite de l'intégralité des aspects historiques, factuels et analytiques des éléments des programmes portant sur la mondialisation, des classes préparatoires économiques et commerciales voies économiques et scientifiques. Il pourra aussi être utilisé avec intérêt par tous ceux qui ont besoin de développer ou de synthétiser leurs connaissances sur le thème de la mondialisation, en premier lieu les candidats à différents concours de la fonction publique, ainsi que par un large public soucieux de s'informer sur ce thème d'une brûlante actualité.

Pour faciliter ses recherches, en plus du sommaire présentant les titres des 100 fiches, le lecteur trouvera des index détaillés en fin d'ouvrage.

Marc Montoussé

SOMMAIRE

PARTIE I – LES FLUX D'ÉCHANGES INTERNATIONAUX DU XIXe SIÈCLE À NOS JOURS

PARTIE II – LIBÉRALISATION ET INSTITUTIONNALISATION DES ÉCHANGES DU XIXe SIÈCLE À NOS JOURS

PARTIE III – MONDIALISATION, CROISSANCE ÉCONOMIQUE ET DÉVELOPPEMENT

PARTIE IV – DE NOUVEAU ACTEURS : FMN ET BLOCS RÉGIONAUX

PARTIE V – DIT ET SPÉCIALISATION

PARTIE VI – LES EFFETS GÉOPOLITIQUES, SOCIAUX ET CULTURELS DE LA MONDIALISATION

PARTIE VII – LES ENJEUX GÉOÉCONOMIQUES

PARTIE VIII – SMI ET GLOBALISATION FINANCIÈRE

PARTIE IX – MONDIALISATION, RÉGULATION ET CITOYENNETÉ

PARTIE X – LA THÉORIE DU COMMERCE INTERNATIONAL

PARTIE I

LES FLUX D'ÉCHANGES INTERNATIONAUX DU XIXe SIÈCLE À NOS JOURS

FICHE 1 LE COMMERCE INTERNATIONAL JUSQU'EN 1939

Bien qu'entamée depuis la fin du Moyen Âge, la croissance du commerce international connaît une nette accélération à partir du début du XIX*e siècle. Au sein des échanges mondiaux, les pays occidentaux occupent une place dominante.*

1 Le commerce international jusqu'en 1914

A Le volume du commerce mondial s'accroît

- De la fin du Moyen Âge au XVIII*e* siècle, le cadre géographique des échanges commerciaux internationaux s'élargit (découverte de l'Amérique, ouverture de la route des Indes); l'Europe occidentale en est le centre. Elle importe des pays qu'elle domine ou colonise des produits tropicaux et quelques produits artisanaux et y exporte des biens issus de son artisanat et des premières unités de production à caractère industriel. Sa politique commerciale est fondée sur les principes mercantilistes (*voir fiche 92*) : le commerce extérieur, encadré par des règles protectionnistes, est un instrument d'enrichissement du souverain.
- À partir de la fin du XVIII*e* siècle, le commerce mondial connaît un essor considérable. Ainsi, entre 1800 et 1913, le volume du commerce international est multiplié par 50. Par ailleurs, pendant les périodes protectionnistes (avant les années 1840 et à partir des années 1870), les échanges ne reculent pas, voire s'intensifient, comme au début du XX*e* siècle.
- Les taux d'exportation nationaux (part des exportations dans le PIB) se sont accrus sur longue période ; ceux des petits pays sont plus élevés que ceux des nations les plus avancées. L'historien Paul Bairoch estime qu'en 1913 le taux d'exportation britannique atteint 18 % ; celui de la France, comme celui de l'Allemagne, 15 %. Au Japon, il est de 12 % et seulement de 6 % aux États-Unis et en Russie.

B L'architecture des échanges internationaux

- Jusqu'en 1913, environ un tiers des échanges mondiaux de marchandises sont des produits manufacturés et pratiquement les deux tiers des produits primaires, essentiellement des produits agricoles et alimentaires (80 %), le reste correspondant aux produits miniers et à l'énergie (20 %).
- Au début du XX*e* siècle, les trois quarts des échanges mondiaux de produits manufacturés et un tiers de ceux de produits primaires sont le fait des pays industriels d'Europe du Nord et de l'Ouest. Bien que son poids décline, l'Europe représente, en 1913, 60 % des échanges mondiaux. Les pays industrialisés d'Europe continentale échangent d'abord entre eux (80 % de leurs échanges). La Grande-Bretagne (15 % du commerce mondial en 1913 contre 25 % en 1850) échange à hauteur de 45 % avec l'Europe continentale et les États-Unis. Le commerce extérieur de ces derniers est prioritairement orienté sur l'Europe occidentale. Il en est de même du commerce russe (notamment avec l'Allemagne). Quant au Japon, près de la moitié de son commerce est centré sur l'Asie, le reste, sur l'Europe et les États-Unis.

- Au sein du commerce international, et plus globalement de l'économie mondiale, la Grande-Bretagne exerce son hégémonie. À partir des années 1840, elle opte durablement pour une politique commerciale libre-échangiste. Ses échanges de marchandises sont déficitaires, mais les revenus qu'elle tire de sa marine marchande et de ses investissements et placements à l'étranger font plus que compenser le déficit commercial. Dès lors, la Grande-Bretagne peut augmenter ses importations et accroître ses investissements extérieurs, entretenant de ce fait la croissance mondiale.

2 Le commerce international entre 1914 et 1939

A Une croissance irrégulière des échanges mondiaux

- Après une évolution heurtée entre 1914 et 1921, le commerce international connaît une reprise jusqu'en 1929. Entre 1914 et 1929, les échanges mondiaux de biens et de services augmentent de 20 à 25 %.
- Au cours de cette période les États-Unis deviennent la puissance dominante sans en assumer les responsabilités : ils ne prennent pas en compte les conséquences de leurs politiques sur le reste du monde. Par exemple, en 1922 et en 1930, ils relèvent leurs droits de douane, réduisant ainsi les débouchés de leurs partenaires commerciaux qui sont devenus leurs débiteurs.
- La crise des années 1930 se traduit par un renforcement des mesures protectionnistes et des désordres monétaires. Le volume des échanges mondiaux se contracte alors de 25 % entre 1929 et 1932. Les taux d'exportation diminuent, sauf au Japon. La reprise économique, qui intervient à partir de 1933, conduit à un redémarrage du commerce mondial qui ne retrouve cependant pas son niveau de 1929. À la veille de la Seconde Guerre mondiale, le volume du commerce international n'est que de 5 % supérieur à celui de 1913.

B L'architecture des échanges internationaux

- Durant l'entre-deux guerres, la part des produits primaires dans le commerce mondial des marchandises reste prépondérante (60 à 65 %) ; pour l'essentiel, il s'agit de produits agricoles et alimentaires. Les produits manufacturés ne représentent alors que 35 à 40 % du commerce international.
- Les trois quarts des échanges mondiaux sont le fait de l'Europe (50 % du commerce mondial) et de l'Amérique du Nord. L'Europe est importatrice de produits primaires et exportatrice de produits manufacturés. Gros importateurs de produits primaires, les États-Unis sont aussi exportateurs de produits manufacturés (40 % de leurs exportations). Le Japon importe essentiellement des produits primaires et ses exportations, notamment industrielles, connaissent un grand dynamisme. Enfin, les importations de l'URSS sont composées à parts égales de matières premières et de produits manufacturés, et elle exporte des produits primaires.
- Au cours des années 1930, le commerce international est fragmenté du fait de la constitution de blocs et de zones monétaires. Le commerce entre les métropoles et leurs colonies prend davantage d'importance. Par exemple, la Grande-Bretagne officialise la zone sterling en 1931 et resserre les liens avec son Empire en 1932.

Jusqu'à la Seconde Guerre mondiale, le volume du commerce international s'est donc accru mais de manière irrégulière. Les effets négatifs de la crise des années 1930 sur les échanges mondiaux ne seront effacés qu'après la Deuxième Guerre mondiale et à partir de 1950, le commerce international connaîtra une forte croissance (voir fiche 2*).*

FICHE 2 L'ÉVOLUTION DU COMMERCE INTERNATIONAL DEPUIS 1945

Depuis la fin de la Seconde Guerre mondiale, le commerce international s'est considérablement accru. Sa structure a changé mais les pays développés occupent toujours une place prépondérante.

1 Une forte croissance du commerce international

A Le volume des échanges mondiaux de biens et de services est multiplié par presque 25

- Jusqu'en 1973, le volume du commerce international de biens et de services sextuple. Le taux de croissance des échanges dépasse 8 % par an en moyenne. Son rythme le plus soutenu est enregistré pendant les années 1960. L'essor du commerce mondial va donc bien au-delà d'un simple rattrapage compensant le recul des échanges des années 1930.
- Durant les trente années suivantes, la croissance du commerce international est irrégulière et s'infléchit en moyenne : le volume du commerce mondial quadruple, soit une croissance de 4 à 5 % par an en moyenne. Cet infléchissement de l'accroissement des échanges est corrélé avec celui de la croissance mondiale.

B La croissance du commerce international traduit l'ouverture croissante de nombreux pays

- Depuis la fin des années 1940, le PNB mondial a plus que septuplé. Le taux d'exportation mondial, qui exprime les exportations mondiales en pourcentage du PIB ou du PNB mondial, s'est donc accru. Inférieur à 10 % à la fin des années 1940, il dépasse actuellement 30 %.
- L'évolution des taux d'exportation nationaux corrobore celle du taux d'exportation mondial. Ainsi, les exportations de biens et de services représentent moins de 10 % du PNB français en 1950 ; elles dépassent aujourd'hui 27 %. Le taux d'exportation allemand est actuellement d'environ 35 % (6 % en 1950) et celui de la Grande-Bretagne est d'environ 30 % (10 % en 1950). Enfin, les taux d'exportation américain et japonais (environ 10 % actuellement contre 2 à 3 % en 1950) s'accroissent également mais restent très inférieurs à ceux des Européens.
- La croissance économique et celle des échanges sont interdépendantes. En effet, les exportations constituent un élément de la demande globale et stimulent de ce fait la croissance du PNB. Celle-ci implique l'essor des importations (matières premières, machines). Par ailleurs, la croissance de la production génère des économies d'échelle (réduction des coûts unitaires) qui dopent les exportations d'autant plus que les performances de l'appareil productif peuvent être améliorées du fait des importations de biens d'équipement.

2 L'ÉVOLUTION DE LA STRUCTURE DES ÉCHANGES

A Le commerce international est dorénavant centré sur les produits manufacturés

- Depuis la fin des années 1940, les produits manufacturés occupent une place croissante dans le commerce mondial : ils représentent actuellement plus de 80 % des échanges de marchandises. Parallèlement, l'importance relative des produits primaires décline (moins de 20 % des échanges de marchandises aujourd'hui). Par ailleurs, les services représentent environ 20 % du commerce mondial depuis les années 1970.
- Au sein des pays développés, notamment ceux de l'OCDE, la part des échanges intrabranches s'accroît. Ces flux croisés entre pays portent sur des produits appartenant à la même branche. Par exemple, des automobiles françaises sont exportées en Allemagne et des voitures allemandes sont importées en France. Ce type d'échange occupe une place d'autant plus importante que le niveau de développement des pays est élevé. En revanche, les échanges Nord-Sud relèvent encore, pour l'essentiel, de l'échange interbranche.

B Le commerce international s'articule autour des pays de la « Triade »

- En 2004, l'Europe de l'Ouest couvre 43 % des échanges mondiaux de biens et de services. L'Amérique du Nord assure presque 15 % du commerce mondial et le Japon, 6 % seulement. Ainsi, près de 60 % du commerce mondial relèvent des trois pôles de la Triade. Ces pays échangent d'abord entre eux. Ainsi, l'Europe de l'Ouest recourt pour une grande part (environ 65 % de ses échanges) au commerce intrazone (échanges entre partenaires de la même zone géographique). L'Amérique du Nord développe également, mais dans une moindre mesure, ce type d'échanges.
- En 1950, les pays en développement (PED) représentaient 30 % des échanges mondiaux. En 1970, cette part est tombée à moins de 20 %. Elle remonte à presque 30 % au début des années 1980 du fait de la revalorisation des prix des produits primaires, puis chute à 22 % en 1990. Elle s'accroît par la suite et dépasse 30 % en 2004, en raison du dynamisme des pays émergents d'Asie. Près de 60 % du commerce extérieur des PED sont centrés sur la Triade (États-Unis, Japon et Union européenne), le reste correspondant à leur commerce intrazone.
- Au début des années 1990, la part des pays d'Europe centrale et orientale (PECO) et de la Russie dans le commerce international s'effondre (environ 3 % contre 10 % de 1950 à la fin des années 1980) ; elle tend à s'accroître depuis la fin des années 1990 (5 % actuellement). 60 à 70 % de leurs échanges sont centrés sur la Triade (essentiellement l'Union européenne) et 20 à 25 % correspondent à leurs échanges intrazones.

Depuis 1945, le volume du commerce international a fortement augmenté. Il reste dominé par les pays développés qui sont non seulement les principaux pays exportateurs de produits manufacturés mais aussi de services. Toutefois, certains PED et PECO font preuve d'un grand dynamisme et s'insèrent avec succès dans le commerce mondial.

FICHE 3 LES MOUVEMENTS MIGRATOIRES JUSQU'EN 1945

L'immigration s'accélère au XIXe siècle. Bénéficiant de l'amélioration des moyens de transport, elle correspond à une nécessité économique, sociale et politique. Phénomène majeur, elle participe à l'ouverture du monde.

1 L'Europe peuple le monde

A Des millions d'Européens émigrent

- Les Européens ne sont pas les seuls à émigrer au XIXe et au début du XXe siècle – il y a par exemple des Chinois ou des Japonais aux États-Unis – mais ils sont les plus nombreux à tenter l'aventure (40 millions d'Européens émigrent de 1800 à 1930). La forte augmentation de la population européenne et les difficultés économiques sont à l'origine des principaux départs. La grande dépression de la fin du XIXe siècle se traduit ainsi par un exode massif (14,6 millions de 1881 à 1900).
- Certains fuient également des situations politiques périlleuses, comme au moment de l'arrivée des communistes au pouvoir en Russie, des fascistes en Italie, des nazis en Allemagne ou des franquistes en Espagne. Les deux conflits mondiaux ont un impact considérable : 1,4 million de musulmans regagnent l'Asie mineure et 1,2 million de Grecs quittent la Turquie au lendemain de la guerre de 1914-1918 ; 26 millions de personnes circulent en Europe centrale et orientale en 1945.
- Les Européens du Nord et de l'Ouest – Anglais ou Allemands – furent les premiers à partir au XIXe siècle. Ils ont été suivis, dès les années 1880-1890, par des flots d'Européens du Sud, de Slaves, ou de juifs d'Europe centrale et orientale. Les Britanniques se dirigent en très grande majorité vers les États-Unis et, dans une moindre mesure, vers leurs dominions, comme le Canada ou l'Australie. Les Italiens ou les réfugiés politiques se partagent principalement entre l'Europe et les États-Unis. Les Espagnols et les Portugais privilégient l'Amérique latine.

B L'originalité française

- La France est surtout une terre d'immigration (la colonie de peuplement de l'Algérie reste un cas exceptionnel). Les étrangers, qui représentaient 1 % de la population en 1851, sont 2,9 % en 1886. Cette situation – originale en Europe – est la conséquence d'une faible croissance démographique. Le pays manque de main-d'œuvre, alors que l'industrie exige de plus en plus de bras. Au lendemain de la Première Guerre mondiale, le recours à l'immigration devient massif du fait des pertes humaines et de la reconstruction des régions dévastées. De 1919 à 1931, le nombre d'étrangers passe de 3,7 % à 7,1 %. La France est désormais la deuxième terre d'immigration du monde derrière les États-Unis. Les pays voisins – Italie, Belgique, Espagne – fournissent les principaux contingents d'immigrés, mais l'aire de recrutement s'élargit à l'Europe centrale (Polonais surtout) et un peu à l'Asie et à l'Afrique pendant les années 1920.

2 Les enjeux contradictoires de l'immigration

A De nombreux aspects positifs

- Si le départ des émigrés soulage le marché de l'emploi des pays d'origine, leur arrivée dynamise l'économie des pays d'accueil et favorise les brassages culturels. Aux États-Unis, ils prennent le relais de la traite des Noirs africains qui se termine dans la première moitié du XIXe siècle. Les millions d'immigrants qui entrent fournissent de la main-d'œuvre à l'industrie, contribuent à la mise en valeur des terres de l'Ouest et permettent l'essor de villes « champignons ». Les mêmes tendances s'observent, à un degré moindre, au Canada, en Australie, en Nouvelle-zélande, en Afrique du Sud ou au Brésil. En France, les étrangers jouent un rôle clef dans les métiers rudes et mal payés, comme le bâtiment ou le transport de produits lourds (dockers par exemple). Ils participent largement au processus de reconstruction des années 1920.
- Les immigrés fournissent une part importante de l'accroissement de la population du territoire d'accueil à cause de leur nombre, de leur faible mortalité, due à leur jeune âge, et de leur fécondité élevée. Selon les années, ils représentent 31 % à 43 % de la croissance de la population des États-Unis de 1880 à 1910. En France, ils permettent à la population globale d'augmenter sensiblement pendant les années 1920, bien que la population française enregistre certaines années plus de décès que de naissances. Pendant cette période, l'immigration est d'ailleurs mieux organisée et accepte l'arrivée de familles. La naturalisation, déjà encouragée par la loi de 1889, devient encore plus facile en 1927. Les mariages mixtes, l'action de l'école sur les enfants et les facilités pour obtenir la nationalité française favorisent l'assimilation, même si certains, comme de nombreux Polonais la refusent.

B Le rejet des immigrés

- Accusés de « voler » le travail des autochtones, de tirer les salaires vers le bas ou de favoriser la délinquance, les immigrés servent de boucs émissaires en cas de difficultés économiques ou politiques. Parfois, les rivalités se terminent par des affrontements sanglants comme à Aigues-Mortes en 1892, entre Français et Italiens. Aux États-Unis, le rêve du « *melting pot* » se heurte aux tensions entre les premiers immigrants de religion protestante, parlant anglais ou allemand, et les nouveaux – catholiques, juifs, Italiens ou Asiatiques – rejetés et méprisés. Des Italiens sont lynchés en 1891 à la Nouvelle-Orléans. En 1894 est fondée la Ligue pour la restriction de l'immigration. Xénophobe et antisémite, elle assimile également l'étranger à l'anarchiste et au révolutionnaire.
- Cette hostilité se traduit aux États-Unis par une réduction sévère de l'immigration chinoise et japonaise dès avant la guerre. En 1921 et en 1924, les Américains fixent des quotas par pays qui limitent strictement les entrées, tandis que la crise des années 1930 freine encore les arrivées. En France, la crise provoque de nombreux départs (les étrangers passent de 2,7 millions en 1931 à 2,2 en 1936). Les gouvernements instaurent également des quotas (1932) et rendent la naturalisation plus difficile (1938). Les républicains espagnols sont parqués dans des camps. Sous le gouvernement de Vichy la situation empire. Quinze mille Français récemment naturalisés sont déchus de la nationalité française et les juifs étrangers sont les premières victimes des persécutions.

Reflet des forces et des faiblesses européennes, les mouvements migratoires ont favorisé la diffusion de la culture du vieux continent dans le monde et permis de dynamiser l'économie de nombreux pays. Ils ont révélé également les limites des processus d'intégration.

FICHE 4 LES FLUX MIGRATOIRES DEPUIS 1945

La mesure des migrations internationales est imprécise du fait de la diversité des flux légaux ou clandestins. L'ONU considère néanmoins que près de 200 millions d'êtres humains vivent hors de leur pays d'origine en 2004, contre 70 en 1960. Cela assure un brassage démographique aux conséquences profondes.

1 Les migrations internationales se sont amplifiées depuis 1945

A Des causes multiples

- Pendant les Trente Glorieuses, la recherche d'un emploi mieux rémunéré est à l'origine de nombreux départs des régions peu développées vers les pays riches. Ces travailleurs répondent aux besoins de l'industrie de l'Europe ou des États-Unis qui manque de bras, et occupent des postes peu qualifiés. Le processus se poursuit dans la période suivante, mais il se double de regroupements familiaux et de l'arrivée de migrants mieux formés qui compense, par exemple, l'insuffisance de personnel médical ou d'informaticiens. Parallèlement, l'amélioration des conditions de vie permet à de nombreux retraités de résider dans un autre pays que le leur. Enfin, certains États, comme l'Australie ou Israël, poursuivent une politique de peuplement par l'immigration.
- Les migrations internationales s'expliquent aussi par la multiplicité des drames causés par les crises politiques et les guerres. Plus de 30 millions de personnes ont été déplacées après 1945. Trois millions d'Européens ont dû quitter leurs anciennes colonies au lendemain de l'indépendance. Des millions de personnes ont fui les dictatures, tels les Chiliens, les Cambodgiens ou les Cubains. De multiples guerres locales ont provoqué des exodes massifs en Afrique et en Asie.

B Un phénomène planétaire

- Pendant les Trente Glorieuses, la France et l'Allemagne accueillent d'abord une immigration d'Européens du Sud. Elle se complète et se prolonge ensuite par l'arrivée de migrants du tiers-monde issus des anciennes colonies ou zones d'influence du Vieux Continent (Maghrébins en France, Turcs en Allemagne). Ces mouvements s'élargissent progressivement à l'ensemble du monde : Europe de l'Est dès la fin du communisme, Afrique subsaharienne, Asie. D'anciens pays d'immigration comme l'Italie et l'Espagne deviennent des terres d'accueil. Aux États-Unis, les Européens, qui représentaient encore 40 % des entrées au début des années 1960, sont remplacés par des Mexicains, des Sud-Américains et des Asiatiques.
- Les pays riches attirent probablement davantage de migrants, mais les mouvements Sud-Sud ont fortement progressé depuis les années 1970-1980. Il s'agit souvent de déplacements de voisinage déterminés par les différences de développement entre plusieurs pays. Le Mozambique ou le Zimbabwe fournissent ainsi de la main-d'œuvre à l'Afrique du Sud. Par ailleurs, les NPI et les pays producteurs de pétrole comme l'Arabie saoudite emploient de nombreux ouvriers originaires des PED. Enfin, les pays du Sud recueillent la majorité des réfugiés (70 % en 2004).

2 Un phénomène majeur qui soulève de nombreux problèmes

A Intérêts et limites des flux migratoires

- Dans les pays d'origine, le départ de milliers de personnes soulage le marché de l'emploi. L'envoi d'argent aux familles restées sur place permet d'améliorer les conditions de vie ou d'investir dans l'activité économique (les fonds transférés officiellement représentaient 150 milliards de dollars en 2004). En revanche, ceux qui partent sont souvent jeunes, entreprenants et parfois qualifiés, ce qui prive le pays d'éléments dynamiques. Dans les pays d'accueil, les immigrés constituent une main-d'œuvre bon marché et flexible dont la formation n'a rien coûté. Ils favorisent également la croissance démographique du fait des arrivées et de la forte fécondité des femmes d'immigrés. Sans cet apport, l'Allemagne et l'Italie auraient perdu des habitants depuis plusieurs années. En France, où la population a augmenté de 18,7 millions entre 1946 et 1999, le solde migratoire représente 5,4 millions de personnes.
- Les immigrés sont pourtant difficilement acceptés par la population d'origine, pour des raisons culturelles et professionnelles, principalement dans les périodes de chômage. Regroupés fréquemment dans certains quartiers et dans des banlieues dégradées, les immigrés, même s'ils ont été naturalisés, sont victimes plus que les autres de la violence et des licenciements (les jeunes maghrébins ont un taux de chômage très élevé en France). Les courants populistes, qui se sont développés depuis la crise des années 1970, y voient un facteur d'insécurité et de « danger ».

B La difficile régulation des flux

- En France, l'immigration économique a été officiellement bloquée en 1974 à cause de la crise. De nombreuses mesures ont été prises depuis cette période. Les contrôles d'identité ont été renforcés, l'immigration familiale – toujours autorisée – est devenue progressivement plus difficile, les mariages mixtes ont été surveillés, le droit d'asile a été limité. En Europe, l'espace Schengen, entré en application en 1995, a permis de renforcer les contrôles aux frontières externes de l'Union. Néanmoins, le processus migratoire ne s'est jamais arrêté. Périodiquement, les « sans papiers » ont pu régulariser leur situation. Par ailleurs, les Européens ont longtemps été divisés. Il a fallu attendre le Conseil de Séville de 2002 pour que l'UE commence à s'engager dans une stratégie restrictive commune, tout en laissant à chaque État le choix des méthodes (actuellement, le ministre de l'Intérieur français souhaite instaurer des quotas sur le modèle américain).
- De leur côté, les États-Unis accueillent officiellement de nombreux immigrés car ils ont besoin de main-d'œuvre. Ils tentent de maîtriser la situation par un système de quotas. Depuis les années 1990, ils accordent 700000 visas d'installation par an et favorisent les regroupements familiaux, l'entrée de cadres, d'universitaires ou de chefs d'entreprise. Ils essaient de contrôler l'immigration clandestine par une meilleure surveillance des frontières et des filières (le contrôle a été renforcé après le 11 septembre 2001). Mais, comme en Europe, les mesures restrictives n'ont pu arrêter l'entrée de millions de clandestins (il y a environ 10 millions de clandestins aux États-Unis).

Les migrations internationales participent au développement de la mondialisation. Elles favorisent les brassages culturels et les échanges entre pays d'accueil et pays d'origine. Difficilement contrôlables, elles peuvent créer des déséquilibres ou des tensions si les flux ne sont pas mieux maîtrisés.

FICHE 5

LES ÉCHANGES DE MARCHANDISES JUSQU'EN 1945

Il est d'usage de considérer que les échanges de marchandise jusqu'en 1945 se caractérisent par un division internationale du travail (DIT) traditionnelle dans laquelle les pays du Sud seraient spécialisés dans les exportations de produits de base et les pays du Nord dans la vente de produits manufacturés. Pourtant, les flux de marchandises sont déjà marqués par une physionomie plus complexe.

1 PHYSIONOMIE DES ÉCHANGES DE MARCHANDISES

A L'existence séculaire des échanges internationaux de marchandises

- La manière de considérer les échanges internationaux de marchandises a porté à débat depuis le XVIIIe siècle. Si les économistes classiques, à l'instar d'Adam Smith, considéraient le commerce international comme une continuité de la « propension naturelle » qui pousse les individus à échanger, cette analyse ne résiste pas réellement à l'analyse des faits. Pour les économistes classiques, le commerce international est l'extension logique des marchés locaux, devenus trop étroits et nécessitant une prolongation. Or, Karl Polanyi, en 1944, précise que c'est exactement l'inverse qui s'est produit de telle sorte que les échanges internationaux de marchandises ont progressivement atteint les marchés locaux qui étaient auparavant déconnectés entre eux.
- Ainsi, traditionnellement, des formes importantes d'échanges internationaux ont existé. Dès le XIe siècle, c'est d'abord le fait des villes-États, comme Venise qui étend sa puissance entre l'Occident et l'Orient en échangeant du fer, du bois ou des esclaves contre des épices ou de la soie. Puis, au XIIe siècle de grandes foires régionales voient le jour, comme les foires de Champagne, qui permettent les échanges des produits lainiers ou de draperie de l'Europe du Nord contre les vins de Méditerranée ou les épices d'Orient. À partir de la fin du XVIIe siècle, se développe une forme de commerce entre l'Europe, l'Afrique et l'Amérique : le commerce triangulaire. L'objectif est de contourner les obstacles protectionnistes érigés dans les pays européens et notamment en France. Les bateaux quittent le sol européen avec différentes marchandises de pacotille échangées sur les côtes africaines contre des esclaves. Les esclaves sont alors transportés vers les colonies d'Amérique et échangés contre les produits des exploitations locales, notamment du coton.

B La division internationale du travail

- Si l'avènement de la révolution industrielle au XIXe siècle est marqué par un développement important des échanges de produits manufacturés, force est néanmoins de constater que les produits de base sont les produits majoritairement échangés. En effet, en 1913, les produits primaires représentent encore 64 % des exportations mondiales, les produits agricoles en constituant la moitié. Ainsi, un tiers seulement des échanges internationaux de marchandises est constitué de produits manufacturés.
- La domination sur le commerce international de marchandises est avant tout européenne et le fait des pays qui ont connu d'abord la révolution industrielle, au

premier rang desquels on trouve l'Angleterre. La colonisation, qui connaît un développement important dans le dernier tiers du XIXe siècle, peut être analysée comme un moyen pour les pays économiquement dominants d'être au plus près de la production des produits primaires nécessaires à l'industrialisation : c'est le cas de la Grande-Bretagne qui accroît sa domination politique sur l'Inde pour avoir accès au marché pour sa fabrication textile et pour pouvoir importer, selon des conditions préférentielles, des produits de base nécessaires à son industrialisation ; c'est le cas également de la France qui construit avec la Tunisie et le Maroc une zone commerciale lui permettant d'écouler ses produits.

2 Les phases d'évolution

A L'ouverture des marchés nationaux au XIXe siècle

- Le développement des échanges internationaux de marchandises s'est d'abord réalisé par la construction de marchés unifiés. Par exemple, en 1834, plusieurs États allemands constituent une union douanière : le *Zollverein*. Par cet accord, les membres de l'union libéralisent entre eux leurs échanges commerciaux, en abolissant les barrières douanières, mais adoptent un tarif extérieur commun vis-à-vis des pays tiers.
- Néanmoins, malgré une unification des marchés nationaux, force est de constater qu'avant les années 1840 le protectionnisme est la règle. Le développement du commerce international devient réel à partir de l'abolition des lois sur le blé britanniques en 1846 (*corn laws*). Cette suppression des barrières douanières à l'entrée sur le territoire britannique provoque une augmentation importante des exportations européennes qui progressent de 6, 1 % par an entre 1845 et 1859, contre 1,9 % lors de la décennie précédente.

B Les phases d'expansion et de récession dans les échanges

- Le développement britannique provoque une progression du commerce international marqué par des périodes de libéralisme croissant suivi de périodes plus protectionnistes que Paul Bairoch résume en quatre phases. La première, de 1846 à 1860, est marquée par une « influence théorique du libéralisme britannique sur le continent » européen. De 1860 à 1879, Bairoch constate « un intermède de libre-échange en Europe », initié par le traité de commerce franco-anglais malgré un développement du protectionnisme aux États-Unis. Entre 1879 (nouveau tarif douanier allemand) et 1892 (tarif Méline en France), on assiste à un « retour progressif au protectionnisme sur le continent ». Enfin, entre 1892 et 1914, la phase de « protectionnisme croissant en Europe continentale, mais libéralisme au Royaume-Uni ».
- Entre les deux premières guerres mondiales, le commerce international connaît une évolution irrégulière marquée par des phases d'expansion puis de diminution brutales des échanges. En effet, après une chute importante des exportations en 1914, les échanges de marchandises progressent à nouveau jusqu'en 1920, soutenus par l'effort de guerre et de reconstruction. La crise de reconversion de 1920 représente une nouvelle étape de diminution des échanges, suivie d'une phase de reprise jusqu'à la crise en 1929. La Grande crise provoque une diminution de 25 % des échanges de marchandises de sorte que, à la fin des années 1930, le volume du commerce mondial est à peine au niveau de celui de 1913.

Les échanges de marchandises ont progressé à partir du XIXe siècle soutenus par des phases de recul du protectionnisme. Cependant, la première moitié du XXe siècle a été marquée par des phases d'expansion et de récession des échanges internationaux.

FICHE 6 LES ÉCHANGES DE MARCHANDISES DEPUIS 1945

Si la période qui précède la Seconde Guerre mondiale a été marquée par le protectionnisme et par une diminution importante des échanges internationaux de marchandises, le second XXe siècle se caractérise par une croissance soutenue et régulière du commerce supérieure à la croissance économique mondiale.

1 Une croissance des échanges supérieure à la croissance mondiale

A L'évolution des échanges de marchandises

- Les mesures protectionnistes qui ont marqué la crise économique de 1929 ont été considérées comme un facteur important d'aggravation de la récession mondiale. Ainsi, en 1947, 23 pays concluent un accord général sur les tarifs douaniers et le commerce : le GATT (*General Agreement on Tariffs and Trade*). Cet accord, visant à favoriser durablement le multilatéralisme dans des échanges libéralisés, a eu pour effet une croissance soutenue du commerce international puisque l'augmentation du volume des échanges a dépassé la croissance économique : alors que la production mondiale de marchandises a augmenté en moyenne de 3,9 % entre 1951 et 2004, les exportations ont augmenté de 6,3 % en volume.
- Cette évolution s'est traduite par une ouverture croissante des économies nationales liée à l'augmentation de la part des échanges internationaux de marchandises dans le PIB mondial : de 9 % en 1967, il atteint 15 % en 1985. Et si, depuis le premier choc pétrolier de 1974, on observe un ralentissement de la croissance des échanges de marchandises (4,7 % d'augmentation annuelle moyenne entre 1975 et 2004 contre 8,2 % entre 1951 et 1974), elle a toujours été supérieure à l'évolution de la production mondiale de marchandises (2,5 % entre 1975 et 2004 contre 5,5 % entre 1951 et 1974). La croissance du commerce international de marchandises est donc, depuis 1945, un facteur permanent de la croissance économique mondiale.

B Les transformations dans la structure des échanges

- Les échanges de marchandises concernent trois types de produits : les produits manufacturés, les produits des industries extractives et les produits agricoles. Si le volume du commerce international augmente pour chacun de ces trois types de produits, on ne peut que remarquer la croissance beaucoup plus importante des échanges de produits manufacturés. En effet, si le volume des exportations de produits agricoles a été multiplié par 6 environ entre le début des années 1950 et le début des années 2000 et celui des exportations de produits des industries extractives par 8, dans le même temps le volume des exportations de produits manufacturés a été multiplié par 38. Les échanges de produits manufacturés représentent 80 % du commerce international de nos jours contre 33 % au début du XXe siècle.
- Cette augmentation de la part des produits manufacturés dans le commerce international est le fait de l'ensemble des pays, notamment ceux qui ont connu la révolution industrielle au début du XIXe siècle mais aussi des pays du Sud

traditionnellement exportateurs de produits agricoles et de produits de base. Alors que ces pays exportaient seulement 10 % de produits manufacturés au début du XXe siècle, cette part atteint 75 % de nos jours. Cependant, il faut souligner que 80 % des exportations de produits manufacturés des pays en développement émanent de 10 pays seulement, les autres exportant majoritairement des produits primaires.

2 Des transformations importantes

A L'émergence de nouvelles puissances commerciales

- On observe un bouleversement important dans la hiérarchie des pays en matière d'échanges internationaux. Si la domination des États-Unis dans le commerce international a pu être préservée (le pays représente 12 % des exportations mondiales), on assiste pendant la seconde moitié du XXe siècle au sursaut des pays vaincus à l'issue de la Seconde Guerre mondiale : le Japon et l'Allemagne marquent l'après-guerre par le dynamisme de leur croissance soutenue par l'ouverture de leur économie. La France et le Royaume-Uni connaissent une diminution de leur poids dans le commerce international.
- Parallèlement, de nouvelles puissances commerciales ont vu leur poids augmenter. C'est le cas notamment des pays dits « émergents » (pays d'Europe méridionale, Mexique, Brésil, Indonésie, Corée du Sud, Malaisie, Philippines, Thaïlande, Portugal, Israël) qui représentent 17 % des exportations mondiales à la fin du XXe siècle, contre 9 % environ vingt ans plus tôt. Cette progression ne s'est pas faite au détriment du poids des pays riches (Europe de l'Ouest, États-Unis, Canada, Japon) qui représentent toujours 70 % des exportations. En revanche, la part des pays non émergents dans le commerce international a diminué parallèlement à la diminution de leur poids dans la création mondiale de richesses.

B De nouveaux types d'échanges

- Si la constitution de zones régionales d'échanges est intervenue depuis la suppression des barrières douanières entre les États allemands en 1834 (le *Zollverein*), elle s'accélère à partir des années 1960, dopée notamment par la signature du traité de Rome en 1957. Ainsi, on constate un poids très important des échanges intra-régionaux dans les flux du commerce international : les échanges intra-européens représentent plus du tiers des échanges mondiaux et les deux tiers des exportations européennes sont à destinations de pays de la zone, la moitié des exportations des pays riches sont a destination des mêmes pays riches.
- La régionalisation des échanges se caractérise par le développement de relations commerciales entre pays relativement similaires quant à leur développement. Ainsi, le commerce international connaît un développement des échanges intra-branches, c'est-à-dire d'échanges croisés de produits similaires. Ces échanges sont encouragés par le développement des firmes multinationales qui échangent entre elles des composants de produits ou des produits finis dans le cadre de filiales relais.

Les échanges internationaux de marchandises se sont donc fortement développés depuis 1945 à tel point que les exportations mondiales représentent, au début du XXIe siècle un quart de la richesse mondiale contre 12 % trente ans plus tôt.

FICHE 7

LES ÉCHANGES DE SERVICES

Le poids de la production des services dans l'économie mondiale est sans commune mesure avec leur place, modeste, dans les échanges internationaux. Pourtant, les échanges de services connaissent une progression importante, facilitée par les nouvelles technologies de l'information et de la communication mais aussi par des mesures internationales visant à les libéraliser.

1 Le poids des échanges de services

A La comptabilisation des échanges de services

- Alors que les échanges de marchandises sont relativement aisés à comptabiliser, puisqu'ils renvoient à des transactions matérielles entre les pays, les échanges de services interviennent, dans la balance des transactions courantes, sous la rubrique « balance des invisibles ». La particularité d'un service tient, selon les définitions traditionnelles, à la simultanéité entre sa production et sa consommation. D'ailleurs, certains services, pour cette dernière raison, ont longtemps été considérés comme non échangeables au niveau international. Or, aujourd'hui, des services comme les soins médicaux peuvent être réalisés à distance grâce aux technologies de l'information et de la communication.
- Dans le cadre de l'Accord général sur le commerce des services (AGTC ou GATS selon la terminologie anglo-saxonne), l'OMC comptabilise aujourd'hui les échanges de services en douze grands postes : services fournis aux entreprises et services professionnels ; services de communication ; services de construction et services connexes ; services de distribution ; services d'éducation ; services relatifs à l'énergie ; services concernant l'environnement ; services financiers ; services de santé et services sociaux ; services de tourisme ; services de transport ; mouvements des personnes physiques.

B L'évolution des échanges de services

- Au regard de leur poids dans le produit intérieur brut du monde, le poids des échanges de services reste relativement modeste. En effet, alors que la part des services dans le PIB des pays les plus riches équivaut à 71 % (75 % pour les États-Unis), et à 55 et 47 % pour, respectivement, les pays à revenu moyen et à bas revenu, le volume des échanges de services correspond, en 2004, à environ 19 % du total des transactions courantes, soit environ 1 800 milliards de dollars.
- Pourtant, la croissance des échanges de services est importante. Annuellement, les échanges de services ont augmenté de 7,6 % depuis 1980 alors que, dans le même temps, les échanges de marchandises progressaient de 6,6 % environ. Les échanges de services connaissent une forte accélération depuis le début des années 1990 liée d'une part à l'introduction de nouveaux types de services dans les statistiques et d'autre part aux nouvelles technologies de la communication.

2 Les enjeux des échanges de services

A Physionomie des échanges de services

- Les échanges de services sont le plus souvent proportionnels à la fois au poids du secteur tertiaire dans l'économie et à la place dans le commerce du pays international. En effet, les États-Unis représentent le premier « exportateur » de services au début des années 2000, suivis par le Royaume-Uni et la France. Symétriquement, les États-Unis sont les premiers « importateurs », suivis de l'Allemagne, du Japon, du Royaume-Uni puis de la France. Il est à noter que si les services représentent dans l'ensemble de ces pays environ 20 % des échanges, les États-Unis sont un peu en retrait. Il faut signaler également que des pays comme la Grèce peuvent avoir un commerce des services correspondant à plus de 40 % de leurs échanges.
- Les échanges de services sont dominés par deux postes qui représentent plus de la moitié du total : les services de transport et les voyages qui, pour la France, correspondent à plus de la moitié du total, et les échanges de services financiers qui connaissent une progression importante ces dernières années.

B Vers de nouvelles règles internationales concernant les échanges de services

- Les échanges de services représentent un enjeu important au niveau international. En effet, alors que le secteur tertiaire représente 75 % environ de la production et de l'emploi dans les principaux pays développés, ceux-ci ne représentent que moins de 20 % des exportations. Ainsi, la marge de progression est importante et encouragée par les technologies nouvelles de communication et de transport qui permettent de dépasser les difficultés initiales. De plus, les échanges internationaux de services concourent à la multinationalisation des entreprises et à l'externalisation de segments de production, dans des domaines comme la finance ou le service à distance.
- Pour toutes ces raisons, la Conférence internationale de l'OMC de Marrakech en 1994 a permis la signature du premier Accord général sur le commerce des services (ou en anglais *General Agreement on Trade in Services*, GATS). Depuis, les négociations se poursuivent visant à adapter aux services les règles de libre-échange. Longtemps laissés de côté au niveau de la réglementation européenne, les échanges de services font aujourd'hui l'objet de débats importants au travers de la directive Bolkenstein.

Les échanges de services sont très anciens dans les échanges internationaux. Cependant, alors qu'ils représentent la grande majorité de la valeur ajoutée produite à l'intérieur des pays, ils ne comptent aujourd'hui que pour moins d'un cinquième des échanges internationaux. C'est dire toute la marge de progression qui peut intervenir dans les années à venir à condition que le mouvement de libéralisation puisse se poursuivre dans les prochaines années.

FICHE 8 LES ÉCHANGES DE CAPITAUX JUSQU'EN 1945

La mondialisation des échanges de capitaux n'est pas récente. Il est possible de retrouver, dans l'histoire économique, des échanges de capitaux sur une grande échelle depuis de nombreuses années. Ceci étant, avant 1945, les échanges de capitaux ont été marqués par une instabilité liée à la difficulté de construire un système monétaire international qui puisse être parfaitement stable.

1 LE DÉVELOPPEMENT DES ÉCHANGES DE CAPITAUX JUSQU'À LA PREMIERE GUERRE MONDIALE

A Le système étalon-or est favorable aux échanges de capitaux

- Le XIXe siècle est marqué par la constitution des systèmes monétaires et financiers adaptés à l'économie moderne héritée de la révolution industrielle. La création progressive des banques centrales au cours du siècle permet aux systèmes bancaires nationaux de s'organiser. Si de profonds débats d'ordre théorique – le débat notamment entre les partisans du « *banking principle* », qui prônent une émission de monnaie en fonction des besoins de l'économie, et ceux du « *currency principle* », qui prônent un attachement fort à l'or dans toute émission de monnaie – animent le début du XIXe siècle, l'adoption, en 1844, du *Bank Charter Act* au Royaume-Uni permet la mise en place d'un système dans lequel la valeur des devises est définit par son poids en or.
- Le *Gold Standard* (système étalon-or) est donc adopté dans les transactions internationales sous l'influence de l'économie dominante de l'époque: l'économie britannique. Néanmoins la pratique amène les opérateurs internationaux à payer en devises plutôt que de supporter le coût et le danger du transport de l'or. Cependant, de par la définition des parités monétaires par rapport à l'or, les taux de change des devises entre elles restent dans des marges relativement stables.

B Des flux de capitaux à grande échelle

- Entre 1870 et 1914, les pays industrialisés dégagent des capacités de financement qui permettent d'alimenter des flux internationaux de capitaux vers les pays à fort potentiel de croissance, comme les Amériques ou l'Australie. Ces sorties de capitaux permettent d'alimenter des investissements dans les lignes de chemins de fer ou dans la construction des autres infrastructures. Un nombre important d'emprunts publics à long terme est également souscrit dans les pays qui connaissent leur décollage économique à cette période (emprunts russes par exemple).
- Les sorties nettes de capitaux de Grande-Bretagne, suivie de près par la France, les Pays-Bas ou l'Allemagne, atteignent leur maximum à la fin du XIXe siècle (9 % du PIB environ). Ces sorties de capitaux sont alimentées par les excédents commerciaux importants. La Grande-Bretagne réalise la moitié de son investissement total hors de ses frontières.

2 La désintegration des mouvements de capitaux pendant l'entre-deux-guerres

A Un ordre monétaire international instable

- Le début de la Première Guerre mondiale provoque l'inconvertibilité des monnaies en or. À la fin du conflit, la situation économique est marquée par une forte poussée inflationniste qui, de fait, provoque une dépréciation des devises par rapport au métal précieux. Or le stock de celui-ci est, d'une part, insuffisant et, d'autre part, trop inégalement réparti entre les pays : les États-Unis en 1918 détiennent à eux seuls plus d'un tiers du stock d'or mondial.
- C'est seulement en 1922, à la conférence de Gènes, qu'un nouveau système monétaire est décidé. Le *Gold Exchange Standard* (GES) permet de réaffirmer le rôle de l'or, convertible seulement en certaines devises clés (dollar dès 1922, livre sterling en 1925). Les autres devises sont convertibles par rapport à ces devises clés. Or, l'absence d'instance de régulation internationale, la non affirmation monétaire des États-Unis à cette époque, le recul britannique comme première puissance économique du monde ainsi que les difficultés financières issues de la crise de 1929 mettent progressivement fin au GES.

B Une circulation internationale des capitaux en déclin

- Dans cet environnement monétaire et financier instable, l'évolution des mouvements de capitaux se solde par une restriction importante et ce qui peut être appelé une « balkanisation monétaire ». La crise de 1929 provoque des réactions nationales dans la mise en œuvre des politiques économiques : la France et l'Allemagne se tournent vers leur empire colonial, l'Allemagne se referme et prépare la guerre, le président Roosevelt met en place le New Deal aux États-Unis. Dans cet environnement de repli protectionniste, tant d'un point de vue commercial que monétaire, les tentatives de reconstruction du SMI aboutissent à des échecs et les mouvements internationaux de capitaux se restreignent.
- Paradoxalement, la période de l'entre-deux-guerres connaît une progression des investissements directs à l'étranger, destinés à la constitution d'investissements à plus long terme dans les entreprises étrangères. Le stock d'IDE des États-Unis augmente, même si l'Europe occidentale, et plus particulièrement le Royaume-Uni, restent majoritaires dans les investissements directs à l'étranger.

Les mouvements de capitaux sont intimement liés à l'environnement monétaire qui les accompagne. Les périodes de stabilité dans l'ordre monétaire international sont favorables aux échanges de capitaux, alors que l'entre-deux-guerres, instable politiquement et économiquement, a connu un repli important, à l'exception des investissements directs qui se maintiennent globalement.

FICHE 9

LES INVESTISSEMENTS DIRECTS À L'ÉTRANGER DEPUIS 1945

Les investissements directs à l'étranger (IDE), qui représentent la recherche d'un intérêt de long terme dans des entreprises situées dans un autre pays que le pays d'origine des capitaux, obéissent à une logique propre, bien qu'ancienne, qui a connu un développement important depuis 1945. Considérés, à juste titre, comme l'évolution logique et naturelle du système capitaliste, les IDE participent à la mondialisation de l'économie par la constitution des firmes multinationales.

1 Origine des investissements directs à l'étranger

A Que sont les IDE ?

- Les investissements directs à l'étranger correspondent à l'achat d'avoirs étrangers dans le but de contrôler l'activité d'une entreprise. Ils se distinguent des investissements de portefeuille par leur finalité (les investissements de portefeuille ont une visée essentiellement de rentabilité financière de court terme) et par le niveau du capital de l'entreprise contrôlée (on estime que tout investissement correspondant à l'acquisition d'au moins 10 % du capital d'une entreprise est un IDE selon le Fonds monétaire international).
- Les investissements directs à l'étranger concourent donc à l'internationalisation du facteur capital et à la formation des firmes multinationales (FMN). Les flux d'IDE peuvent revêtir plusieurs formes :
  - l'implantation d'une unité de production ou d'une filiale à l'étranger ;
  - l'acquisition d'une participation conséquente dans une entreprise étrangère déjà existante ;
  - le réinvestissement des bénéfices réalisés par les entreprises sous contrôle dans le pays étranger.

B Les IDE : un phénomène ancien

- Si le développement des investissements directs à l'étranger participe de la globalisation financière, le phénomène est très ancien. En effet, les flux de capitaux visant à l'implantation ou la prise de participation importante dans des entreprises étrangères étaient déjà une réalité au Moyen Âge, notamment dans le secteur bancaire lorsque certaines maisons financières (telles que la banque Médicis de Florence) faisaient la prospérité des villes-États.
- Le XIXe siècle se caractérise par un mouvement important d'augmentation de la taille des entreprises dans un cadre d'amélioration des techniques de production. Il a vu l'avènement des multinationales industrielles dans le domaine électrique notamment avec les firmes General Electric et Westinghouse. Le mouvement se poursuit après la Première Guerre mondiale mais à un rythme plus ralenti.

2 L'ÉVOLUTION DES INVESTISSEMENTS DIRECTS À L'ÉTRANGER DEPUIS 1945

A Jusqu'à la crise de 1973

- La crise économique des années 1930 avait été marquée par la quasi stagnation des investissements directs à l'étranger, ceux-ci connaissent après la Seconde Guerre mondiale une poussée importante. À l'instar du commerce international, ils augmentent de plus de 8 % par an en volume, soit deux fois plus que la croissance économique mondiale.
- L'origine et la destination des investissements directs à l'étranger connaissent pour leur part une évolution importante.

  En 1938, l'Europe occidentale détenait 65,6 % du stock mondial d'IDE. Le vieux continent n'en détient plus qu'un peu plus d'un tiers en 1973. Ce recul s'est fait au profit des États-Unis qui possèdent 50 % du stock mondial d'IDE en 1973.

  Le stock d'IDE était principalement détenu dans les pays en développement jusqu'à la Seconde Guerre mondiale (ils accueillaient 67 % du total mondial), c'est vers l'Europe occidentale et les autres pays développés à économie de marché que s'effectue la réorientation. En effet, fortes d'un dollar très cher dotant les firmes américaines d'un pouvoir d'achat important et souhaitant contourner les barrières douanières extérieures liées à la constitution progressive du marché commun, les FMN d'outre-Atlantique investissent massivement en Europe à partir des années 1950. Les pays du tiers-monde, ayant du mal à connaître le développement économique souhaité et entrant dans une phase de plus grande instabilité politique pendant les phases de décolonisation, se voient relativement abandonnés par les IDE, notamment américains.

B Depuis 1973

- Depuis la crise économique de 1973, les IDE connaissent une évolution plus cyclique. D'abord ralentie jusqu'au milieu des années 1980, la croissance des IDE reprend jusqu'au milieu des années 1990, pour se tasser lors de la crise monétaire et financière asiatique de 1997 et progresser à nouveau depuis.
- Si la part la plus importante du stock mondial d'investissements directs à l'étranger reste toujours située dans les pays développés à économie de marché, on constate de nouvelles destinations depuis le début des années 1990, notamment vers les pays émergents asiatiques. De la même façon, si la prédominance des États-Unis n'est pas contrariée, de nouveaux pays investisseurs font leur apparition : l'Allemagne, le Japon puis la France ou le Royaume-Uni. Les pays en décollage rapide au milieu des années 1990 (Corée du Sud, Taïwan, Malaisie) ont, eux aussi, développé les IDE.

Le développement des investissements directs à l'étranger, lié à la multinationalisation des firmes, tend à accroître la constitution d'un marché économique global. Cette évolution est renforcée par la constitution d'une division internationale des processus de production accrue.

FICHE 10 CAPITAUX FLOTTANTS ET INVESTISSEMENTS DE PORTEFEUILLE

Depuis la fin de la Seconde Guerre mondiale, la physionomie des échanges de capitaux a été profondément modifiée. D'abord limités pendant les Trente Glorieuses, la création de nouveaux instruments financiers et les nouvelles modalités des échanges de capitaux, ont permis un développement conséquent des investissements de portefeuille, c'est-à-dire d'acquisition d'actifs financiers dans une perspective de placement, souvent de court terme. De sorte que les actifs financiers, appelés alors « capitaux flottants », se déplacent rapidement depuis les années 1980 et provoquent de nouveaux risques économiques.

1 Vers la globalisation financière

A Jusqu'aux années 1970, des marchés de capitaux segmentés

- À l'issue de la Seconde Guerre mondiale, les responsables politiques et économiques tirent les leçons des instabilités financières et commerciales de l'entre-deux-guerres. En 1944, la conférence de Bretton Woods, réunie à l'initiative des États Unis et de la Grande-Bretagne, va chercher à instaurer un cadre de stabilité monétaire. Le système de Bretton Woods va se caractériser par la mise en œuvre d'un nouveau système de change-or mais avec une seule devise convertible, le dollar, au taux de 35 dollars l'once d'or. Toutes les autres devises sont convertibles en dollar à un taux fixe. La prédominance économique des États-Unis est donc affirmée par ce nouveau système monétaire international.
- Le choix délibéré de recourir à un système de changes fixes mais ajustables permet de préserver une certaine indépendance nationale en matière de politique monétaire, à condition que les mouvements internationaux de capitaux restent relativement réduits car ils peuvent provoquer, le cas échéant, des comportements spéculatifs sur le cours des monnaies. C'est la raison pour laquelle les flux internationaux de capitaux ont été réduits jusqu'aux années 1970, le financement de l'économie reposant alors sur la création monétaire (constitution d'une économie d'endettement).

B La globalisation financière permet le développement des échanges de capitaux

- À la faveur de la poussée inflationniste des années 1970, l'ensemble des pays occidentaux va chercher à modifier la logique de financement de l'économie afin de sortir de la spirale de l'économie d'endettement. Dans cette perspective, un certain nombre de modifications profondes des circuits de financement est entrepris. Elles concernent tout d'abord le développement des marchés financiers : la création de nouveaux marchés, tels que le NASDAQ aux États-Unis ou le nouveau marché en France, destinés aux valeurs mobilières des nouvelles technologies, contribue à ce développement. Sur le marché monétaire, la généralisation des changes flottants, après l'abandon du Système monétaire international de Bretton Woods en 1973, a contribué à l'émergence des marchés de produits dérivés permettant d'assurer une limitation des risques encourus.

- Ainsi, depuis les années 1980, la globalisation financière est une réalité. Selon l'analyse de H. Bourguinat, dans *Finance internationale* (1995), elle se caractérise par un processus de déréglementation, de décloisonnement et de désintermédiation des marchés financiers. Facilitée par les nouveaux instruments de l'information et de la communication, c'est bien à la constitution d'un marché mondial des moyens de financement que l'on assiste. Les échanges de capitaux augmentent en volume mais aussi en rapidité.

2 L'ÉVOLUTION DES ÉCHANGES DE CAPITAUX

A Le développement des échanges de capitaux

- La mise en œuvre de la globalisation financière favorise un cadre de fluidité monétaire et d'efficience. En effet, les entreprises ont désormais recours à une gamme étendue et importante de financement à l'échelle planétaire. De la même façon, l'abondance de liquidités a tendance à tirer vers le bas le niveau des taux d'intérêt, ce qui favorise les investissements productifs. En outre, dans un cadre libéral, le fait que les capitaux soient flottants invite les acteurs à de nouveaux types de placements, basés sur les devises ou sur les taux d'intérêt.
- L'augmentation des flux de capitaux dont le montant des transactions quotidiennes dépasse très largement le volume des échanges de biens et services est la conséquence de cette évolution. Le montant total des capitaux échangés sur les marchés internationaux de capitaux excède 1 500 milliards de dollars par jour. Alors que la capitalisation boursière a connu une progression d'environ 13 % par an depuis les années 1970 au niveau international, les nouveaux pays industrialisés ne sont pas en reste, ce qui crée parfois de l'instabilité et des risques.

B De nouveaux acteurs

- Le développement des échanges de capitaux a été rendu possible par l'introduction de nouveaux acteurs sur les marchés financiers internationaux. Si les entreprises multinationales développent les participations croisées sous la forme d'investissements de portefeuille pour lesquels la rentabilité quasi immédiate est le seul critère, les fonds de pension, notamment américains et britanniques, qui gèrent les fonds des retraites par capitalisation, représentent aujourd'hui les principaux fournisseurs et sont les principaux acteurs de ces échanges. Ces investisseurs institutionnels (qui regroupent également les compagnies d'assurance, les organismes de placement collectifs en valeurs mobilières) sont aujourd'hui très présents sur les marchés internationaux des capitaux et des devises.
- Si les grands pays industrialisés restent majoritaires dans la participation aux échanges de capitaux, les agents économiques des pays émergents voient leur rôle augmenter fortement, tant comme pays d'accueil des capitaux que comme pays émetteurs. Les spéculations qui sont intervenues sur les devises asiatiques en 1997 témoignent de l'importance croissante de ces pays mais aussi des fragilités inhérentes au système.

La constitution d'un marché financier globalisé, grâce au décloisonnement des marchés, à la création de nouveaux titres monétaires et financiers, au recours aux technologies de l'information et de la communication, a provoqué un développement des mouvements de capitaux à l'échelle planétaire. Si les économies peuvent ainsi trouver des financements plus importants et plus rapides, l'extrême volatilité qui accompagne ces placements peut conduire à des situations de crise de système.

PARTIE II

LIBÉRALISATION ET INSTITUTIONNALISATION DES ÉCHANGES DU XIXe SIÈCLE À NOS JOURS

FICHE 11

LES POLITIQUES COMMERCIALES

Les politiques commerciales sont définies et mises en œuvre par les États ou groupes d'États. Elles correspondent à l'ensemble des mesures adoptées par les pouvoirs publics pour influer sur le commerce extérieur. Ces politiques peuvent être protectionnistes si elles limitent l'accès des produits étrangers au marché intérieur, ou libre-échangistes si, au contraire, elles réduisent les barrières douanières.

1 Les politiques commerciales protectionnistes

A Pourquoi le protectionnisme ?

- Le protectionnisme permet de limiter la concurrence extérieure que subissent les entreprises et les activités nationales. Ainsi, la protection du marché intérieur permet aux entreprises intervenant dans un secteur fortement concurrencé au plan international de bénéficier d'un délai pour moderniser leurs équipements. Par ailleurs, il permet de limiter les coûts sociaux qui résulteraient des licenciements dans les secteurs peu compétitifs et menacés par la concurrence mondiale.
- Le protectionnisme peut aussi être adopté pour faire émerger des activités nouvelles qui, sans protection, ne pourraient pas faire face à la concurrence mondiale alors qu'elles sont des vecteurs de croissance et de développement. À l'abri des barrières douanières, ces activités « dans l'enfance » (*voir fiche 93*) seront portées au niveau de compétitivité leur permettant d'affronter la concurrence mondiale.
- Le protectionnisme peut contribuer à réduire le déficit de la balance des biens et des services en freinant les importations et en stimulant les exportations. En outre, il peut engendrer des recettes pour l'État grâce aux droits de douane.

B Les limites du protectionnisme

- Le protectionnisme peut être préjudiciable à l'ensemble de la communauté internationale. En effet, lorsque les pays protecteurs réduisent leurs importations, les exportations des autres pays diminuent, d'où un ralentissement de leur croissance. Dès lors, leurs importations se contractent au détriment des exportations des pays protecteurs dont la croissance est de ce fait freinée. En outre, les États victimes du protectionnisme peuvent à leur tour protéger leur marché intérieur, déclenchant une guerre commerciale dont vont pâtir tous les pays, comme ce fut le cas au cours des années 1930 (*voir fiche 14*). La paix mondiale peut être menacée si les conflits commerciaux s'exacerbent.
- Le protectionnisme renchérit le coûts de la vie dans les pays protecteurs et engendre des profits anormaux dans les secteurs protégés sans efforts particuliers des chefs d'entreprises dont l'incitation à innover s'affaiblit. L'activité économique est moins dynamique au détriment des revenus des salariés et de leurs emplois. Enfin, pour contourner les obstacles douaniers, la fraude et la contrebande se développent au risque de mettre en péril certaines activités légales et de réduire les recettes fiscales de l'État.

2 Les politiques commerciales libre-échangistes

A Pourquoi le libre-échange ?

- Le libre-échange devrait permettre l'élargissement des débouchés et donc l'augmentation de la demande. De plus, la concurrence est une incitation à l'innovation et à l'élévation de la qualification de la main-d'œuvre. Enfin, chaque pays devrait se spécialiser sur les activités dans lesquelles il est relativement plus productif ou relativement le moins désavantagé comme l'a montré Ricardo au début du XIXe siècle (*voir fiche 95*). Dès lors, les capacités productives des pays sont dans leur ensemble plus performantes.
- Les appareils productifs étant plus efficaces, la production mondiale de biens et de services à la disposition des consommateurs devrait s'accroître pour des coûts moindres. La gamme des produits qui leurs sont offerts devrait s'élargir. Ainsi, le libre-échange stimule la croissance mondiale.
- Le libre-échange incite les nations à nouer des relations commerciales qui se substitueraient, selon certains auteurs, à la guerre. Ainsi, le libre-échange pacifierait les relations internationales.

B Les limites du libre-échange

- L'ouverture des marchés peut se traduire par une montée du chômage du fait de la fermeture des entreprises moins compétitives. Par ailleurs, la pression concurrentielle induite par le libre-échange peut avoir des effets pervers : diminution des salaires, licenciements, accélération des cadences, moindre préoccupation des entreprises à la préservation de l'environnement.
- Certains pays peuvent ne pas bénéficier des bienfaits du libre-échange. Les pays spécialisés sur des productions à rendements décroissants (les coûts unitaires augmentent quand la production augmente) ou faiblement croissants (les coûts unitaires baissent peu) ne bénéficient pas à l'égal des autres de l'ouverture extérieure. C'est notamment le cas des pays principalement producteurs et exportateurs de produits primaires. Dès lors, les inégalités entre nations peuvent se creuser. En outre, du fait de la déficience de leurs infrastructures, de leur système bancaire, de dysfonctionnements de l'appareil d'État, les pays les plus pauvres ne peuvent bénéficier pleinement des effets positifs du libre-échange.
- Le libre-échange peut accroître les tensions entre les pays. Par exemple, pour préserver la compétitivité des firmes implantées sur leur territoire, certains États vont vouloir maintenir le faible niveau des salaires et de la protection sociale de la population. Les autres États peuvent y voir une pratique similaire au dumping (*voir fiche 12*) et manifester leur défiance. Les relations internationales risquent ainsi de se dégrader.

Les politiques commerciales mises en œuvre par les États sont porteuses de bienfaits mais ne sont pas sans risques. Les gouvernants doivent donc faire preuve de pragmatisme dans leur mise en œuvre.

FICHE 12 LES MODALITÉS DU PROTECTIONNISME

Les politiques commerciales protectionnistes disposent d'instruments divers. La protection du marché intérieur peut être tarifaire ou non tarifaire. Par ailleurs, le dumping a pour objet de stimuler les exportations en contrevenant aux règles de la concurrence.

1 PROTECTIONNISME TARIFAIRE OU NON TARIFAIRE

A Les modalités du protectionnisme tarifaire

- Le protectionnisme tarifaire consiste à influer sur les importations par la fixation de droits de douane. Les droits de douane sont le plus souvent exprimés *ad valorem*, c'est-à-dire en pourcentage du prix du produit importé (t % de la valeur de chaque unité de produit importé). Ils peuvent être spécifiques, c'est-à-dire exprimés en unités monétaires (x euros par unité de produit importée). Parfois, le barème des droits de douane varie selon que les quantités importées dépassent ou non un volume déterminé (contingent tarifaire).
- L'octroi de subventions publiques aux entreprises nationales relève aussi d'une telle forme de protectionnisme. En effet, elles permettent aux firmes nationales de pratiquer des prix inférieurs à ce que peut laisser présager le niveau des coûts de production et ainsi de préserver leur compétitivité prix sur leur marché national, comme le ferait l'élévation de droits de douane appliqués aux mêmes produits importés. Il s'agit donc d'une entrave à la concurrence internationale. Il en est de même des subventions à l'exportation qui permettent aux firmes nationales de réduire le prix de leurs produits destinés à l'exportation. Cette pratique équivaut à une baisse des droits de douane à l'étranger alors qu'ils seraient maintenus à l'entrée du territoire national.

B Le protectionnisme non tarifaire repose sur des restrictions quantitatives

- La limitation des importations peut résulter de différentes restrictions. Les quotas fixent la fraction de la demande nationale pouvant être couverte par les importations (les quotas sont établis par pays et par produit). Le contingentement impose pour certains produits et par pays ou groupe de pays un volume maximum d'importations autorisé pour une période donnée. Les restrictions volontaires d'exportations sont définies par un accord entre pays ; les pays exportateurs s'engagent à ne pas dépasser un certain volume d'exportations en direction d'un autre pays qui, de ce fait, bénéficie d'une limitation de ses importations. Ce type d'accord a connu un essor important au cours des années 1970-1980.
- D'autres mesures s'apparentent au protectionnisme non tarifaire bien qu'officiellement elles aient d'autres objectifs. Il en est ainsi des normes techniques, sanitaires, sociales, environnementales définies par les États. Dès lors que les produits nationaux en sont exonérés, il s'agit *de facto* d'une forme de protectionnisme non tarifaire. En revanche, quand les produits nationaux sont soumis aux mêmes contraintes, bien que les importations soient bridées, il ne s'agit pas véritablement de protectionnisme. Pourtant, dans ce cas, l'OMC (Organisation mon-

diale du commerce ; *voir fiche 17*) exige que des rapports scientifiques indiscutables justifient l'application de telles normes, faute de quoi les États peuvent être accusés de protectionnisme.

2 La pratique du dumping

A Le dumping pour stimuler les exportations

- Le dumping consiste pour les entreprises à vendre leurs produits à un prix inférieur au coût de production. Pour l'OMC, il y a également dumping lorsque les entreprises exportent leurs produits à un prix inférieur à celui qu'elles pratiquent sur leur marché national ou sur celui d'autres pays.
- En soi, le dumping n'est pas une politique commerciale puisqu'il est dû à des stratégies d'entreprises et non à des mesures décidées par les pouvoirs publics. Toutefois, l'octroi de subventions à l'exportation permet aux firmes de réduire leur prix de vente et, par conséquent, de se livrer au dumping. Par ailleurs, les mesures de rétorsion adoptées par les États pour contrer les pratiques de dumping constituent des éléments d'une politique commerciale protectionniste (*voir fiche 11*).
- Depuis 1995, l'OMC (*voir fiche 17*) supervise un accord antidumping qui tente de définir des règles permettant aux États d'intervenir contre le dumping (par exemple, en relevant les droits de douane) dès lors que celui-ci, traduisant une forme de concurrence déloyale, a des effets dommageables sur les pays qui en sont victimes, notamment en matière d'emplois.

B Les formes de dumping

- L'action des pouvoirs publics – conjointement ou non à celle des entreprises – peut avoir des effets équivalents à ceux du dumping. Ainsi, pour préserver la compétitivité de l'appareil productif, les pouvoirs publics peuvent s'évertuer à maintenir les salaires et la protection sociale à un très bas niveau en regard de ce qui prévaut dans les autres pays. Cette pratique peut être assimilé au dumping – il s'agit alors d'un dumping social –, puisque les entreprises peuvent exporter leurs produits à des prix anormalement bas.
- De même, les pouvoirs publics peuvent être accusés de se livrer à un dumping fiscal lorsqu'ils définissent un barème d'impôts très favorable aux firmes en comparaison des règles fiscales appliquées dans le reste du monde, les entreprises installées sur leur territoire bénéficiant alors d'un net avantage de compétitivité.
- Lorsque le taux de change de la monnaie d'un pays est déprécié, les firmes qui y sont implantées bénéficient d'un avantage de compétitivité prix au même titre que celui que leur aurait conféré l'octroi d'une subvention. En outre, la dépréciation du taux de change renchérit les importations et contribue de ce fait à les freiner, comme l'aurait fait l'érection d'une barrière douanière. Dès lors que la dépréciation du taux de change est souhaitée et provoquée par les pouvoirs publics d'un pays, ceux-ci peuvent être accusés de pratiquer un « protectionnisme déguisé », parfois appelé dumping monétaire.

Les modalités du protectionnisme sont diverses. Certaines d'entre elles ne sont pas exemptes d'ambiguïté du fait des incertitudes qui entourent parfois les pratiques des États et des firmes. Il est donc difficile de mesurer avec précision le degré de protection des économies nationales.

FICHE 13 LIBRE-ÉCHANGE ET PROTECTIONNISME AU XIXe SIÈCLE

Au début du XIXe siècle, le protectionnisme, essentiellement tarifaire (voir fiche 12), *domine. À partir des années 1840, sous l'impulsion de la Grande-Bretagne, s'ouvre une phase libre-échangiste qui s'achève toutefois dès les années 1870.*

1 Jusqu'aux années 1870 : du protectionnisme au libre-échange

A Avant les années 1840, le protectionnisme prévaut

- Le décollage de l'économie britannique intervient à la fin du XVIIIe siècle : l'industrie bénéficie, depuis le début du XVIIe siècle, de barrières douanières la protégeant de la concurrence étrangère. Au cours de la première moitié du XIXe siècle, l'essor industriel de la France s'opère également à l'abri de barrières douanières. En 1834, sous l'égide de la Prusse, plusieurs États allemands constituent une union douanière, le *Zollverein* : au sein de l'union, les échanges commerciaux entre pays sont libéralisés et un tarif douanier commun (celui de la Prusse) est appliqué aux pays tiers. Aux États-Unis, l'érection de droits de douane protège l'industrie nationale de la concurrence des firmes étrangères.
- À l'Est, la Russie protège son industrie jusqu'aux années 1850. Toutefois, l'industrialisation russe souffre de nombreux handicaps (déficience des infrastructures, défaut d'innovations dans l'industrie lourde, structures sociales marquées par la féodalité) et le décollage de l'économie n'interviendra véritablement qu'à la fin du XIXe siècle. Au Japon, les dirigeants du pays limitent les contacts avec l'étranger pour préserver l'indépendance nationale et non pour favoriser l'essor de l'industrie.

B Des années 1840 aux années 1870, le libre-échange progresse sauf aux États-Unis

- La Grande-Bretagne opte pour le libre échange au cours des années 1840. Sous la pression de l'anti *corn law league*, groupe de pression favorable au libre-échange créé en 1836 par l'industriel Richard Cobden, le Premier ministre Robert Peel réduit, en 1842, les droits de douane sur les biens d'équipement et lève l'interdiction d'exportation qui les frappait depuis le XVIIIe siècle. En 1846, il abroge les *corn laws* qui protégeaient l'agriculture britannique.
- En 1860, la France et la Grande-Bretagne signent un traité de libre-échange : les droits de douane sont réduits et la clause de la nation la plus favorisée est instaurée (chacun des pays s'engage à appliquer à l'autre le tarif douanier le plus bas qu'il consentirait à un pays tiers). La Russie libéralise ses échanges en 1857. En 1862, au nom du *Zollverein*, la Prusse signe avec la France un traité de libre-échange.
- En Extrême-Orient, plusieurs traités (avec les États-Unis, la Grande-Bretagne, la France, la Russie) contraignent le Japon à réduire ses barrières douanières (sans garantie de réciprocité) : l'essor de l'industrie nippone, à partir des années 1870, ne peut donc reposer sur la protection du marché national. Pour autant, l'État ne

restera pas inactif en contribuant largement à l'industrialisation du pays (financement des investissements, constitution d'entreprises publiques...).

2 À partir des années 1870 : la remise en cause du libre-échange

A L'adoption du libre-échange s'appuyait surtout sur des considérations stratégiques

- Pour la Grande-Bretagne, le libre-échange est un moyen de renforcer sa domination sur le monde. Son avance technologique lui confère en effet un avantage de compétitivité sur les autres pays. En Russie, l'échec de la première tentative de décollage entamée au cours des années 1830, à l'abri de barrières douanières, conduit le tsar Alexandre II à opter pour le libre-échange en 1857. En France, la signature du traité franco-britannique de 1860 est considérée, par l'empereur Napoléon III, comme le moyen de combler le retard de la France sur la Grande-Bretagne et ainsi de restaurer sa domination sur le continent.
- Les convictions libre-échangistes des États allemands (dont la Prusse) sont bornées par la prise en compte d'intérêts nationaux. Le *Zollverein* est protégé par un tarif douanier commun et les accords de libre-échange avec des pays tiers ne sont signés que s'ils servent les intérêts politiques de la Prusse. Quant au Japon, le fait que son marché national ait été ouvert sous la contrainte suffit à montrer que les convictions libre-échangistes des dirigeants nippons sont loin d'être établies.
- Les vertus supposées du libre-échange ne semblent pas devoir concerner les colonies : leurs échanges avec leurs métropoles sont sous le contrôle de ces dernières qui, en fonction de leurs propres intérêts, constituent de ce fait des zones d'échanges privilégiées, excluant en principe toute relation commerciale avec des pays tiers (pacte colonial).

B À la fin des années 1870, le retour du protectionnisme

- En 1877, la Russie, l'Autriche et l'Espagne optent pour le protectionnisme. Ils sont suivis par l'Italie, en 1878, et par l'Allemagne en 1879. Dans ce pays, le chancelier Bismarck décide de relever les barrières douanières pour des raisons politiques (alliance avec les conservateurs agrariens protectionnistes). Il s'agit aussi de protéger les entreprises allemandes de la concurrence à un moment où la croissance économique mondiale ralentit.
- De nombreux pays deviennent à leur tour protectionnistes. Par exemple, la France protège son industrie en 1881. En 1892, les tarifs Méline privilégient la protection de l'agriculture tout en maintenant la protection sur l'industrie. Après la victoire du Nord à l'issue de la guerre de Sécession (1861-1865), les États-Unis relèvent à nouveau leurs droits de douane ; ceux-ci culminent avec les tarifs McKinley (1890) et Dingley (1897). En 1891, la Russie renforce la protection de son économie (tarif Mendeleiev). À la fin du siècle, le Japon semble également vouloir emprunter la même voie.

Par conséquent, sauf au cours des années 1840-1870, le protectionnisme est dominant au XIXe siècle. Seule la Grande-Bretagne maintient l'option libre-échangiste qui est la sienne depuis les années 1840.

FICHE 14 LES POLITIQUES COMMERCIALES (1900-1939)

Les politiques commerciales pratiquées entre 1900 et 1940 s'inscrivent dans la tendance protectionniste qui caractérise l'économie mondiale depuis les années 1870. Toutefois, elles connaissent un net renforcement au cours des années 1930.

1 Les politiques commerciales jusqu'aux années 1920

A Jusqu'en 1914, le protectionnisme est largement répandu

- La Grande-Bretagne reste libre-échangiste malgré l'activisme de groupes de pression protectionnistes, tels ceux qu'animent Joseph Chamberlain au début du siècle. En revanche, la plupart des autres pays maintiennent leur politique commerciale protectionniste. Aux États-Unis, les droits de douane sont à un haut niveau. Cependant, en 1913, ils sont abaissés (tarif Underwood). En France, les tarifs Méline de 1892 (*voir fiche 13*) sont maintenus puis relevés en 1910. L'Allemagne accroît sa protection douanière en 1902 et le Japon fait de même au cours des années 1910.
- Malgré le protectionnisme, le commerce international connaît une reprise (*voir fiche 1*) et dans la plupart des pays, le taux d'exportation (volume des exportations en pourcentage du PIB) augmente. Plusieurs facteurs expliquent une telle évolution : la protection douanière reste dans l'ensemble modérée (États-Unis et Russie font exception) et elle est atténuée par l'abaissement des coûts de transport internationaux, les échanges entre métropoles et colonies se multiplient. De plus, la Grande-Bretagne libre-échangiste, en constituant 15 % du commerce mondial en 1913, alimente un fort courant d'importations et d'exportations. Enfin, la croissance mondiale reprend depuis la fin du XIXe siècle, le protectionnisme y contribuant du fait de l'essor de certains secteurs protégés. De ce fait, les importations augmentent (produits primaires, biens d'équipement) et pour écouler une production croissante les débouchés extérieurs sont recherchés.

B Entre 1914 et la fin des années 1920, le protectionnisme reste la règle

- En Grande-Bretagne, les droits de douane sont relevés en 1915, en particulier sur les produits de luxe (tarif Mac Kenna). Par la suite, le protectionnisme est renforcé au point d'interdire certaines importations. La tendance est similaire en France. L'Allemagne prohibe les exportations des produits qui lui sont nécessaires et ses importations sont entravées par le blocus que lui imposent la Grande-Bretagne et la France. Aux États-Unis, les droits de douane sont progressivement relevés. Le Japon maintient le régime protecteur défini en 1911. Quant à la Russie, elle s'isole du marché mondial depuis la révolution de 1917.
- Au cours des années 1920, les entraves au commerce international sont maintenues. Le Japon renforce son arsenal protectionniste en adoptant des mesures antidumping ; la Russie privilégie l'autarcie. La France renforce sa protection douanière au début des années 1920 ; en 1922, le tarif Fordney-Mac Cumber relève les droits de douane américains ; l'Allemagne relève ses tarifs douaniers

en 1924. Enfin, en Grande-Bretagne, officiellement libre-échangiste, le tarif Mac Kenna est prorogé et les industries considérées comme stratégiques pour la défense nationale bénéficient d'une protection douanière.

2 Le renforcement du protectionnisme au cours des années 1930

A Le protectionnisme participe à l'approfondissement de la crise

- Après le déclenchement de la crise boursière et économique de 1929, le protectionnisme est renforcé. En 1930, les Américains adoptent le tarif Hawley-Smoot qui relève les droits de douane. Les autres pays, y compris la Grande-Bretagne à partir de 1931-1932, réagissent en protégeant davantage leur marché intérieur. De plus, au protectionnisme tarifaire s'ajoute le protectionnisme non tarifaire (contingents, accords bilatéraux de clearing ou de troc) et la pratique du dumping (*voir fiche 11*) est plus fréquente.
- Par ailleurs, des dévaluations et dépréciations monétaires renchérissent les importations, comme le feraient des droits de douane, et stimulent les exportations, comme le feraient des subventions. Par exemple, en septembre 1931, le gouvernement britannique met fin à la convertibilité or de la livre dont le taux de change va se déprécier de 30 % en trois mois.
- À partir de 1934, la reprise économique se confirme. Dès lors, les politiques protectionnistes sont assouplies. Ainsi, les États-Unis adoptent une loi prévoyant des concessions douanières bilatérales. De même, en 1936, la France modère ses contingents. En revanche, lorsque la croissance économique connaît une rechute en 1938, les mesures protectionnistes sont renforcées.

B Les conséquences du protectionnisme des années 1930

- Le volume du commerce international se contracte de 25 % entre 1929 et 1932. Le renforcement du protectionnisme y a contribué mais, comme le souligne Paul Bairoch, il n'est pas en lui-même à l'origine de la crise et du repli des échanges. En effet, lorsque l'activité économique recule, le volume des importations et donc des exportations des pays fournisseurs diminuent, aggravant la dépression économique.
- L'instabilité monétaire et économique conjointement au protectionnisme contribuent à la fragmentation de l'économie mondiale. La constitution de zones ou de blocs régionaux autour des principaux pays du monde (Grande-Bretagne, France, États-Unis, Japon, Allemagne) favorise les échanges entre pays de la même zone ou du même bloc au détriment des pays tiers. Ainsi, en 1932, à la conférence d'Ottawa, la Grande-Bretagne et les pays du Commonwealth promeuvent une politique douanière plus favorable que celle appliquée aux pays tiers (préférence impériale). Au sein de chaque zone ou bloc de pays, les relations commerciales sont souvent elles-mêmes régies par des règles protectionnistes et non par celles du libre-échange. Cette architecture de l'économie mondiale est donc peu propice à une forte extension du commerce mondial.

Les politiques commerciales mises en œuvre entre 1914 et la Deuxième Guerre mondiale sont donc protectionnistes, mais jusqu'aux années 1920, le commerce international progresse. En revanche, au cours des années 1930, le protectionnisme contribue à l'aggravation de la crise et au recul des échanges internationaux.

FICHE 15 LES POLITIQUES COMMERCIALES DEPUIS LA FIN DES ANNÉES 1940

Jusqu'à la fin de la Seconde Guerre mondiale, le protectionnisme était la règle et le libre-échange, l'exception ; depuis la fin des années 1940, la libéralisation du commerce international est une tendance nette. Néanmoins, les pratiques protectionnistes n'ont pas disparu.

1 Depuis la fin des années 1940, l'essor du libre-échange

A Le libre-échange s'étend dans les pays développés

- Au cours des Trente Glorieuses, les droits de douane moyens dans les pays industrialisés diminuent et les obstacles non tarifaires reculent. À partir des années 1970, la progression du libre-échange est parfois freinée mais pas interrompue. En effet, les tentations protectionnistes se renforcent au sein des pays développés, en raison du ralentissement de la croissance économique et du dynamisme des pays émergents qui accentue la concurrence sur les marchés mondiaux.
- En fait, depuis les années 1970, la persistance de barrières protectionnistes, en grande partie non tarifaires (normes techniques ou environnementales, contingentements), alimente une forme de néoprotectionnisme alors même que les barrières tarifaires continuent tendanciellement à diminuer. Toutefois, le recours aux mesures non tarifaires a été limité du fait des négociations multilatérales engagées depuis 1947 (*voir fiche 16*) En revanche, des subventions à l'exportation sont encore pratiquées (par exemple, dans le cadre de la politique agricole européenne) et des dépréciations monétaires favorisent les exportations ou freinent les importations.

B Depuis les années 1970-1980, le libre-échange se généralise

- Jusqu'aux années 1970-1980, un grand nombre de pays en développement (Brésil, Argentine, Inde, Algérie, Chine…) ont privilégié l'essor de leur marché intérieur en mettant en œuvre des stratégies de développement autocentrées protectionnistes. D'autres pays en développement (PED) ont adopté des politiques d'industrialisation fondées sur la protection des industries naissantes, en s'insérant néanmoins dans les échanges mondiaux (Corée du Sud, Taïwan…). Toutefois, au cours des années 1980, les limites auxquelles sont confrontées les stratégies autocentrées et la pression des grandes institutions internationales conduisent de nombreux PED à adopter le libre-échange et à s'insérer davantage dans les échanges mondiaux.
- Jusqu'aux années 1990, les pays socialistes d'Europe de l'Est et l'URSS récusaient le libre-échange. Ce n'est plus le cas depuis qu'ils ont entamé une phase de transition vers le capitalisme. Cependant, la compétitivité insuffisante de leur appareil productif a conduit au creusement de leurs déficits externes. Dès lors, les pouvoirs publics ont dû prévoir des clauses de sauvegarde et relever les droits de douane à titre temporaire. Ces pratiques ne remettent pourtant pas en cause leur ouverture sur l'extérieur, notamment en direction de l'Union européenne.

2 Les modalités de l'extension du libre-échange

A L'extension du libre-échange résulte du « mercantilisme éclairé » des États

- Selon l'économiste américain Paul Krugman, le « mercantilisme éclairé » traduit le fait que, depuis 1947, les négociations multilatérales destinées à libéraliser les échanges internationaux (*voir fiche 16*) débouchent sur des compromis qui font progresser tendanciellement le libre-échange. Les pays s'accordent mutuellement des concessions en réduisant leurs barrières douanières tout en faisant valoir leurs intérêts nationaux pour ne pas libéraliser totalement et brutalement leur commerce extérieur.
- Le « mercantilisme éclairé » explique certaines entorses aux règles du libre-échange. Par exemple, jusqu'en 1993, la libéralisation des services est exclue des négociations multilatérales (*voir fiches 16 et 17*), les produits agricoles ne font pas l'objet de négociations jusqu'à la fin des années 1980. En outre, la clause de la nation la plus favorisée (chaque pays s'engage à accorder à tout autre pays les avantages commerciaux qu'il concéderait à l'un d'entre eux) fonde la libéralisation des échanges ; or, elle peut ne pas être appliquée. Ainsi, des accords spécifiques en faveur des pays en développement prévoient que les pays développés réduisent leurs barrières douanières faisant obstacle aux exportations des pays pauvres sans que cet avantage soit concédé aux autres pays (*voir fiche 18*).

B Depuis les années 1990, un « ultra-mercantilisme » et un « ultra-libéralisme » semblent coexister

- Depuis les années 1990, les tarifs douaniers sont toujours orientés à la baisse et les limitations quantitatives imposées aux importations sont progressivement démantelées. Les États doivent dorénavant réduire leur protection douanière même si, du fait de leurs priorités nationales ou pour répondre à la demande des peuples en matière de préservation de l'environnement, de sécurité sanitaire ou de protection sociale, ils ne le souhaitent pas.
- En fait, une forme d'« ultra-mercantilisme » (les exportations sont systématiquement favorisées) se substitue au « mercantilisme éclairé » qui prévalait jusqu'au début des années 1990. Dans le même temps, toute protection douanière faisant obstacle aux importations doit être supprimée au nom de l'intérêt des consommateurs et conformément aux thèses libre-échangistes traditionnelles : il s'agit alors d'une forme d'« ultra-libéralisme ».
- Cette convergence paradoxale entre « ultra-mercantilisme » et « ultra-libéralisme », négligeant la demande des peuples et les intérêts nationaux divergents, alimente les contestations à l'adresse du libre-échange et pourrait conduire, par réaction, à un renforcement du protectionnisme : celui-ci trouverait de nouveaux fondements dans le dogmatisme qui préside, depuis quelques années, à la libéralisation du commerce international.

Depuis la fin des années 1940, la progression du libre-échange est le résultat de plusieurs négociations multilatérales qui ont permis aux États de concilier leurs intérêts divergents. L'approfondissement de la libéralisation du commerce international continuera-t-elle à s'inscrire dans cette logique ?

FICHE 16 L'INSTITUTIONNALISATION DU COMMERCE INTERNATIONAL DEPUIS 1945

Depuis 1945, l'essor du commerce international et du libre-échange est favorisé par la signature d'accords et de traités promouvant le multilatéralisme et la réduction des obstacles douaniers.

1 Depuis 1947, le GATT encadre le commerce international

A L'essor du libre-échange promu par le GATT

- Après la Seconde Guerre mondiale, plusieurs conférences internationales rétablissent les conditions d'une croissance durable. Dans ce contexte, 23 pays représentant plus de 80 % du commerce international signent à Genève, en 1947, l'Accord général sur les tarifs et le commerce (AGETAC), en anglais, *General Agreement on Tariffs and Trade* (GATT). La libéralisation du commerce international promue par le GATT repose sur la clause de la nation la plus favorisée (*voir fiche 15*). Le dumping et les aides aux exportations sont prohibés et le relèvement des barrières douanières ne peut intervenir, sauf dans certains cas prévus par l'accord. Ces mesures ne concernent pas les produits agricoles et les services jusqu'en 1994.
- La clause de la nation la plus favorisée peut ne pas s'appliquer, notamment aux relations entre pays développés et pays en développement (*voir fiches 15 et 18*) ou lorsque des pays constituent une zones d'échanges privilégiés au sein de laquelle le régime douanier est plus favorable que celui appliqué aux pays tiers (*voir fiche 36*). Le recours à des mesures protectionnistes temporaires est prévu pour contrer les pratiques avérées de dumping de pays signataires ou pour pallier des difficultés passagères de balance des paiements. De plus, depuis 1974, l'Accord multifibre (AMF), plusieurs fois renouvelé par la suite, autorise les pays développés à contingenter leurs importations de produits textiles en provenance des pays en développement (PED) afin de disposer d'un délai suffisant pour restructurer leur appareil productif (les AMF sont ensuite démantelés entre 1995 et 2005).

B Le multilatéralisme préside à la libéralisation du commerce international

- Les pays signataires du GATT s'engagent à négocier multilatéralement la libéralisation de leur commerce extérieur. Pour concilier les intérêts contradictoires des États, huit cycles de négociations multilatérales (*rounds*) ont été organisées entre 1947 et 1993 et, depuis 1995, six conférences ministérielles de l'OMC (voir *infra*) ont été réunies. Ces négociations ont conduit les pays à s'accorder des concessions mutuelles et à accepter de réduire leurs barrières protectionnistes tout en faisant valoir leurs intérêts nationaux pour maintenir certains obstacles douaniers. Ainsi, le GATT traduit une forme de « mercantilisme éclairé » (*voir fiche 15*) qui explique que certaines exceptions soient prévues à l'application des règles du libre-échange. Cependant, depuis les années 1990, cette logique semble évoluer vers plus de libéralisme (*voir fiche 15*).

- En avril 1994, la conférence de Marrakech conclut officiellement l'*Uruguay Round*, entamé en 1986, et amende une nouvelle fois le GATT. Elle institue l'Organisation mondiale du commerce (OMC), qui compte 149 membres en janvier 2006, chargée de superviser l'application du nouvel accord issu de l'*Uruguay Round* (*voir fiche 17*). Il est convenu de procéder à l'avenir à de nouvelles réductions des tarifs douaniers et de mettre progressivement un terme aux restrictions quantitatives appliquées aux importations. En outre, les produits agricoles et les services font désormais partie du champ de la libéralisation du commerce international.

2 Des traités s'inscrivant dans le cadre plus restreint de zones d'échanges

A La promotion du libre-échange par des accords particuliers

- La création de zones d'échanges privilégiés par plusieurs pays (*voir fiche 36*) fait progresser le libre-échange, dès lors qu'elle ne conduit pas au renforcement des barrières protectionnistes à l'égard des pays tiers et que les pays appartenant à ces zones continuent à réduire leurs obstacles douaniers. C'est à cette condition que le GATT autorise la constitution de tels blocs régionaux.
- Des accords de libre-échange structurent les relations commerciales entre des pays, entre des pays et des zones d'échanges privilégiés ou entre zones elles-mêmes. Le commerce international en est stimulé. Par exemple, en 1996, le *Mercado Commùn del Sur* (MERCOSUR), regroupant alors l'Argentine, le Brésil, le Paraguay, l'Uruguay et le Venezuela, signe un accord d'association prévoyant la libéralisation des échanges avec le Chili et la Bolivie. C'est également le cas en 2003 avec le Pérou, puis, en 2004, avec le Venezuela, la Colombie et l'Équateur. En outre, depuis 1995, la coopération économique entre le MERCOSUR et l'Union européenne (UE) se développe, notamment par une libéralisation progressive de leurs échanges. Depuis 2003, l'UE applique un accord de libre-échange avec le Mexique qui devrait, dans les années à venir, signer un accord d'association avec le MERCOSUR.

B Certains accords modèrent le libre-échange

- Les zones d'échanges privilégiés, dont le nombre se multiplie depuis une trentaine d'années, représentent un échelon intermédiaire entre le protectionnisme et le libre-échange généralisé (*voir fiches 36 et 37*). Selon une formule utilisée par l'Organisation de coopération et de développement économique (OCDE), elles sont une sorte de « banc d'essai du libre-échange » permettant d'en limiter les effets négatifs (faillites d'entreprises, chômage, contraction de salaires) et, donc, de ne pas alimenter les contestations virulentes des opposants au libre-échange. Dès lors, celui-ci est tempéré mais continue à progresser.
- Certains accords prévoient des clauses limitatives temporaires au commerce entre pays. Par exemple, en 1991, l'Union européenne fait accepter au Japon des contingents sur les importations d'automobiles japonaises en Europe, leur démantèlement devant intervenir au début des années 2000. Pour justifier de telles mesures, les Européens soutiennent qu'elles permettent d'éviter le recours à des pratiques protectionnistes plus conséquentes.

L'essor du commerce international nécessite un cadre institutionnel adapté. En fait, l'économie de marché, qu'elle soit nationale ou internationale, ne peut se passer de réglementations propres à assurer son bon fonctionnement.

Fiche 17 L'ORGANISATION MONDIALE DU COMMERCE

De la fin des années 1940 au début des années 1990, le système commercial mondial n'est supervisé par aucune organisation internationale spécifique. L'institution d'une telle organisation est décidée en 1994 à la conférence de Marrakech.

1 L'Organisation mondiale du commerce est instituée en avril 1994

A La nécessité d'une organisation internationale pour encadrer les échanges

- De 1947 à 1994, l'essor du commerce mondial et l'extension du libre-échange sont les résultats des négociations multilatérales commerciales (*rounds*) entre pays (*voir fiche 16*). Cependant, avec l'augmentation du nombre de pays signataires du GATT (23 en 1947 ; 123 en 1993), le règlement des différends commerciaux entre nations devient plus complexe, d'autant que se multiplient les pratiques néoprotectionnistes. En outre, faute d'institutions juridiques adaptées, les sanctions à l'encontre des États ne respectant pas les règles du GATT ne sont pas toujours appliquées.
- Le ralentissement de la croissance mondiale au cours des années 1970 et l'accumulation de déficits commerciaux dans certains pays (États-Unis, France, Grande-Bretagne), alors que d'autres sont régulièrement excédentaires (Japon, Allemagne), accroissent les tensions entre les pays et rendent plus difficiles les négociations commerciales. La libéralisation des échanges de produits agricoles revendiquée par plusieurs pays en développement (PED) et celle des services par les principaux pays développés attisent encore un peu plus les tensions. C'est dans ce contexte qu'entre 1986 et 1993, se déroule l'*Uruguay Round*, dont l'aboutissement était encore incertain quelques semaines avant le terme prévu.

B En 1995, la mise en place de l'Organisation mondiale du commerce (OMC)

- En avril 1994, la conférence de Marrakech conclut officiellement l'*Uruguay Round*. Elle institue l'OMC chargée de veiller au respect des règles du GATT. L'extension du libre-échange fait l'objet de discussions lors de conférences ministérielles organisées au moins tous les deux ans (depuis 1995, six conférences ont été réunies). Au sein de l'OMC, l'application des décisions de ces conférences est confiée à un Conseil général (composé des représentants des pays membres) qui constitue également l'Organe de règlement des différends (ORD), instance juridique appelée à statuer sur les conflits commerciaux entre pays membres.
- Le nouveau GATT issu de l'*Uruguay Round* prévoit l'approfondissement de la libéralisation du commerce international et y inclut les produits agricoles. En outre, s'y adjoint l'Accord général sur le commerce des services (AGCS) ou, en anglais, *General Agreement on Trade in Services* (GATS), permettant de libéraliser les échanges de services (*voir fiche 19*). Dans ce cadre, l'Accord sur les droits de propriété intellectuelle touchant au commerce (ADPIC), ou *Trade Related*

Property's Rights (TRIPS), a pour but d'assurer une meilleure protection des droits de la propriété intellectuelle.

- La conférence ministérielle de l'OMC, réunie à Doha en 2001, souhaite que la question du développement soit au cœur des débats entre pays membres pour les années à venir. Dans cette perspective, l'OMC doit œuvrer pour que le commerce international bénéficie aux PED, notamment les plus pauvres, en promouvant par exemple un traitement préférentiel en faveur de leurs exportations prévoyant la réduction des barrières douanières des pays riches sans réciprocité immédiate (*voir fiche 18*).

2 L'OMC PRÉSENTE UN BILAN MITIGÉ

A L'OMC connaît une certaine réussite

- L'OMC est une organisation centrale dans l'économie mondiale. Le nombre de pays membres est passé de 113 en 1995 à 149 en 2006, ce qui représente au total plus de 95 % du commerce mondial. La tendance libre-échangiste est confirmée en y incluant les produits agricoles. Des accords de libéralisation sont intervenus dans de nouveaux domaines (services financiers et services de télécommunication). Les conflits commerciaux entre nations sont gérés par l'ORD, ce qui réduit les risques de guerres commerciales entre les nations. La spécificité des pays les moins avancés (PMA) est reconnue et commande des avantages spécifiques en leur faveur.
- Depuis la conférence de Seattle (1999), l'OMC nouent des contacts avec les organisations non gouvernementales (ONG) pour apaiser les tensions que suscite son action et prendre en compte les effets négatifs de la mondialisation sur certains pays, en particulier les plus pauvres. Le dialogue qu'entame l'OMC avec la société civile est potentiellement porteur d'une libéralisation des échanges plus soucieuse du bien-être des populations, en particulier celles des pays les moins avancés.

B L'OMC est fragilisée par les tensions entre les États membres

- Les négociations multilatérales lors des conférences ministérielles sont le plus souvent guidées par la recherche d'un consensus entre les États membres. Dès lors, le risque d'enlisement des débats s'accentue si certains pays refusent le consensus, comme c'est le cas notamment depuis la conférence de Seattle. Le vote à la majorité des voix (chaque État membre comptant pour une voix) peut alors être appliqué (sauf quelques exceptions), mais la crainte que cette procédure n'attise l'animosité entre les pays désincite à le faire.
- L'OMC est une instance interétatique au sein de laquelle jouent pleinement les rapports de force entre les nations. Les pays développés exercent une nette domination sur les autres pays et certains d'entre eux, les États-Unis notamment, contournent les règles du multilatéralisme en multipliant les accords bilatéraux avec d'autres pays.
- Par ailleurs, les PED expriment de plus en plus fortement leurs revendications. Les plus pauvres d'entre eux dénoncent leur marginalisation dans l'économie mondiale. Ainsi, certains PED s'opposent à une ouverture trop grande de leur économie et craignent une remise en cause des avantages douaniers qui leur sont concédés ; d'autres encore revendiquent la libéralisation des agricultures des pays riches et, plus globalement, la réduction de leurs barrières douanières.

L'OMC offre un cadre institutionnel propice à l'essor des échanges. Cependant, les difficultés auxquelles elles se heurtent donnent à penser qu'il faudra la réformer.

FICHE 18 LES ACCORDS COMMERCIAUX PRÉFÉRENTIELS

Les accords commerciaux préférentiels dont bénéficient les pays en développement (PED) prévoient que leurs exportations soient régies par un régime douanier plus favorable que celui qui est appliqué à d'autres pays. Les effets de ces accords sont sujets à discussions.

1 Des accords commerciaux en faveur des PED

A Les accords préférentiels sans réciprocité

- Certains accords préférentiels sont destinés à l'ensemble des PED. Ainsi, le Système généralisé de préférences (SGP) est adopté, en 1968, par la Conférence des Nations unies pour le commerce et le développement (CNUCED) et appliqué à partir de 1971 après agrément des signataires du GATT. Dès lors, un pays développé (ou un groupe de pays développés) peut décider de réduire ses droits de douane (ou tout autre obstacle douanier) sur ses importations de produits manufacturés ou semi finis et de quelques produits agricoles en provenance des PED sans être tenu d'offrir les mêmes avantages aux pays développés avec lesquels il commerce. Cet avantage douanier est accordé sans réciprocité, c'est-à-dire que les PED n'ont pas en retour à octroyer le même avantage au pays développé (accord asymétrique).
- D'autres accords préférentiels prévoient que les pays développés n'accordent un avantage douanier qu'à un nombre limité de PED, sans réciprocité. Il en est par exemple ainsi des avantages accordés par les États-Unis à une quarantaine de pays d'Afrique subsaharienne dans le cadre de l'*African Growth and Opportunity Act* (AGOA) établi en 2000. N'ayant pas fait l'objet d'un agrément dans le cadre du GATT (sauf lorsque les bénéficiaires des avantages douaniers sont des pays moins avancés ou PMA), ces accords préférentiels devraient tendre à être transformés en accords de libre-échange instituant de ce fait la réciprocité des avantages douaniers entre pays contractants.

B Les accords préférentiels avec réciprocité

- Appliqué aux relations commerciales entre pays développés et PED, le principe de réciprocité commande que le régime préférentiel dont profitent ces derniers, bénéficie aussi aux pays développés. C'est ce régime qui lie l'UE et certains pays du Maghreb (Maroc, Tunisie) après l'institution, en 1995, du partenariat euro-méditerrannéen. Cette logique est aussi celle qui préside à la constitution des blocs régionaux (*voir fiches 36 et 37*) dont certains associent pays développés et PED, à l'instar de l'Accord de libre-échange nord-américain associant le Mexique, les États-Unis et le Canada.
- Certains accords préférentiels avec réciprocité intéressent exclusivement des PED. Ainsi, depuis la fin des années 1980, dans le but de stimuler le commerce entre pays en développement, est institué sous l'égide de la CNUCED le système global de préférences commerciales (SGPC) : les PED qui le souhaitent peuvent s'octroyer réciproquement des avantages douaniers sans en faire bénéficier d'autres pays. La réciprocité des avantages n'est cependant pas exigée des pays

les moins avancés (PMA). La réunion de la CNUCED en 2005 prévoit la réactivation de ce type d'accord qu'un peu plus de 40 PED veulent appliquer.

2 Effets attendus et limites des accords commerciaux préférentiels

A Des effets positifs

- Le traitement préférentiel, que les pays développés accordent aux PED, doit faciliter leur insertion dans le commerce international et, ainsi, stimuler leur croissance et leur développement. Dès lors, les importations de ces pays vont croître et stimuler la croissance mondiale. Lorsqu'ils permettent de développer les échanges entre PED (c'est le cas des SGPC), les accords préférentiels accentuent la dynamique de la croissance liée à l'essor des échanges.
- Les accords préférentiels constituent un instrument propre à faire émerger un nouvel ordre économique international (*voir fiches 52 et 53*) plus soucieux des intérêts des pays pauvres. Ils favorisent l'essor progressif du libre-échange et limitent les effets négatifs de la libéralisation du commerce international sur les pays les plus fragiles. Enfin, un accès plus facile aux marchés des pays développés apaise les tensions commerciales entre ces pays et les PED et contribue ainsi, dans une certaine mesure, à la paix mondiale.

B Des effets pervers

- Le traitement préférentiel concédé par les pays développés peut les inciter à réduire leur aide au développement au risque de déstabiliser les PED, dont les ressources à court terme se tarissent. De plus, il risque de conforter la spécialisation de nombreux PED sur la production et l'exportation de produits primaires ou de consommation courante, produits dont la demande mondiale est insuffisamment dynamique.
- La libéralisation du commerce international se traduit par un recul des obstacles douaniers au niveau mondial. *De facto*, l'avantage préférentiel dont bénéficient les PED est réduit (érosion des préférences) et donc les effets bénéfiques qu'induit l'ouverture plus grande des marchés, notamment ceux des pays riches, limités. En outre, la libéralisation du commerce international offre de nouvelles opportunités de débouchés à d'autres pays dont les exportations peuvent se substituer à celles des PED.
- Par ailleurs, les accords préférentiels alimentent un courant d'échanges croissants entre les pays signataires de tels accords, ce qui peut conduire à une réduction des échanges avec des pays tiers (effet de détournement de commerce). La croissance de ces derniers est alors bridée, freinant leurs importations et donc l'activité des pays fournisseurs qui peuvent être des PED.

Les accords commerciaux préférentiels dont bénéficient les PED peuvent être favorables à leur croissance et à leur développement. Toutefois, leurs effets pervers invitent à les mettre en œuvre avec prudence.

FICHE 19

LA LIBÉRALISATION DU COMMERCE DES SERVICES DEPUIS LES ANNÉES 1980

Depuis les années 1980, la libéralisation du commerce international des services s'inscrit dans le cadre général des négociations multilatérales engagées par les États pour promouvoir le libre-échange. Les résultats de ce processus sont mitigés.

1 LA LIBRE CIRCULATION DES SERVICES PROMUE PAR LE GATS

A Le champ de la libéralisation du commerce des services

- Au cours de l'*Uruguay Round* (1986-1993), la libéralisation du commerce des services fait l'objet des négociations destinées à promouvoir le libre-échange. La conférence de Marrakech, qui conclut l'*Uruguay Round* en avril 1994 (*voir fiches 15 et 16*), institue l'Accord général sur le commerce des services (AGCS ou, en anglais, *General Agreement on Trade in Services* ou GATS). Cet accord prévoit l'application au commerce des services de la clause de la nation la plus favorisée (un avantage douanier qu'accorde un pays à un autre pays doit être accordé à tous les autres) et du principe de non discrimination (l'offre de services des producteurs nationaux ne doit bénéficier d'aucun traitement préférentiel en regard de l'offre de services par des producteurs étrangers).
- Selon les termes du GATS, le commerce international des services recouvre quatre modalités :
  - la fourniture de services en provenance d'un pays et à destination d'un autre (ex. : les services téléphoniques) ;
  - la consommation de services sur le territoire d'un pays par les ressortissants d'un autre pays (ex. : le tourisme) ;
  - la consommation par les ressortissants d'un pays de services offerts par une unité de production y étant implantée et originaire d'un autre pays (ex. : les services offerts par la succursale d'une banque étrangère) ;
  - la consommation par les ressortissants d'un pays de services fournis sur son territoire par des personnes physiques originaires d'un autre pays (ex. : des consultants américains venant en France pour répondre à la demande d'une firme).

B Le GATS prévoit des limites à la libéralisation des services

- Le GATS ne concerne pas les services publics liés à l'exercice du pouvoir gouvernemental, qu'il définit comme étant ceux qui ne sont pas fournis sur une base commerciale ni en concurrence avec d'autres fournisseurs. De plus, suite aux pressions européennes, et notamment celles de la France, le principe d'exception culturelle a été retenu à titre transitoire, autorisant des mesures de protection dans le domaine de la diffusion des productions audiovisuelles (séries télévisées, chansons, films...). Par ailleurs, le GATS reconnaît aux États le droit de réglementer les services en fonction d'objectifs nationaux.
- La définition retenue des services publics suscitera probablement des conflits commerciaux entre nations dès lors que les États prendront en charge des services à caractère commercial ou ceux pour lesquels plusieurs offreurs sont en

concurrence. L'Organe de règlement des différends (ORD) de l'OMC (*voir fiche 17*) n'a pas encore établi de jurisprudence sur le sujet. Par ailleurs, l'exception culturelle est une mesure transitoire et les Américains ne manquent pas de rappeler aux Européens la nécessité de négocier la libéralisation de ce secteur. Enfin, l'existence de réglementations nationales des services ne doit pas être une forme de protectionnisme déguisé et doit être en cohérence avec le principe de non discrimination (*cf. supra*). Dans ce domaine également, il faudra attendre la jurisprudence qu'établira l'ORD.

2 Les premiers résultats de la libéralisation du commerce des services

A Les engagements et les demandes des pays membres de l'OMC

- Après avoir exprimé dans une première phase (jusqu'en 2002) leur demande de libéralisation auprès de leurs partenaires commerciaux, les pays membres de l'OMC ont défini, dans une seconde phase (jusqu'en 2003), leurs propres engagements en précisant quels services et quels modes de commerce (*cf. supra*) ils acceptaient de libéraliser, et dans quelle proportion (libéralisation totale ou partielle). C'est sur cette base que s'engagent les négociations entre les pays. Les PED, tout particulièrement les pays moins avancés, doivent bénéficier d'une attention particulière des pays développés pour que la libéralisation du commerce des services leur soit bénéfique.
- Chaque pays peut modifier sa liste de services concernés par la libéralisation, au plus tôt trois ans après sa mise en œuvre. Toutefois, si des pays partenaires devaient en pâtir, des compensations devraient être négociées avec le pays modifiant sa réglementation. Ces compensations seraient ensuite octroyées à tous les pays pénalisés par la modification de la réglementation. Au cas où les négociations n'aboutiraient pas, l'ORD devrait trancher.

B Les résultats encore limités de la libéralisation du commerce des services

- Des engagements ont été pris dans le domaine des télécommunications et ont abouti, en 1997, à un accord sur la libéralisation du commerce international de ce type de produit (entré en vigueur en 1998). Il en est de même des services financiers dont la libéralisation, décidée en 1998, est appliquée depuis 1999. D'autres négociations ont été entamées pour le secteur des transports maritimes mais, pour le moment, aucun résultat tangible n'est acquis dans ce domaine.
- Selon l'OMC, le processus de discussion sur la base des offres et des demandes de libéralisation des pays progresse mais lentement. En outre, l'Afrique et les pays arabes sont largement restés en marge des discussions. Par ailleurs, les contestations citoyennes, sous la direction des mouvements altermondialistes (*voir fiches 82 et 83*), se multiplient à l'égard du processus de libéralisation des services. Celle-ci est perçue comme mettant en péril les systèmes sociaux et les services publics nationaux, mais aussi comme une source d'appauvrissement d'un grand nombre de pays en développement peu compétitifs dans ce secteur.

Depuis 1995, la libéralisation du commerce international des services intervient dans le cadre institutionnel défini par le GATS. Ce processus encore très récent, et manifestement très lent, suscite des craintes trouvant à s'exprimer parfois vivement lors des conférences ministérielles de l'OMC.

FICHE 20

LA LIBRE CIRCULATION DES SERVICES DANS L'UE

La libéralisation du commerce des services entre les pays membres de l'Union européenne (UE) concourt à la mise en œuvre du marché unique européen. Ce processus suscite espoirs et inquiétudes.

1 La libéralisation du commerce des services

A Un processus destiné à approfondir l'intégration européenne

- Les services représentent les deux tiers du PIB de l'UE et environ 70 % des emplois mais seulement 20 à 25 % des échanges entre les pays membres. Cette proportion diminue depuis le début des années 1990. Dans ce contexte, la libre circulation des services au sein de l'UE, l'une des « quatre libertés » (avec la libre circulation des biens, des capitaux et des hommes), promues dès 1957 par le traité de Rome instituant la Communauté économique européenne (CEE), est de nature à dynamiser l'intégration européenne.
- Bien que plusieurs mesures de libéralisation soient intervenues, notamment au cours des années 1980-1990, le commerce des services au sein de l'UE se heurte à de nombreux obstacles érigés par les États: limitation du nombre de prestataires de services étrangers sur les marchés nationaux, dispositions fiscales favorisant les offreurs nationaux parfois en situation de monopole, imposition de normes techniques nationales, taxation des importations de services.

B Un processus qui s'intensifie au cours des années 2000

- La libre circulation des services s'inscrit dans la stratégie de Lisbonne définie en juin 2000 par le Conseil européen (chefs d'État et de gouvernement) qui souhaite faire de l'UE « l'économie de la connaissance la plus compétitive du monde en 2010 ». L'achèvement du marché unique, en particulier celui des services, doit y contribuer en offrant aux entreprises un cadre propre à stimuler leur activité. C'est dans cette perspective que doit s'intensifier la libéralisation des services postaux, de distribution de gaz et d'électricité, de transports ferroviaires et aériens et que le marché intérieur des services financiers doit être parachevé.
- Par ailleurs, l'UE doit se conformer aux règles édictées par le GATS (*voir fiche 19*). C'est ainsi qu'en 2003, la Commission européenne a présenté à ses partenaires commerciaux son offre de libéralisation des services qui constitue la base des négociations qu'elle engagera dans le cadre de l'OMC. Par exemple la Commission a proposé d'ouvrir intégralement le marché européen aux institutions financières étrangères et aux prestataires de services informatiques.

2 Les débats suscités par la libéralisation du commerce des services

A Les conséquences de la libéralisation du commerce des services

- La libéralisation du commerce des services au sein de l'UE commande la suppression par les États membres de toute disposition favorisant les prestataires des services nationaux. En outre, le principe du pays d'origine devrait s'appliquer : les prestataires de services d'un pays membre de l'UE répondant à une demande d'une clientèle située dans un autre pays membre doivent être soumis aux règles juridiques prévalant dans leur pays d'origine.

- L'essor du commerce intracommunautaire des services doit stimuler la croissance et l'emploi. L'intensification de la concurrence incite les producteurs de services à améliorer la qualité de leurs prestations et à contenir leurs prix. Cependant, l'application du principe du pays d'origine met en péril les prestataires de services et leurs salariés de l'Europe du Nord et de l'Ouest du fait des niveaux de salaires relativement bas et d'une moindre protection sociale dans l'Europe de l'Est et du Sud. Il conviendrait alors de procéder à une harmonisation préalable des conditions de production et de vente des services pour réduire les disparités trop importantes entre les pays membres de l'UE.
- Toutefois, il est envisagé d'appliquer le principe du pays de destination quand les services sont produits dans le pays des clients par des travailleurs exerçant leur activité dans des unités de production appartenant à des prestataires de services étrangers (les travailleurs sont alors régis par les règles du pays où sont fournis les services). C'est aussi le cas lorsqu'ils sont produits par des travailleurs détachés en provenance du pays d'origine des prestataires de services. Le principe du pays d'origine devrait être en revanche appliqué pour les transactions transfrontalières de services et lorsque le détachement des travailleurs est de courte durée.

B Les services publics

- Le traité de l'UE ne fait pas référence aux service publics mais aux services d'intérêt économique général (SIEG) qui sont des services collectifs marchands dont les producteurs (entreprises publiques ou privées) sont soumis à des obligations spécifiques imposées par les pouvoirs publics afin de garantir le respect de l'intérêt général. En 2000 puis en 2003, la Commission européenne précise que les SIEG font partie d'un ensemble plus vaste, le service d'intérêt général, comprenant aussi les activités correspondant aux fonction régaliennes et « non économiques » des pouvoirs publics ; celles-ci ne sont pas concernés par la libéralisation du commerce des services.
- Depuis 1993, plusieurs SIEG font l'objet de mesures de libéralisation, notamment les transports ferroviaires, les télécommunications, la distribution de gaz et d'électricité, les services postaux. La libéralisation doit aboutir à une réduction des coûts et des prix ainsi qu'à une amélioration de la qualité de ces services. En outre, les entreprises en charge d'un SIEG doivent inclure dans leur offre la fourniture à tous les usagers d'un service de base de bonne qualité pour un prix modéré (service universel). Mais les opposants à la libéralisation redoutent que les impératifs de rentabilité et de compétitivité se traduisent par une réduction de la qualité des services ou à un renchérissement de leur prix. De plus, la nécessité de comprimer les coûts pourrait conduire les entreprises en charge des SIEG à réduire l'emploi et à intensifier les cadences de travail des salariés sans augmentation concomitante des salaires

Malgré les inquiétudes qu'elle suscite la libre circulation des services au sein de l'UE progresse. Elle participe à la mondialisation économique qui s'amplifie depuis une trentaine d'années.

PARTIE III

MONDIALISATION, CROISSANCE ÉCONOMIQUE ET DÉVELOPPEMENT

FICHE 21 COMMERCE INTERNATIONAL ET CROISSANCE ÉCONOMIQUE

On remarque une corrélation entre la croissance des échanges mondiaux et la croissance de la production mondiale. Ces deux phénomènes sont en interaction, mais il semble que l'évolution du commerce mondial « sur-réagit » par rapport à celle de la croissance mondiale : elle est toujours plus forte que la croissance mondiale, sauf lorsque cette dernière connaît un ralentissement important comme entre 1913 et 1950.

1 Les importations et les exportations sont des facteurs de croissance

A Le commerce extérieur est source de croissance par le biais des importations

- L'importation de biens de consommation permet d'acheter à meilleur prix ; cette baisse de prix accroît le pouvoir d'achat des ménages. Ceux-ci en profitent pour acheter davantage de produits ; cette augmentation de la demande est source de croissance pour l'économie nationale et les économies partenaires. L'importation permet aussi aux ménages d'acheter des produits qu'ils ne trouveraient pas dans leur pays (café par exemple), ce qui induit une amélioration de la satisfaction. Le consommateur peut aussi choisir entre un nombre plus important de produits pour satisfaire un même besoin.
- L'importation de biens de production par les entreprises permet de se les procurer de l'étranger lorsqu'ils y sont moins chers que sur le marché domestique. Ainsi, il est possible de produire à moindres coûts et de faire des raccourcis technologiques (utiliser des technologies importées qui sont introuvable sur le marché national en raison d'un retard technologique). Tout cela permet un accroissement de la productivité, une extension des marchés et est facteur de croissance économique.

B Le commerce extérieur est source de croissance par le biais des exportations

- Les exportations sont l'une des composantes de la demande ; au même tire que la demande des ménages, celle des entreprises ou celle de l'État, les exportations participent aux débouchés de la production.
- Comme l'investissement, les exportations ont un effet multiplicateur sur la production nationale (ce multiplicateur dépend de la propension marginale à consommer et de celle à importer). En effet, chaque augmentation des exportations permet d'augmenter la production nationale, d'augmenter le montant des revenus distribués et donc la demande et la production. De plus, les exportations n'ont pas les effets pervers des autres composantes de la demande ; ainsi les politiques favorisant la hausse de la demande intérieure ont des effets déséquilibrants sur l'économie (inflation et déficit budgétaire) et elles favorisent la croissance des importations ; les exportations n'ont pas ces effets.
- Les marchés nationaux sont souvent trop étroits. L'exportation permet d'augmenter la taille des marchés et ainsi de faire bénéficier aux entreprises des économies d'échelle.

2 La concurrence et la spécialisation sont des facteurs de croissance

A Les échanges internationaux dynamisent les économies nationales

- L'ouverture des économies a un effet stimulant important. Le libre-échange oblige les entreprises à accroître leur compétitivité et donc à améliorer et à rationaliser le processus de production ; il est ainsi une incitation puissante à l'innovation et au progrès technique qui sont, comme nous l'a montré J. A. Schumpeter, des facteurs considérables de croissance.
- Les pays repliés sur eux-mêmes en autarcie ont tendance à rester sur leurs acquis et à ne pas chercher à gagner en compétitivité. Pourtant seuls les gains de productivité permettent d'augmenter les salaires, de diminuer le temps de travail et de favoriser l'investissement ; ils sont donc nécessaires à la croissance et au développement. Cet effet de dynamisation des économies nationales ne joue évidemment que dans le cas d'échanges entre pays à développement similaire.
- L'ouverture des marchés permet à de nouvelles entreprises d'entrer sur le marché, ce qui accentue la concurrence ; les prix et le niveau de la production deviennent donc plus efficients car plus proches de ceux qui résulteraient d'un équilibre concurrentiel.

B Le commerce international permet la spécialisation qui est un facteur d'optimisation de la production mondiale

- Le libre-échange conduit naturellement à la spécialisation, c'est-à-dire à la division internationale du travail. Les pays abandonnent les productions des produits pour lesquels ils sont les plus désavantagés ou les moins avantagés et se spécialisent dans les produits pour lesquels ils sont avantagés ou moins désavantagés. Le résultat est donc une division de la production au niveau international.
- Cette division internationale du travail présente en théorie de nombreux avantages. Elle permet à chaque pays d'augmenter sa production de certains produits et ainsi de bénéficier des effets de dimension (économies d'échelle, expérience...) ainsi suscités. De plus, elle mène à une optimisation de la production mondiale qui devrait naturellement conduire à une baisse des prix et à une hausse de la production car chaque produit est fabriqué par le pays le plus performant. Les avantages de chacun sont optimisés, tous devraient y gagner.

Le commerce international est donc globalement un facteur de croissance économique ; il est un jeu à somme positive et non un jeu à somme nulle. Mais le fait que le commerce international favorise globalement la croissance et le développement de la planète, ne signifie pas pour autant que tous les pays sont pareillement avantagés (voir fiche 22) *: certains peuvent y gagner plus que d'autres ; certains peuvent même y perdre.*

FICHE 22 COMMERCE INTERNATIONAL ET DIFFICULTÉS ÉCONOMIQUES

La qualité essentielle du libre-échange est de permettre le développement des importations et des exportations. Mais en période de crise, les importations sont parfois accusées de provoquer des licenciements, et la course à l'exportation est parfois suspectée d'exiger des sacrifices en terme de salaires et d'emplois afin de rationaliser la production.

1 TOUS LES PAYS NE TROUVENT PAS LE MÊME AVANTAGE AU COMMERCE INTERNATIONAL

A Les gains du commerce peuvent être partagés inéquitablement

- Le commerce international peut être un jeu à somme positive, et donc être globalement favorable à la croissance mondiale, et désavantager certains pays.
- Ainsi, la spécialisation internationale n'avantage pas tous les pays de la même façon. Certains produits sont des produits appelés régressifs car ils ont peu d'effets d'entraînement sur le reste de l'économie, alors que d'autres produits sont des produits progressifs qui, par les consommations intermédiaires qu'ils induisent et par leurs effets structurants ont des effets d'entraînement importants sur l'économie.

B Le commerce international peut créer une contrainte extérieure

- Un pays peu compétitif peut subir des déficits extérieurs répétitifs. Ceux-ci présentent de nombreux effets pervers : détérioration de la balance des paiements, dépréciation monétaire, fuite des capitaux et accélération de l'inflation. Dans ce cas les mesures protectionnistes sont considérées comme les moyens les plus efficaces pour assainir les comptes extérieurs d'un pays.
- Par ailleurs, l'ouverture des économies interdit l'autonomie des politiques économiques : la contrainte extérieure joue surtout dans le cadre des politiques de relance. Une politique de relance traditionnelle cherche à relancer la demande et à baisser les taux d'intérêt. Mais, la baisse des taux d'intérêt accentue l'inflation qui fait perdre de la compétitivité et provoque une fuite des capitaux. L'augmentation de la demande provoque naturellement une augmentation des importations car tous les produits consommés ne sont pas des produits nationaux. De plus, si la politique de relance permet effectivement d'augmenter la production, elle va, là aussi, accroître les importations car pour produire il faut plus de matières premières (dont une partie est importée), plus de biens intermédiaires (dont une partie est importée) et plus de biens d'équipement (dont une partie est importée). Une politique de relance de la croissance a donc de nombreux effets déséquilibrants en économie ouverte.

2 Le commerce international peut être un facteur de crise et de chômage

A Certaines branches peuvent souffrir du commerce international

- Ce n'est souvent qu'à partir d'un certain niveau de développement que les industries sont compétitives. Le commerce international risque d'empêcher des industries de se développer et ainsi de gagner en maturité et en compétitivité. Il peut alors être nécessaire de les protéger ces industries naissantes de la concurrence étrangère.
- Dans les pays anciennement industrialisés, les industries menacées ne sont pas les industries nouvelles mais les industries vieillissantes qui ne sont plus suffisamment compétitives pour faire face à la concurrence internationale. Les industries menacées par le libre-échange sont généralement les industries fortement travaillistiques (elles utilisent proportionnellement plus de travail que de capital).

  La restructuration économique imposée par le libre-échange risque de faire disparaître des pans entiers de l'industrie des pays industrialisés (sidérurgie, mines, chantiers navals et peut-être même automobile). Cette restructuration peut avoir des coûts économiques et sociaux considérables.
- L'industrie n'est pas la seule activité menacée, les difficultés des agriculteurs ou des marins pêcheurs démontrent que le commerce international peut provoquer des dysfonctionnements importants. Les prix mondiaux des produits de la mer et de certains produits agricoles sont trop faibles pour assurer un revenu convenable à beaucoup de producteurs des pays développés. Les pouvoirs publics sont confrontés à un dilemme important : laisser disparaître certaines activités ou recourir à des mesures protectionnistes.

B Le libre-échange peut provoquer en cas de crise une dynamique contraire à la croissance

- En période de croissance mondiale, chaque pays peut augmenter ses exportations sans amputer les parts de marché des autres partenaires commerciaux. Par contre, en période de crise et de stagnation de l'activité, la hausse des exportations d'un pays provoque souvent la diminution de celles d'une autre économie. Jeu à somme positive en période de croissance, le commerce pourrait bien être un jeu à somme nulle en période de crise.
- La crise exacerbe donc la concurrence internationale et oblige les entreprises à se livrer à une course à la compétitivité afin de gagner (ou de ne pas perdre) des parts de marché. Pour cela, elles ont tendance à diminuer au maximum leurs coûts de production et pour y parvenir, elles imposent la rigueur salariale et recourent aux licenciements.
- Le libre-échange et l'ouverture vers l'extérieur peuvent enclencher un cercle vicieux : afin gagner des parts de marché et de favoriser les exportations, les entreprises licencient et modèrent les salaires, ce qui pénalise la demande intérieure. Privées de ce débouché, elles font un effort supplémentaire à l'exportation et restreignent pour cela leurs coûts salariaux…

  De nombreux pays espèrent ainsi vaincre la récession par l'accroissement des exportations, mais cette stratégie ne fait qu'exacerber la concurrence et aggraver la situation des moins adaptés. Elle ne permet pas d'accroître la demande mondiale et elle ne constitue donc pas une solution globale à la crise mondiale.

En période de croissance, le libre-échange a un effet accélérateur de la croissance mais tous n'en profitent pas pareillement. En période de crise, le commerce international peut même provoquer des effets pervers. C'est ce qui explique les nombreuses tentations protectionnistes.

FICHE 23 ÉCHANGES DE CAPITAUX ET CROISSANCE ÉCONOMIQUE

Les mouvements de capitaux regroupent les investissements directs à l'étranger (implantation d'une filiale par une multinationale par exemple), les investissements de portefeuille (achat d'actions d'entreprises étrangères déjà existantes par exemple), ainsi que les prêts bancaires. Les mouvements de capitaux à long terme se sont surtout développés à partir de la fin du XIXe siècle et ils ont contribué à la croissance économique mondiale. On met souvent en avant aujourd'hui leur caractère déstabilisant.

1 Les échanges de capitaux créent une dynamique de croissance

A Ils sont des facteurs de croissance pour les pays importateurs comme pour les pays exportateurs

- Selon la thèse d'A. Gerschenkron, les pays à industrialisation tardive doivent mettre en place des stratégies de substitution afin de compenser les facteurs de croissance qui leur manquent. Ainsi, quand l'épargne nationale est insuffisante, les capitaux étrangers s'y substituent. Ces capitaux permettent de réaliser des raccourcis technologiques.
- Les mouvements internationaux de capitaux profitent aussi aux pays exportateurs. Tout d'abord ils rapportent des intérêts qui peuvent permettre, le cas échéant, de compenser des déficits commerciaux comme le montre l'exemple de la Grande-Bretagne au XIXe siècle. En outre, ils permettent parfois d'orienter la production des pays acquéreurs et ainsi de pouvoir par la suite importer des produits à des prix compétitifs. En établissant des relations privilégiées avec les pays acquéreurs, les transferts de capitaux favorisent aussi les exportations de marchandises des pays exportateurs de capitaux.

B Ils favorisent une transmission de la croissance internationale

- Certains auteurs, comme Cairnes ou Wageman, ont décrit les différentes phases de la croissance transmise qui explique comment par les échanges de capitaux la croissance peut se diffuser dans le monde.
- Les pays passeraient par quatre phases. Le « nouvel emprunteur » n'est pas encore développé, sa balance commerciale est déficitaire, il emprunte des capitaux à l'étranger pour financer sa croissance; grâce à ces capitaux, sa balance commerciale devient excédentaire, mais il continue à emprunter et à verser des intérêts tant que son développement n'a pas atteint une certaine maturité, cette deuxième phase est celle d'« emprunteur évolué ».

  À la longue, son excédent commercial lui permet de dégager des capacités de financement et d'exporter à son tour des capitaux, il devient alors « nouveau prêteur », sa balance des intérêts demeure déficitaire en raison des emprunts passés. Peu à peu, le pays devient « prêteur évolué »: il vit de ses rentes, sa balance commerciale est généralement déficitaire car en raison de ses revenus importants, il est très fortement importateur de marchandises et il ne cherche pas à favoriser ses exportations.

2 Globalisation financière et croissance

A Investissements directs à l'étranger, croissance et endettement

- Pour les PED, l'endettement extérieur est l'occasion de sortir du cercle vicieux du sous-développement. Idéalement, ces emprunts doivent favoriser l'investissement, la production, l'exportation et donc les rentrées de devises nécessaires au remboursement de la dette. Depuis trente ans, les IDE ont progressé bien plus vite que les exportations de marchandises. Cette progression globale a été rendu possible par la déréglementation du marché du capital et a été facilité par les privatisations.
- Les IDE à destination des pays en développement sont des facteurs de croissance dans la mesure où ils permettent de compenser un manque de capitaux, mais ils peuvent créer des situations de surendettement quand la croissance escomptée n'est pas au rendez-vous, ce qui a été souvent le cas dans les années 1980.
- L'essentiel de ces IDE est interne aux pays développés. Les pays développés sont à l'origine des neuf dixièmes des flux d'IDE et reçoivent sur leur sol plus des trois quarts des investissements étrangers. Faiblement tournés vers les pays en développement, les investissements sont également très concentrés sur un petit nombre de pays, souvent asiatiques, au premier rang desquels se trouve la Chine ; en effet, les IDE se dirigent essentiellement vers les pays qui enregistrent déjà une croissance et donc qui sont attractifs.

B Les mouvements de capitaux favorisent l'instabilité financière

- Les crises financières se sont accélérées au cours des années 1990 : la plus connue est celle qui a affecté les pays asiatiques en 1997 mais de nombreux pays, en particulier en Amérique latine, ont été, à un moment ou un autre, touchés par une crise financière.
- Un déficit du budget de l'État ou des échanges extérieurs provoque la défiance des investisseurs qui craignent que les agents économiques nationaux ne puissent plus rembourser leurs dettes et la fuite des capitaux. Cela oblige le plus souvent le pays à renoncer à son taux de change fixe avec le dollar (crise de taux de change) ; le reflux des capitaux placés à la bourse provoque la chute des cours (crise boursière) ; les banques sont fragilisées par l'incapacité d'une partie de leurs clients d'honorer leurs engagements (crise bancaire). Cette crise financière se transforme en crise économique lorsque les banques réduisent leurs crédits, en crise sociale avec la monté du chômage et de la pauvreté et, parfois, en crise politique (contestation et chute du gouvernement).
- Le paradoxe vient du fait que la situation économique des pays en crise peut être fondamentalement bonne. Telle était la situation des pays asiatiques en 1997. Le déficit des échanges extérieurs de la Thaïlande avait provoqué une crise financière à l'origine de la première crise économique et sociale que ces NPI ont connu depuis leur décollage économique.

Si les échanges de capitaux sont globalement des facteurs de croissance économique, car ils permettent d'affecter l'épargne mondiale en fonction des besoins, ils peuvent aussi être des causes d'endettement et d'instabilité financières.

FICHE 24 MONDIALISATION ET DÉVELOPPEMENT DES PAYS DÉVELOPPÉS

Le développement des pays développés induit des flux d'échanges internationaux qui concourent à la mondialisation. Celle-ci, en retour, influe sur le développement de ces pays.

1 LE DÉVELOPPEMENT DES PAYS DÉVELOPPÉS PARTICIPE À LA MONDIALISATION

A L'essor du commerce mondial et l'internationalisation des firmes

- Le développement des pays développés s'est traduit par la croissance de la production. Dès lors, l'extension des débouchés, au sein des économies nationales mais aussi sur les marchés extérieurs (exportations), est nécessaire. De plus, l'essor des appareils productifs nationaux implique des importations d'intrants (produits primaires, biens d'équipement). Par conséquent, le développement des pays développés commande depuis plus de deux siècles celui du commerce international (*voir fiches 1 et 2*).
- Le développement de ces pays a suscité une demande de main-d'œuvre en partie satisfaite par des flux d'immigration. C'est par exemple le cas, au XIXe siècle et jusqu'au début des années 1920 (*voir fiche 3*) et depuis les années 1950 (*voir fiche 4*).
- C'est en raison du développement des pays développés que les firmes ont internationalisé leurs investissements pour prendre en charge la production de produits primaires, conquérir de nouveaux marchés en s'y implantant ou produire à moindre coût à l'étranger (*voir fiche 31*).

B L'essor des flux financiers internationaux

- Au-delà des premières phases du développement des pays développés (de la fin du XVIIIe siècle à la première moitié du XIXe siècle), les besoins de financement des entreprises étant croissants, le réinvestissement de leurs profits (autofinancement) ne suffit plus. De plus, les investissements en infrastructures et plus globalement les dépenses publiques tendent à s'accroître au fur et à mesure du développement des pays développés : l'urbanisation, la croissance démographique, la demande de protection sociale et d'éducation impliquent un interventionnisme public croissant (loi de Wagner) nécessitant le recours à l'emprunt.
- Pour satisfaire leurs besoins de financement, les entreprises et les collectivités publiques vont davantage faire appel aux marchés financiers nationaux mais aussi internationaux. Dès lors, le développement des pays développés favorise celui des flux financiers internationaux, comme ce fut le cas au XIXe siècle et jusqu'en 1914. Après une période de rémission, de la Première Guerre mondiale aux années 1950, ces flux financiers enregistrent depuis les années 1960 une forte croissance.

2 La mondialisation influe sur le développement des pays développés

A La mondialisation, facteur de développement des pays développés

- La mondialisation offre aux entreprises des pays développés des perspectives de débouchés pour leurs exportations. Elle permet de réduire le coût des importations d'intrants par la mise en concurrence des fournisseurs sur le marché mondial, ouvre un champ géographique plus vaste aux investissements des firmes; sur un marché des capitaux plus étendu, les entreprises peuvent plus facilement couvrir leurs besoins de financement par le recours à l'emprunt ou l'émission d'actions nouvelles. Enfin, les flux migratoires contribuent à mieux ajuster l'offre et la demande de travail.
- La mondialisation participe à l'évolution des structures des pays développés: ceux-ci modifient, éventuellement par des politiques très interventionnistes à l'instar des politiques commerciales stratégiques (*voir fiche 29*), la spécialisation de leur appareil productif. Elle contribue aussi à la diffusion du progrès technique qui féconde les systèmes productifs. Enfin, les États renforcent la compétitivité des firmes en améliorant l'efficience des infrastructures (routes, voies ferrées…), en contribuant à leur effort de recherche-développement et à l'élévation du niveau de qualification de leur main-d'œuvre.
- La mondialisation influe positivement sur le mode de vie de la population en élargissant la gamme des produits qui leur sont offerts; en stimulant la croissance, elle participe à l'élévation de son niveau de vie; elle contribue à l'accroissement de la mobilité professionnelle des travailleurs dont les déplacements entre pays sont facilités. Enfin, elle met en contact les cultures nationales et ainsi participe à leur évolution sans nécessairement conduire à leur uniformisation (*voir fiche 59*).

B La mondialisation peut aussi exercer des effets négatifs sur les pays développés

- L'insertion des pays développés dans le commerce international et les flux de capitaux peuvent exercer une contrainte externe sur les politiques économiques et sociales des États. Ainsi, en cas de compétitivité insuffisante de l'appareil productif, la balance des biens et des services risque d'être déficitaire, ce qui induit un accroissement de l'endettement extérieur. Pour limiter les importations, il sera alors nécessaire de freiner l'activité économique au détriment de l'emploi. De même, en cas de sorties massives de capitaux, il faudra relever les taux d'intérêt, bridant de ce fait la croissance.
- La pression de la concurrence mondiale conduit à flexibiliser davantage le marché du travail: les salaires, la durée du travail, le nombre d'emplois vont varier en fonction de l'activité économique. Dès lors, la main-d'œuvre est placée en situation d'insécurité d'autant plus que, pour diminuer les coûts de production, les charges sociales qui financent la protection sociale peuvent être réduites.
- Les entreprises nationales intervenant dans les industries de main-d'œuvre (textile, biens de consommation courante) ne résistent souvent pas à la concurrence mondiale. Certaines régions fortement dépendantes de ces activités subissent alors un déclin économique préjudiciable à la population (chômage endémique, pauvreté, mobilité contrainte qui rompt les liens familiaux).

La mondialisation est donc à la fois facteur et conséquence du développement des pays développés. Ceux-ci doivent cependant prendre en considération les effets négatifs dont elle peut être à l'origine.

FICHE 25 MONDIALISATION ET DÉVELOPPEMENT DES PED

Les pays en développement (PED) ont longtemps privilégié des stratégies de développement limitant leur insertion dans l'économie mondiale. Depuis les années 1980, ces stratégies ont évolué mais leurs résultats sont discutés.

1 La prise en compte de la mondialisation dans les stratégies de développement des PED

A La défiance des PED à l'égard de la mondialisation

- Jusqu'aux années 1970, la plupart des PED ont mis en œuvre des stratégies de développement autocentrées fondées sur la protection de leur marché intérieur et le contrôle des flux de capitaux. De telles stratégies sont promues par les économistes dépendantistes qui attribuent le sous-développement à la dépendance dans laquelle sont les PED à l'égard des pays développés dominants.
- À l'abri de barrières douanières, des PED comme le Brésil ou l'Inde substituent aux importations des productions locales (industrialisation par substitution d'importation). En outre, certains PED comme l'Algérie ou la Chine favorisent l'essor des industries lourdes. Celles-ci, protégées de la concurrence extérieure, doivent exercer de puissants effets d'entraînement sur l'ensemble de l'économie (industrialisation par industries industrialisantes). Ces deux types de stratégies requièrent une forte présence de l'État dans l'économie.
- Le recours aux exportations n'est pas exclu pour financer des importations de biens d'équipement ou de produits alimentaires, et de nombreux PED ont même accordé une réelle priorité aux exportations de produits primaires ou de biens de consommation courantes, tout en protégeant leurs industries naissantes. Par ailleurs, les capitaux extérieurs, sous le contrôle de l'État, ont pu contribuer au développement des PED : il en est ainsi, de l'aide publique au développement provenant des pays développés, mais aussi des flux d'investissements des firmes multinationales.

B Le virage libéral depuis les années 1980

- Les stratégies autocentrées se sont heurtées à plusieurs limites à partir des années 1960-1970 : affaiblissement des effets d'entraînement des industries lourdes, incapacité à faire évoluer la spécialisation vers des productions à plus forte valeur ajoutée, détérioration des termes de l'échange (*voir fiche 50*), endettement extérieur croissant lié aux déficits récurrents des balances des biens et des services et, à la fin des années 1970, à la hausse du dollar et des taux d'intérêt mondiaux (*voir fiche 80*), fortes inégalités sociales au détriment des salariés bridant la demande intérieure, bureaucratie étatique.
- Au début des années 1980, supportant un endettement extérieur croissant, de nombreux PED font appel aux grandes organisations internationales (Banque mondiale, FMI) et aux pays développés pour obtenir des prêts à taux préférentiels et le rééchelonnement (allongement de la période de remboursement), voire l'annulation, de leurs dettes. Mais, pour en bénéficier, les PED doivent libéraliser leur économie et s'insérer davantage dans l'économie mondiale en se spécialisant en fonction de leur dotation factorielle (détention de ressources naturelles ou

d'une main-d'œuvre peu coûteuse), en réduisant leurs barrières protectionnistes et en accueillant les investissements des firmes multinationales.

2 Les effets contrastés de la mondialisation sur les PED depuis les années 1980

A Les effets de l'insertion des PED dans le commerce international

- La part des PED dans le commerce mondial recule au cours des années 1980 puis croît depuis le début des années 1990 ; en 2004, elle est proche de 33 %. Le dynamisme du commerce extérieur peut favoriser la croissance (*voir fiche 21*) et contribuer la modernisation des structures socioéconomiques des PED. Toutefois, les PED doivent supporter des coûts d'ajustement induits par la libéralisation des échanges (faillites, exclusion d'une partie de la main-d'œuvre, perte de recettes pour l'État du fait de la disparition des droits de douane, creusement des inégalités de revenus) qui sont difficilement soutenables pour un grand nombre d'entre eux, notamment les plus pauvres.
- En outre, la plupart des PED sont exportateurs de produits primaires qui, globalement et à long terme, ne bénéficient pas d'une demande mondiale très dynamique. Ces pays peuvent alors pâtir d'une détérioration de leurs termes de l'échange, c'est-à-dire de la baisse des prix relatifs des produits exportés en regard des prix des produits importés : il faut donc exporter davantage pour obtenir le même volume d'importation (*voir fiche 50*). Les PED exportateurs de produits semi-finis ou de biens de consommation courante peuvent être confrontés aux mêmes difficultés.

B Les effets de l'insertion dans les flux de capitaux

- Les PED sont destinataires d'investissements des firmes multinationales (FMN). Ces investissements sont pourvoyeurs d'emplois, de transferts de technologie et alimentent un courant d'exportations. Mais ces effets bénéfiques sont incertains : les emplois créés peuvent être inadaptés à la main-d'œuvre disponible des PED ; les transferts de technologie ne sont pas garantis, notamment parce qu'ils nécessitent des capacités locales, financières, humaines, qui ne sont pas toujours réunies. En outre, l'implantation de FMN induit des courants d'importations et peut aussi conduire à des faillites de producteurs locaux. De plus, ces capitaux peuvent perpétuer une spécialisation peu favorable au développement.
- Les investissements de portefeuille (placements) ont répondu aux besoins de financements des PED mais ils ont également contribué à leur instabilité. Par exemple, en 1997, la crise asiatique débute en Thaïlande à la suite de sorties massives de capitaux résultant des mauvais résultats économiques de ce pays. Par ailleurs, l'insertion des PED dans les flux financiers internationaux s'est traduite par un endettement extérieur pour couvrir leurs besoins de financement. Cet endettement, devenu insoutenable au début des années 1980, a conduit les PED à adopter des politiques économiques et sociales qui ont pu nuire à leur développement (*voir fiches 30 et 80*).

*L'insertion des PED dans l'économie mondiale n'est pas nécessairement source de croissance et de développement pour ces pays. Leur spécificité invite à promouvoir un nouvel ordre économique international qui leur soit plus profitable (*voir fiches 52 et 53*).*

FICHE 26 LA PLACE DES ÉTATS DANS L'ÉCONOMIE MONDIALISÉE

La mondialisation de l'économie, tant du point de vue des échanges commerciaux de biens ou de services que du point de vue des échanges de capitaux placés à long terme (investissements directs à l'étranger) ou à plus court terme (capitaux flottants et investissements de portefeuille), pose clairement la question de la place des États et de leur rôle en matière économique.

1 UN RÔLE MÉCANIQUEMENT PLUS LIMITÉ SUR LE PLAN ÉCONOMIQUE

A L'interdépendance commerciale croissante limite les interventions de l'État

- L'intervention de l'État, telle qu'elle a été appliquée durant toute la période des Trente Glorieuses, est basée sur un pilotage par la politique budgétaire permettant d'alterner phases de relance de l'économie et phase de rigueur. Si le raisonnement keynésien, qui est à la genèse de ces interventions, permet de montrer qu'une relance de l'investissement provoque un effet multiplicateur qui accroît, à terme, la production et est facteur d'encouragement de l'emploi, son principal défaut réside dans le fait que le mécanisme théorique n'est valide qu'en économie fermée. En effet, lorsque l'économie est ouverte, l'accroissement de revenu lié à la relance de l'investissement ou de la consommation provoque une augmentation des importations et donc une fuite de revenu vers l'extérieur. Ainsi, les effets de la politique conjoncturelle de relance sont beaucoup plus faibles en économie ouverte. Ils concourent même à une dépréciation forte de la monnaie qui renchérit la valeur des importations.
- En outre, lorsque le degré d'ouverture de l'économie est important, l'action de l'État en matière de politique économique doit prendre en compte le maintien de la compétitivité prix des entreprises. La politique de relance, si elle est inflationniste, risque de nuire à la compétitivité prix de l'économie. De la même façon, le soutien de la consommation des ménages et de l'investissement productif peut s'obtenir en favorisant la hausse du pouvoir d'achat. La conséquence en est un accroissement des effets inflationnistes et un recours plus important aux importations.

B L'interdépendance monétaire et financière rend difficile la maîtrise économique des États

- Le phénomène de globalisation financière est facteur de contraintes fortes pesant sur les États en matière, notamment, de politique monétaire. Le modèle de Mundell-Flemming permet de mettre en évidence le « triangle des incompatibilités »: dans un système de libre circulation des capitaux, il est impossible de préserver la fixité des taux de change tout en menant des politiques monétaires autonomes.
- En effet, si un pays souhaite résorber un déficit commercial, il peut décider de restreindre la consommation en menant une politique monétaire restrictive par une augmentation des taux d'intérêt. Dans le cadre de la globalisation financière, cette augmentation va provoquer un afflux de capitaux dans le pays, ce qui

provoquera des tensions à la hausse sur les taux de change, l[...]
naie ne pouvant être durablement maintenue.

2 Un recentrage du rôle de l'État

A Le cadre international rend l'intervention de l'É[...] plus raisonnable

- Alors que la crise économique des années 1930 avait été marquée par le retour des tentations protectionnistes et la constitution d'un cloisonnement financier et monétaire important, le degré actuel d'ouverture et d'interdépendance des économies implique la mise en œuvre d'un cadre général agissant comme un garde-fou en matière de politique économique afin d'éviter la spirale de repli sur soi qui a précédé la Seconde Guerre mondiale. Il apparaît alors qu'une politique de relance laissée à l'instigation d'un seul pays risque d'avoir des effets strictement négatifs, puisqu'elle aboutirait à l'aggravation du déficit commercial.
- La volonté européenne de mettre en place le Système monétaire européen puis la monnaie unique a amené les pays membres à harmoniser leur politique monétaire et budgétaire. La politique budgétaire se trouve contrainte par les critères issus du traité de Maastricht et notamment l'obligation de maintien des déficits publics dans un niveau inférieur à 3 % du PIB et de la dette publique à un seuil inférieur à 60 % du PIB. Ces critères, destinés à éviter le « décrochage » de certains pays européens par rapport aux autres, sont très partiellement respectés dans les faits et les États n'hésitent pas à user de leurs marges restantes d'autonomie.

B Les fonctions traditionnelles de l'État sont réaffirmées

- La mondialisation permet néanmoins de réaffirmer le rôle des États, notamment dans ses fonctions d'État gendarme. En effet, la mondialisation implique le contrôle d'un certain nombre de déviances ou non-respect des lois : contrôle des échanges de produits illicites ou dangereux, contrôle des échanges de population dans le respect des lois intérieures en matière de sécurité publique ou de droit du travail, contrôle des abus pouvant intervenir sur les marchés financiers internationaux.
- On peut même avancer que la mondialisation permet un renouvellement des interventions des États vers la production de biens collectifs permettant d'accroître la compétitivité des agents économiques ou des entreprises. Les dépenses en matière d'éducation, de formation de la main-d'œuvre, d'infrastructures routières ou de recherche-développement contribuent à accroître l'attractivité des pays ou leur place au niveau international. De la même façon, les États ont pour mission de mettre en place une adaptation du système public de redistribution dans un cadre où la pauvreté et l'exclusion sociale peuvent être favorisés.

La mondialisation bouleverse considérablement le rôle de l'État dans l'économie. Elle remet en cause les initiatives unilatérales d'ajustement conjoncturel. Mais la mondialisation contribue également à un renouvellement des fonctions de l'État plus tournées vers la dimension régalienne ou productrice des conditions favorables à l'insertion du pays dans les échanges internationaux.

FICHE

27 MONDIALISATION ET POLITIQUES CONJONCTURELLES

Si les politiques économiques conjoncturelles visent à corriger les effets d'un fonctionnement autonome de la sphère économique en corrigeant ses déséquilibres, leur efficacité est limitée voire contre productive dans une économie mondialisée. De sorte que les actions correctrices de l'État ne peuvent se faire que dans un cadre plus structurel ou mieux coordonné à l'échelle internationale.

1 Les effets des politiques conjoncturelles en économie ouverte

A Les effets de la politique budgétaire

- La politique budgétaire, d'inspiration keynésienne, se caractérise par l'utilisation par les pouvoirs publics du budget de l'État comme instrument de politique économique. L'action de l'État porte sur les dépenses publiques ou sur les recettes (impôts et cotisations sociales) afin d'influer sur l'activité économique. Lorsque l'État crée un déficit public, les dépenses nouvelles agissent comme un revenu supplémentaire pour les ménages et les entreprises. Ce revenu favorise l'investissement et la consommation des ménages, ce qui permet une augmentation de la production nationale. Ce surplus est créateur de revenus, ce qui augmente à nouveau la consommation et l'investissement. Le déficit budgétaire initial provoque une série de réactions en chaîne appelées « effet multiplicateur ». À l'inverse, l'État a la possibilité de réduire le déficit budgétaire, voire de créer un excédent, ce qui provoque un ralentissement de l'activité économique.
- Les effets de la politique économique budgétaire sont limités en économie ouverte compte tenu d'un certain nombre d'éléments :
  - l'augmentation de la consommation et de l'investissement a pour effet d'augmenter les importations de biens et de services, ce qui crée un déficit de la balance des transactions courantes ;
  - les dépenses supplémentaires créent un besoin de financement de l'État, ce qui a pour effet d'augmenter la demande de capitaux, y compris externe, et donc d'augmenter le niveau des taux d'intérêt.

B Les effets de la politique monétaire

- La politique monétaire représente le second instrument de la politique conjoncturelle. En agissant sur la quantité de monnaie et le coût du crédit, les autorités monétaires souhaitent modifier l'activité économique. Une création monétaire supplémentaire ou un crédit facilité par la baisse des taux d'intérêt est susceptible de favoriser la consommation des ménages et l'investissement des entreprises (politique monétaire expansionniste). Cependant, elle peut être inflationniste si l'offre de biens et de services n'augmente pas dans les mêmes proportions. À l'inverse, une restriction de la masse monétaire ralentira l'activité économique (politique monétaire restrictive), ce qui limitera la poussée inflationniste.

- De la même façon que pour la politique budgétaire, l'action sur les instruments monétaires en économie ouverte a des effets plus limités. En effet, le modèle de Mundell Fleming montre, en régime de change fixe, que la politique monétaire expansionniste a pour effet de provoquer une diminution des taux d'intérêt et donc des sorties de devises du territoire national, ce qui provoque un retour au niveau initial de la masse monétaire. Le modèle montre toutefois une plus grande efficacité en régime de changes flottants, les effets correctifs intervenant sur la parité monétaire.

2 L'ÉVOLUTION DE LA POLITIQUE ÉCONOMIQUE

A Politique conjoncturelle ou structurelle

- La politique conjoncturelle agit, comme son nom l'indique, sur le court terme et vise à influer sur la situation de l'économie à un moment donné. À l'inverse, la politique structurelle implique des changements profonds dans l'organisation de l'économie. Si l'ouverture internationale et la mondialisation impliquent un retrait de la politique conjoncturelle, les pouvoirs publics peuvent continuer à agir pour modifier les structures de l'économie. Néanmoins, même la politique structurelle se trouve contrainte par la nécessité d'agir sur la compétitivité des entreprises nationales et la recherche d'une plus grande flexibilité. Mais des politiques plus volontaristes, comme les politiques commerciales stratégiques (*voir fiche 29*), suscitent des débats.
- Dans ce cadre d'évolution structurelle de la politique économique, des initiatives ont pu montrer que certaines politiques de régulation conjoncturelle peuvent fonctionner. Alors qu'ils agissent depuis les années 1970 pour déréglementer leur économie, les États-Unis laissent le déficit de l'État se creuser au début des années 1990, tout en favorisant une expansion monétaire. Lors de la récession qui touche la France en 1993, le gouvernement d'Édouard Balladur a recours au déficit budgétaire pour stimuler la croissance, tout en menant une politique monétaire restrictive visant à lutter contre l'inflation et une politique de privatisation des entreprises.

B La nécessaire concertation internationale

- Les enseignements de la période précédant la Seconde Guerre mondiale ont permis de mettre en évidence la nécessité de disposer d'instances de régulation internationale des politiques économiques dans différents domaines. La création du Fonds monétaire international, lors de la conférence de Bretton Woods en 1944, la signature de l'Accord général pour les tarifs douaniers et le commerce (GATT en anglais) en 1947, la création de l'Organisation de coopération et de développement économique (1960) participent de cette ambition.
- Mais la concertation internationale s'exerce aussi dans le cadre du développement des zones commerciales ou de libre-échange. En impliquant la libre circulation des marchandises à un niveau de droits de douane bien plus faible, elles concourent à renforcer la contrainte externe pesant sur les politiques conjoncturelles. C'est ainsi que des mesures d'ajustement concerté peuvent voir le jour (*voir fiche 28*).

La mondialisation implique une dépendance plus forte entre les pays qui limite les effets d'une politique conjoncturelle décidée unilatéralement. La solution réside sans doute dans la concertation, bien que celle-ci ait des difficultés à se mettre en œuvre.

Fiche 28

LA COORDINATION INTERNATIONALE DES POLITIQUES ÉCONOMIQUES

Profitant des désagréments liés aux replis nationaux lors de la Grande crise des années 1930, il est d'usage, depuis la fin de la Seconde Guerre mondiale, de rechercher une coordination plus forte au niveau international entre les politiques économiques, en conformité avec les enseignements de la théorie économique. Pour cela, diverses institutions internationales ont été mises en place, mais c'est surtout au sein des zones économiques de libre-échange que les avancées sont les plus significatives malgré la difficulté à se coordonner

1 La difficulté de la coordination internationale

A Les enseignements de la théorie économique

- Lorsqu'un pays accepte la coordination internationale, il renonce à un certain nombre de ses prérogatives ou admet la fragilisation de certains secteurs de son économie. La difficulté, dans les régimes démocratiques, tient à la pression de l'opinion publique sur certaines mesures. Pourtant, la théorie économique peut montrer l'intérêt de la concertation. La théorie du libre-échange permet d'illustrer ce point : même si, en diminuant de manière concertée les droits de douanes sur un secteur d'activité particulier et en facilitant la libre circulation des marchandises, le pays met en difficulté l'industrie nationale dans ce secteur, la théorie néoclassique traditionnelle montre que l'intérêt général (le surplus collectif) s'améliore.
- De la même façon, l'intérêt de la coordination entre deux pays peut être analysé à partir de la théorie des jeux, et notamment en utilisant la théorie du dilemme du prisonnier. En effet, alors qu'individuellement un pays ne semble ressentir aucun intérêt à la concertation, le fait de ne pas être informé des actions d'un autre pays peut amener à une situation sous optimale. Ainsi, la concertation peut être bénéfique pour les deux acteurs. C'est pourquoi l'économie internationale s'est dotée d'instances de concertation afin de permettre de dépasser les replis nationaux.

B Le rôle des institutions

- Le G8, composé des huit pays les plus industrialisés, se réunit à intervalle régulier afin de faciliter la concertation en matière de politique économique entre ses membres. Les États-Unis, le Japon, l'Allemagne, le Royaume-Uni, la France, l'Italie, le Canada et la Russie composent aujourd'hui le G8. Un exemple de ses actions en matière de coopération économique est la décision, à la fin des années 1970, de lutter prioritairement contre l'inflation dans les pays industrialisés. Cette décision a amené la mise en œuvre de politiques de rigueur, impopulaires, mais a permis de vaincre les poussées inflationnistes.
- En 1960, l'Organisation de coopération et de développement économique (OCDE) est instituée pour faciliter la concertation entre les pays membres dans le but de favoriser leur croissance. Ce sont 30 pays qui aujourd'hui sont membres de l'OCDE.

2 L'EXEMPLE DE LA COORDINATION EUROPÉENNE

A La coordination réussie de la politique monétaire européenne

- Alors que le Système monétaire international de Bretton Woods se désagrégeait dans les années 1970, les pays européens ont souhaité construire une zone de stabilité monétaire en instituant un système de changes fixes, le Système monétaire européen. Cette coordination de la politique de change s'est trouvée renforcée avec la signature du traité de Maastricht en 1992, qui instaure la convergence monétaire et doit mener à la monnaie unique. Parmi les critères principaux, les pays signataires se doivent de contenir le déficit de leur budget à un niveau inférieur à 3 % du PIB et la dette publique à un niveau inférieur à 60 % du PIB. L'instauration, le 1er janvier 2002, de l'euro marque la réussite de cette volonté commune de stabilité monétaire.
- La mise en œuvre de la monnaie unique européenne s'est accompagnée de la disparition des banques centrales nationales et de la création de la Banque centrale européenne (BCE) dont la fonction principale est d'assurer la stabilité interne (lutte contre l'inflation) et externe (maintien de la parité de l'euro) de la monnaie. Ainsi, de manière indépendante des États et des gouvernements, c'est cette institution spécifique qui gère l'ensemble de la politique monétaire.

B Le pacte de stabilité et les résultats plus mitigés de la politique budgétaire

- En 1997, la signature du « Pacte de stabilité et de croissance » permet de préciser les objectifs du traité de Maastricht. Ainsi, les États de la zone euro se sont-ils engagés à parvenir à une situation budgétaire « proche de l'équilibre ou en excédent à moyen terme », et à présenter chaque année un « programme de stabilité » au Conseil des ministres de l'économie et des finances. Des procédures de suivi et de contrôle des politiques économiques ont également été instaurées permettant au Conseil, à partir des « grandes orientations des politiques économiques » de l'Union, d'adresser des recommandations, voire des « avertissements », aux pays qui ne respectent pas les conditions du traité de Maastricht ou du « Pacte de stabilité ».
- La conjoncture économique des années 2000 a d'ailleurs été marquée par la difficulté pour les pays signataires de respecter strictement les critères du Pacte, de sorte que l'Allemagne et la France n'ont pas été en mesure de contenir leur déficit budgétaire et leur dette publique dans les limites acceptables. En 2005, une réforme a permis d'assouplir, en cas de circonstances exceptionnelles, les limites et d'accepter des marges plus importantes. Pourtant, il est clair pour les partisans de la construction d'une Europe plus forte, qu'une politique économique totalement coordonnée devrait reposer sur la mise en œuvre d'un budget européen unique et suffisamment important pour que chaque dépense sur le budget européen ait une influence significative sur les économies nationales.

Depuis la fin de la Seconde Guerre mondiale, de nombreuses institutions internationales se sont mises en place afin de permettre une réelle coordination des politiques économiques dans le cadre de l'économie mondialisée. Pourtant, la véritable intégration économique reste encore l'exception.

FICHE 29 LES POLITIQUES COMMERCIALES STRATÉGIQUES

Alors que depuis le XIXe siècle le développement du libre-échange a été tendanciellement constant, les États n'ont pas pour autant abandonné leurs interventions en matière de politique économique. C'est le cas notamment en ce qui concerne la mise en œuvre de politiques commerciales stratégiques (PAS) destinées a développer des activités jugées essentielles de façon à réduire toute dépendance vis-à-vis de l'extérieur.

1 LES PAS REMETTENT EN CAUSE LA THÉORIE TRADITIONNELLE DES ÉCHANGES

A Les politiques commerciales stratégiques s'inscrivent dans un renouvellement de la théorie de l'échange international

- Alors que la théorie traditionnelle classique telle qu'elle a été développée par Adam Smith, David Ricardo et leurs successeurs néoclassiques met en avant les avantage du libre-échange, elle est construite dans un cadre de concurrence pure et parfaite. Or, l'apport essentiel de la « nouvelle théorie du commerce international » va être introduit par Paul Krugman qui intègre dans sa théorie les rendements croissants et la concurrence imparfaite. Dès lors, l'explication à la spécialisation internationale ne réside plus dans les avantages comparatifs qui émanent de la théorie ricardienne ou de la théorie HOS (*voir fiche 99*), mais des « accidents historiques » peuvent intervenir.
- Dans l'analyse de Paul Krugman, les États peuvent être amenés à intervenir afin de modifier le cours historique naturel. Par exemple, les États peuvent distribuer des subventions pour favoriser la recherche développement dans des secteurs jugés stratégiques ou pour créer des champions nationaux destinés à concurrencer les firmes disposant de rendements croissants. On peut également renforcer les barrières douanières. On cherche ainsi, dans la théorie énoncée par J. Brander et B. Spencer, a créer, par l'intervention de l'État, une situation nationale concurrentielle et à favoriser les monopoles.

B Une antériorité historique réelle

- Si les pays qui ont connu leur révolution industrielle dès la fin du XVIIIe siècle, et notamment l'Angleterre, puis la France, n'ont pas véritablement été marqués par un interventionnisme réel de l'État, il n'en est pas de même des pays arrivés tardivement dans l'industrialisation. En effet, le Japon, la Russie et, dans une moindre mesure, l'Allemagne ont connu l'interventionnisme de l'État visant à favoriser l'émergence de firmes nationales dans des secteurs clés.
- En 1962, Alexander Gershenkron montre que les pays à industrialisation tardive suivent un développement spécifique et qu'ils ne passent pas tous par les mêmes étapes. Le Japon, qui connaît la révolution Meiji à partir de 1868, en est un bon exemple. L'État crée, à partir de 1872, des entreprises de grande taille: des manufactures de soie, de coton, de laine, de papier, des verreries, des cimenteries, des entreprises de construction navale, des arsenaux et des sociétés d'exploitation minière.

2 Avantages et inconvénients des politiques commerciales stratégiques

A La mise en œuvre des politiques commerciales stratégiques

- Pendant la seconde moitié du XXe siècle, et dans un contexte de limitation des barrières douanières, on a assisté à la mise en place d'une politique industrielle active dans de nombreux pays. Le Japon a, par l'intermédiaire du MITI (ministère de l'industrie), favorisé à partir des années 1950 le secteur électrique, l'automobile, la pétrochimie, puis les industries des semi-conducteurs en permettant des fusions et en imposant notamment des droits de douanes importants sur les importations. La France, à partir des années 1960, a favorisé, dans le cadre d'une politique volontariste, l'émergence de champions nationaux dans un certain nombre de domaines stratégiques. Aux États-Unis également, la politique de l'État a pu encourager des secteurs entiers de l'économie, comme l'agriculture, pour les rendre compétitifs ou pour les protéger de la concurrence internationale.
- Cette politique a pu également se développer dans un cadre européen avec la mise en place du consortium de l'aéronautique civile Airbus qui succède au programme Concorde. Plus récemment, la France a réorienté sa politique industrielle en favorisant l'émergence de « pôles de compétitivité » à vocation régionale, nationale, européenne ou mondiale. Cette mesure initiée par le ministère de l'Industrie a retenu 64 pôles de compétitivité et a doté leur développement d'une enveloppe spécifique de 1,5 milliard d'euros. Cette politique a été relancée au printemps 2006 avec un nouvel appel à projet.

B Leurs critiques

- Le premier niveau de critiques formulées à l'égard des politiques commerciales stratégiques ressort de l'analyse selon laquelle il est difficile d'admettre que toute intervention de l'État corresponde à une meilleure situation possible. En effet, selon l'analyse libérale traditionnelle, la mise en place d'une politique volontariste de l'État va se traduire par la nécessité de financer les investissements nécessaires et donc par une augmentation des impôts risquant, inévitablement, d'augmenter le niveau initial des taux d'intérêt et pouvant globalement nuire à l'investissement initial. De la même façon, la mise en œuvre d'une politique commerciale stratégique peut avoir pour conséquence de provoquer des représailles commerciales visant à instaurer davantage de protection sur les marchés.
- Paul Krugman élabore ainsi une nouvelle théorie du commerce international dont le point de départ repose sur une acceptation des insuffisances du marché qui peuvent justifier une relative intervention de l'État. Cependant, Krugman est conscient que le libre-échange, compte tenu de ses imperfections, ne constitue par un optimum de premier rang, mais il le soutient néanmoins. Pour lui, le libre-échange représente un optimum de second rang (c'est-à-dire la meilleure solution possible compte tenu du contexte d'imperfection des marchés).

Paul Krugman a contribué à populariser les politiques commerciales stratégiques en élaborant la nouvelle théorie du commerce internationale mais il est ensuite intervenu de façon plus critique pour en souligner les faiblesses et réhabiliter les formes de libre échange.

FICHE 30 LES POLITIQUES D'AJUSTEMENT STRUCTUREL

Les politiques d'ajustement structurel ont été mises en place sous l'égide du Fonds monétaire international à partir des années 1970. Destinées à conditionner l'octroi d'aide financière aux pays en développement (PED) à des mesures d'austérité budgétaire et monétaire et à libéraliser l'économie, ces politiques continuent à s'appliquer, malgré de nombreuses critiques et des modifications dans les conditions de leur application.

1 Origines et caractéristiques des politiques d'ajustement structurel

A Le point de départ : l'endettement des pays en voie de développement

- Les politiques d'ajustement structurel trouvent leur origine dans le développement de l'endettement des pays en développement. L'endettement est lié à une situation structurellement déficitaire de la balance des transactions courantes pour lesquelles les sorties de capitaux (liées aux importations ou aux achats de services à l'étranger) sont supérieures aux entrées de capitaux (liées aux exportations ou à la vente de services). Dès que l'épargne intérieure ne suffit pas à couvrir l'ensemble des dépenses, une situation de besoin de financement apparaît. Le recours à l'endettement est une des voies permettant de combler cette situation.
- Les investissements directs à l'étranger, les investissements de portefeuille ou les aides au développement ne relèvent pas de l'endettement. En revanche les prêts bancaires, les investissements en obligations ou les prêts, même à des taux préférentiels relevant de l'aide au développement accroissent l'endettement des PED. L'ensemble de la dette des PED a fortement augmenté depuis les années 1970 et surtout, aux côtés des préteurs publics que sont les États ou la Banque mondiale, les prêteurs privés sont davantage intervenus. La dette des PED représente aujourd'hui plus de 2000 milliards de dollars (*voir fiche 80*).

B Les principes des politiques d'ajustement structurel

- Les politiques d'ajustement structurel (PAS) ont commencé à être mise en œuvre à partir des années 1970. Les PAS comportent un volet conjoncturel et un volet structurel. Sur le plan conjoncturel, le FMI conditionne le rééchelonnement de la dette à des politiques d'austérité budgétaire et monétaire visant à combler les déficits budgétaires et de la balance des transactions courantes. Ces politiques, qui imposent une diminution du budget de l'État, ont pour effet de limiter la demande des ménages et des entreprises, ce qui limite les importations et tend donc à réduire les déficits. Cette contraction de la demande agit aussi sur l'inflation, en la réduisant, ce qui permet de revenir à une certaine stabilité des taux de change et améliore la compétitivité-prix de l'économie.
- Sur le plan structurel, les PAS visent à la libéralisation de l'économie en prônant la libéralisation des prix, les privatisations, la diminution du nombre de fonctionnaires, le retrait de l'État, la promotion du libre-échange. Ces transformations s'inscrivent dans une vision libérale de l'économie et cherchent à permettre un

retour des équilibres économiques grâce à la l'instauration d'une économie de marché. La flexibilité de l'économie est recherchée par cette politique, elle vise à dépasser les blocages expliquant les situations de sous-développement.

2 Avantages et inconvénients des politiques d'ajustement structurel

A Les avantages des PAS

- Explicitement d'inspiration libérale, les politiques d'ajustement structurel sont basées sur un conditionnement du rééchelonnement de la dette. Ainsi, elles permettent d'inciter les États bénéficiaires de ce rééchelonnement à engager les transformations nécessaires à la libéralisation de leur économie. L'objectif poursuivi est de forcer les pays à engager des modifications de leurs structures économiques en dépassant les blocages culturels et sociaux internes.
- En contrepartie, les PED mettant en place les politiques d'ajustement structurel peuvent bénéficier d'un rééchelonnement de leur dette permettant d'allonger la durée des remboursements tout en limitant annuellement la charge de l'endettement. L'idée est donc d'accorder aux pays bénéficiaires une « respiration » permettant de dégager une partie de l'épargne nationale pour l'investissement et non pas en totalité pour le paiement du service de la dette.

B Leurs critiques

- Les politiques d'ajustement structurel ont fait l'objet d'un grand nombre de critiques. En effet, les mesures d'austérité peuvent avoir pour conséquence une restriction de la demande des ménages et de l'investissement productif ayant pour effet un blocage supplémentaire de la croissance économique. Ainsi, le ralentissement économique qui est sous-jacent provoque une montée importante de la pauvreté et de l'exclusion sociale. Sur le plan plus structurel, la mise en œuvre des principes de l'économie de marché se heurte aux caractéristiques locales. Au demeurant, des voix se sont élevées pour bien montrer que les pays ayant connu un véritable décollage n'ont pas cherché à « décréter » l'économie de marché.
- À partir du milieu des années 1980, de nouvelles orientations sont préconisées qui viennent modifier les conditions dans lesquelles sont développées les politiques d'ajustement structurel. En 1985, le plan présenté par James Baker, alors secrétaire au Trésor de R. Reagan, vise à proposer de nouveaux prêts à des taux plus préférentiels de façon à alimenter en « *new money* » les pays endettés. Cependant, devant les difficultés croissantes de ces pays, les apports de nouveaux crédits n'ont pas véritablement été effectifs. En 1989, le plan Brady vise à limiter les encours d'endettement des PED en permettant des prêts auprès du FMI ou de la Banque mondiale destinés à racheter les titres représentatifs de leur dette auprès des banques, moyennant une décote. Dans cet esprit, il est admis que l'allègement de la dette permet d'assurer les remboursements restant grâce à la reprise économique. Ces mesures sont toujours conditionnées à des politiques d'ajustement structurel.

Les politiques d'ajustement structurel présentent l'avantage de conditionner l'aide au développement de mesures visant à modifier en profondeur les structures économiques des pays concernés. Cependant elles sont fortement critiquées par les alter-mondialistes qui ne voient en leur application que la volonté de généraliser le modèle capitaliste occidental.

PARTIE IV

DE NOUVEAUX ACTEURS : FMN ET BLOCS RÉGIONAUX

FICHE 31

LES FIRMES MULTINATIONALES DU XIXe SIÈCLE À NOS JOURS

Une firme multinationale (FMN) – ou, selon la terminologie de l'ONU, une firme transnationale – est une entreprise qui, à partir d'une base nationale, implante plusieurs filiales dans un ou plusieurs pays étrangers, selon une stratégie conçue par une maison-mère. Depuis la deuxième moitié du XIXe *siècle, la multinationalisation des firmes prend de l'ampleur.*

1 La délimitation des FMN est délicate

A Maison-mère et filiales

- Une FMN comporte une maison-mère, qui en constitue le siège, et ses filiales. Celles-ci peuvent être détenues dans des proportions variables : certaines le sont à 100 % ; souvent, cette part est inférieure : la détention d'une part limitée de la propriété d'une entreprise peut suffire à en assurer le contrôle, dès lors que l'actionnariat est dispersé, ou que la maison-mère détient une minorité de blocage (34 % des votes aux assemblées générales des actionnaires). Par exemple, en acquérant environ 37 % du capital de Nissan motors, Renault s'est assuré le contrôle de cette firme automobile japonaise.
- Par ailleurs, les participations croisées (dont l'architecture est fréquemment très complexe) entre filiales et maison-mère et/ou entre filiales assure l'autocontrôle du groupe. Ainsi, une fraction du capital de la maison-mère peut être détenue par ses propres filiales empêchant de ce fait toute prise de contrôle par un groupe concurrent.

B La composition effective d'un groupe multinational va au-delà des filiales

- Les entreprises sous-traitantes d'une FMN sont juridiquement indépendantes mais économiquement dépendantes de leur donneur d'ordre. Certains sous-traitants sont privilégiés dans la mesure où leur fonction est jugée essentielle par le donneur d'ordre. Celui-ci noue alors des liens durables avec les fournisseurs sélectionnés. Les autres sous-traitants sont soumis à la concurrence et ne bénéficient pas de l'assurance de relations durables avec leur donneur d'ordre.
- Dans de nombreux cas, les sous-traitants sont eux-mêmes des FMN, fournisseurs de plusieurs donneurs d'ordre. De plus, les FMN nouent entre elles des relations de coopération dans certains domaines (recherche et développement, production de parties de produits en commun comme par exemple des moteurs de voitures, des boîtes de vitesse…).
- En nouant des liens avec ses sous-traitants et d'autres FMN, chaque groupe multinational constitue une firme-réseau dont l'efficience repose sur la qualité des relations entre chacun de ses membres. Par ailleurs, les firmes-réseaux sont imbriquées les unes dans les autres puisque des entreprises peuvent appartenir à plusieurs réseaux.

2 LA MULTINATIONALISATION DES FIRMES DEPUIS LE XIXe SIÈCLE

A Les FMN, du XIXe siècle aux années 1990

- La multinationalisation des firmes est une tendance significative depuis la seconde moitié du XIXe siècle. Elle traduit la prédominance des pays industrialisés, en particulier la Grande-Bretagne. Jusqu'aux années 1940, les activités à l'étranger des FMN originaires de ces pays concernent pour la plus grande part les industries extractives et l'exploitation des ressources agricoles au sein des pays correspondant aux actuels pays en développement (PED) : il s'agit de répondre à la demande de produits primaires qu'implique la croissance des pays industrialisés. Dans une moindre mesure, les FMN investissent dans les pays avancés pour y produire des biens de consommation ou d'équipement, contournant de ce fait les barrières douanières qu'ils pouvaient ériger (*voir fiches 13 et 14*).
- À partir des années 1950, les FMN nord-américaines supplantent les firmes britanniques et celles des autres pays développés. Majoritairement, les investissements des FMN sont orientés vers la production de biens de consommation ou de production dans les pays développés pour y accroître leurs parts de marché. À partir des années 1960-1970, les FMN nord-américaines sont de plus en plus confrontées à la concurrence des firmes originaires d'autres pays développés (Allemagne, France, Japon). Depuis les années 1980, les FMN sont non seulement intéresées par la conquête de débouchés au sein des pays développés mais aussi de plus en plus par la réduction des coûts de production qu'implique l'implantation d'unités de production dans les pays à bas salaires (*voir fiche 35*).

B Les FMN au début des années 2000

- Au début des années 2000, les FMN constituent un facteur puissant de la mondialisation économique. Les échanges internationaux de biens et de services au sein des groupes multinationaux (commerce intragroupe ou captif) représente de 35 à 40 % du commerce mondial. 65 % des investissements à l'étranger des FMN sont orientés vers les pays développés et 35 % vers les PED ; le secteur des services (banques, assurances, commerce, communication…) capte les deux tiers de ces investissements et l'industrie, un quart. Enfin, près de 90 % des investissements des FMN proviennent des firmes originaires des pays développés ; depuis les années 1990, des FMN originaires des PED (Malaisie, Chine, Corée du Sud, Singapour, Mexique, Brésil, Inde, Taïwan) occupent une place croissante, mais encore modeste, dans l'économie mondiale.
- La constitution de firmes-réseaux (*cf. supra 1B*) contribue à amoindrir, voire à faire disparaître, la base nationale des FMN dont l'actionnariat est déjà lui-même fréquemment internationalisé. Les firmes-réseaux constituent en effet des enchevêtrements de firmes de nationalités différentes pouvant en outre appartenir à plusieurs firmes-réseaux. Par exemple, le groupe EADS (Airbus, Ariane, Eurocopter…) est une société de droit néerlandais détenue par des actionnaires européens. Le groupe recourt à des sous-traitants de nationalités diverses qui eux-mêmes disposent de fournisseurs dans le monde entier. La nationalité effective du réseau que commande la FMN EADS est alors indéterminée.

*La multinationalisation des firmes est un facteur déterminant de la mondialisation. Les FMN s'affranchissent des frontières politiques des États dont la place dans l'économie mondiale est discutée (*voir fiche 26*).*

FICHE 32 LES STRATÉGIES DES FIRMES MULTINATIONALES

L'essor des FMN correspond à différentes stratégies qu'elles mettent en œuvre. Ces stratégies peuvent conduire à la constitution de firmes globales.

1 Comment et pourquoi s'implanter à l'étranger ?

A Les modalités d'implantation à l'étranger

- Pour s'implanter dans un pays étranger, la maison-mère d'une FMN peut décider d'y posséder une ou plusieurs unités de production qu'elle peut créer ou qu'elle peut acquérir notamment lors d'opérations de fusions-acquisitions transfrontalières. Depuis une vingtaine d'années, il s'agit le plus souvent d'opérations horizontales réunissant des entreprises ayant la même activité principale cherchant à réaliser des économies d'échelle et/ou à accroître leur contrôle sur le marché mondial.
- La maison-mère peut préférer recourir à un ou plusieurs sous-traitants étrangers, éventuellement en constituant un joint-venture ou co-entreprise (une entreprise commune créée par plusieurs firmes). C'est, par exemple, ce qu'a réalisé en Chine, en 2002, Peugeot SA avec l'entreprise chinoise Dong Feng motors, qui était déjà associée à Citroën depuis 1992. Le choix de la maison-mère est dicté par des considérations de coûts, de fiabilité d'éventuels partenaires locaux, de réglementations prévalant dans les pays où elle souhaite s'implanter (par exemple, la loi peut imposer la constitution de joint ventures ou fortement y inciter).

B Les stratégies de multinationalisation

- La décision de s'implanter dans un pays étranger peut reposer sur différentes stratégies mises en œuvre par les FMN, ces stratégies pouvant être combinées : produire à l'étranger des produits primaires pour répondre aux besoins des industries de transformation (stratégie d'approvisionnement) ; produire à l'étranger des biens de consommation ou d'équipement plutôt que d'y exporter pour élargir les débouchés (stratégie de marché) ; produire à l'étranger, notamment dans les pays à bas salaires, pour réduire les coûts de production puis exporter les produits (stratégie de rationalisation).
- Les FMN peuvent choisir un autre type de stratégie. Elles fournissent à une ou des entreprises indépendantes à l'étranger des actifs immatériels (un savoir faire en gestion, des licences, une assistance technique…). En contrepartie, elles peuvent recevoir une part minoritaire du capital des entreprises bénéficiaires de ces investissements, voire constituer avec ces dernières des joint ventures ; les FMN perçoivent alors une partie des bénéfices s'ajoutant aux royalties sur leurs apports en actifs immatériels. Il s'agit donc de faire supporter une grande part des risques aux partenaires étrangers, en matière de production, de commercialisation et même de financement, la rémunération de l'apport des actifs immatériels étant fixée *a priori*.

2 Les stratégies de globalisation

A L'émergence de FMN globales

- Une forme particulière de FMN prend de l'ampleur depuis une vingtaine d'années. Elle correspond à une stratégie de globalisation (ou de transnationalisation). Une firme multinationale globale est organisée autour d'une stratégie définie centralement par la maison-mère dont la direction, elle-même mondialisée, unifie la gamme de produits sur le marché mondial considéré comme un marché unique (ou sur de très vastes zones géographiques). De ce point de vue, Coca Cola, Exxon, McDonald's ou Microsoft, sont des firmes globales. Une autre conception insiste sur la double capacité des firmes globales à combiner les stratégies de marché et de rationalisation (voir *supra*) et à constituer de vastes réseaux mondiaux s'affranchissant des frontières politiques des États (*voir fiche 31*).
- Pourtant, les FMN globales tiennent compte des spécificités nationales ou locales. Toutefois, leurs maisons mères vont organiser la production du groupe à l'échelle mondiale pour générer des économies d'échelle : elles peuvent, par exemple, centraliser tout ou partie de la recherche-développement ou spécialiser des filiales de manières à ce qu'elles alimentent plusieurs unités de production du groupe auquel elles appartiennent et sur un marché plus vaste que celui sur lequel elles sont implantées. Ainsi, les firmes globales tiennent compte des spécificités locales tout en mettant en œuvre une stratégie globale. Cette « glocalisation » (global + local) selon la formule du fondateur de la firme Sony, Akio Morita, permet aux FMN d'accroître leur efficience au sein de l'économie mondiale.

B Les facteurs favorisant l'essor des FMN globales

- En réduisant les entraves aux échanges commerciaux et financiers internationaux, la mondialisation économique renforce la concurrence. Pour y faire face, les firmes cherchent à rationaliser leur appareil productif et à élargir leurs débouchés. Elles sont donc conduites à combiner stratégies de rationalisation et stratégies de marché. En outre, la globalisation financière permet de recourir aux marchés des capitaux mondialisés (*voir fiche 77*) pour financer des investissements massifs, notamment les opérations de fusions-acquisitions internationales de grande ampleur que nécessite la constitution de firmes globales. Enfin, le rapprochement des genres de vie au sein des pays développés se traduit par une demande mondialisée de produits similaires – ce qui n'exclut pas le maintien des spécificités culturelles nationales (*voir fiche 59*) – et incite les firmes à y répondre en se mondialisant elles-mêmes.
- Les nouvelles technologies de l'information et de la communication (NTIC) renforcent la concurrence mondiale : elles accélèrent la vitesse de circulation des connaissances et des données et de ce fait contribuent à propager plus rapidement les innovations réduisant dans le même temps l'avantage de compétitivité dont disposent les firmes innovatrices. La concurrence est alors plus vive et les firmes vont y faire face en se globalisant. Par ailleurs, les NTIC facilitent la coordination entre les activités des entreprises appartenant aux groupes multinationaux ou à leurs réseaux et ainsi favorisent leur globalisation.

Les FMN participent à la mondialisation économique en développant différentes stratégies qui les spécifient. L'émergence de FMN globales traduit l'approfondissement de la mondialisation.

FICHE 33 LA TRANSNATIONALISATION DES ÉCHANGES

La multinationalisation des firmes induit des flux d'échanges internationaux qui tendent à s'affranchir des frontières politiques. Cette transnationalisation des échanges mondiaux de biens, de services et de capitaux participe à la mondialisation économique.

1 Les FMN exercent une forte emprise sur le commerce international

A La décomposition internationale des processus productifs

- Les FMN mettent en œuvre une décomposition internationale des processus productifs (DIPP) plus ou moins poussée : la production d'un bien est décomposée en sous-ensembles confiés à des filiales ou à des sous-traitants localisés dans différents pays ; le produit final est réalisé par d'autres filiales (voire des sous-traitants) pour être vendu sur le marché mondial ou des zones géographiques spécifiques.
- La DIPP peut également concerner certaines fonctions liées à l'activité des firmes telles la recherche-développement, la comptabilité, la communication et la publicité, les études de marché. Ainsi, depuis 2002, la firme Alcatel a délocalisé une partie de ses centres de recherche-développement en Chine.
- Les FMN tendent alors à constituer de vastes réseaux avec leurs filiales, leurs sous-traitants et d'autres FMN avec qui elles nouent des alliances (*voir fiche 31*). Au sein des FMN et de leurs réseaux, les échanges internationaux de biens et de services se multiplient.

B La DIPP influe sur le commerce mondial

- La DIPP stimule le commerce international. En effet, le commerce intragroupe (ou commerce captif) entre filiales et avec la maison-mère représente environ 35 % du commerce mondial et participe à son essor. En outre, les flux d'échanges commerciaux liés au recours aux sous-traitants appartenant aux réseaux des groupes multinationaux s'intensifient. Enfin, les filiales spécialisées sur la fabrication des produits finals exportent une partie de leur production hors du pays où elles sont implantées. La totalité de ces flux d'échanges représentent environ deux tiers du commerce international.
- La DIPP modifie la nature des échanges internationaux. Ceux-ci sont de manière croissante des flux d'échanges entre et à l'intérieur des groupes multinationaux et de leurs réseaux. Par conséquent, au *made in* se substitue de plus en plus le *made by* : un produit final fabriqué dans tel ou tel pays (*made in*) est en fait le stade ultime de la DIPP organisée par une FMN (*made by*). Cette évolution est la traduction concrète de la transnationalisation des échanges, fruit de la multinationalisation des firmes.

2 Les FMN alimentent les flux de capitaux internationaux

A L'essor des investissements à l'étranger des FMN

- Les IDE des FMN impliquent des mouvements de capitaux internationaux. Ces IDE revêtent plusieurs formes : l'implantation d'une unité de production à l'étranger ; l'acquisition d'une part du capital social d'une entreprises étrangère déjà existante en vue d'en contrôler la gestion (la norme internationale fixe la part minimum à 10 %) ou la participation à la création d'un joint-venture à l'étranger (*voir fiche 32*) ; le réinvestissement sur place des bénéfices réalisés par les unités de production sous contrôle (mais dans ce cas, il n'y a pas de mouvements de capitaux entre pays) ; les opérations financières (prêts, participation au capital social, avances de fonds) intervenant entre la maison-mère et ses filiales.
- L'essor des IDE sur longue période reflète les nécessités de la croissance capitaliste. L'accumulation du capital exige des débouchés plus larges pour une production croissante. La concurrence entre les entreprises commande de réduire les coûts unitaires grâce aux économies d'échelle qu'autorise une production plus importante destinée à un marché plus vaste ou grâce à l'implantation d'unités de production dans des pays à bas salaires. La multiplication des zones régionales d'échanges (*voir fiche 36*) et la déréglementation des flux de capitaux contribuent également à l'essor des IDE.
- En outre, le financement des investissements des FMN, voire d'une partie de leurs dépenses courantes, le placement de leurs liquidités disponibles, les montages financiers présidant aux opérations de fusions-acquisitions, se traduisent par des flux de capitaux financiers transfrontaliers. Ceux-ci sont facilités par la globalisation financière intervenue depuis les années 1980 (*voir fiche 77*).

B Les IDE influent sur le commerce international

- Lorsque la maison-mère d'une FMN décide d'implanter une filiale dans un pays pour y accroître sa part de marché, elle réduit, toutes choses égales par ailleurs, ses exportations vers ce pays. En outre, l'implantation d'une filiale accentue la concurrence dans le pays d'accueil au point de nuire aux échanges extérieurs : par exemple, la production de véhicules *Clio* en Espagne permet à la firme Renault d'accroître sa part de marché au détriment de Seat dont le recul de l'activité induit une baisse de ses importations d'intrants ; de plus, une partie des véhicules *Clio* fabriquées en Espagne se substitue à d'autres véhicules jusqu'alors importés, par exemple de Grande-Bretagne.
- Néanmoins, sur longue période, l'essor des IDE est concomitant de celui des échanges. En effet, les IDE ouvrent des opportunités d'exportations pour les pays d'accueil : les filiales peuvent exporter une partie de leur production ; en outre, elles dopent l'activité économique locale (*voir fiche 35*) et par conséquent, induisent des importations d'intrants et/ou de biens de consommation finale. De plus, l'intensification de la concurrence incite les producteurs locaux à accroître l'efficience de leur appareil productif et/ou à le redéployer vers de nouvelles activités qui peuvent trouver des débouchés sur le marché mondial. Enfin, l'accroissement des IDE des FMN contribue au développement du commerce intragroupe (*voir supra*).

*Les FMN sont à l'origine de flux d'échanges internationaux de biens, de services et de capitaux. Cet état de fait suscite des interrogations quant aux effets de ces flux sur les pays d'origine ou d'implantation des FMN (*voir fiches 34 et 35*).*

FICHE 34 LES DÉLOCALISATIONS ET LEURS EFFETS SUR LES PAYS D'ORIGINE

Au sens strict, une délocalisation intervient lorsqu'une FMN ferme une unité de production (ou réduit son activité productive) dans un pays pour implanter une unité de production équivalente à l'étranger. Au sens large, le recours à la sous-traitance internationale constitue également une forme de délocalisation. Les effets des délocalisations sur les pays d'origine font l'objet de débats.

1 Pourquoi des délocalisations ?

A Une typologie des délocalisations

- Les délocalisations peuvent être le résultat de la suppression des unités de production faisant double emploi au sein d'un groupe multinational dont le périmètre s'est accru à la suite de rachats d'entreprises ou de fusions avec d'autres firmes.
- D'autres délocalisations concernent les entreprises produisant des biens ou des services ayant atteint le stade de la maturité (stagnation de la demande à un haut niveau) et dont la compétitivité repose en grande partie sur les prix (par exemple, l'électroménager) : les unités de production concernées sont délocalisées dans des pays disposant d'une main-d'œuvre bon marché, mais suffisamment qualifiée, et des capacités techniques que nécessite la production de tels biens et services (pays d'Europe centrale et orientale, pays en développement émergents).
- Enfin, d'autres délocalisations interviennent dans le cadre de DIPP mise en œuvre par les FMN (*voir fiche 33*) : certains segments de la production sont déplacés à l'étranger, notamment vers les pays en développement et les pays d'Europe centrale et orientale, principalement pour réduire les coûts de production.

B Les facteurs de délocalisation

- Des coûts de production (notamment salariaux) élevés incitent les FMN à délocaliser leur production dans des pays où les coûts sont plus bas. La comparaison porte sur les coûts par unité produite (coûts unitaires), qui font intervenir non seulement le niveau des coûts de production mais aussi la productivité des facteurs. Par ailleurs, la valorisation durable du taux de change renchérit les exportations, comme le ferait la hausse des coûts de production, et peut inciter les FMN à délocaliser leur production.
- En raison de conditions de production favorables, il peut être plus rentable pour une FMN d'implanter une unité de production dans un pays plutôt que d'y exporter pour satisfaire la demande locale, surtout si celle-ci est croissante. Une partie de la production de cette unité de production peut être exportée vers le pays d'origine dans lequel une unité de production équivalente sera fermée ou devra réduire d'autant son activité.
- Au niveau des pays d'accueil, d'autres éléments favorisent les délocalisations sur leur territoire : qualité des infrastructures, paix civile, dotation factorielle spécifique (par exemple, une main-d'œuvre abondante et disciplinée, ce qui renvoie à la problématique des coûts), existence de zones franches, appartenance à un bloc régional.

2 Les effets des délocalisations sur les pays d'origine

A Les effets négatifs des délocalisations

- Aux pertes d'emplois directes liées à la fermeture des unités de production délocalisées, généralement fortement concentrées dans certaines régions, s'ajoutent celles consécutives à la réaction des firmes nationales concurrentes. Si Renault accroît sa compétitivité en délocalisant une partie de sa production en Roumanie, Peugeot délocalisera une partie de la sienne en République tchèque. Les sous-traitants nationaux des firmes délocalisatrices vont également supprimer des emplois et eux-mêmes délocaliser leur production.
- La chute de l'emploi déprime la demande intérieure d'autant plus que la montée du chômage pèse sur les salaires. En outre, les délocalisations agissent comme une menace à l'encontre des salariés invités à modérer leurs revendications salariales. L'atonie de la demande interne nourrit le processus de délocalisation qui permet aux firmes de doper leur compétitivité prix.
- Ainsi, les délocalisations pourraient faire croître le chômage, notamment celui des travailleurs les moins qualifiés (les travailleurs qualifiés étant cependant de plus en plus menacés) et pourraient accentuer les inégalités sociales au sein des pays d'origine des délocalisations, mettant en danger leur cohésion sociale.

B Les effets positifs des délocalisations

- Les consommateurs bénéficient d'une hausse de leur pouvoir d'achat liée à la baisse des prix des produits dont la fabrication est partiellement ou totalement délocalisées dans les pays à bas salaires, puis exportées vers les pays d'origine des délocalisations. Il peut en résulter une consommation accrue de biens et de services fabriqués localement. Les firmes importatrices de produits semi-finis ou de biens d'équipement, dont la production a été délocalisée, bénéficient également de la baisse du coût de leurs intrants, ce qui renforce leur compétitivité et accroît leur rentabilité.
- Les firmes des pays d'origine des délocalisations peuvent bénéficier de la croissance des pays d'accueil. C'est le cas dans le cadre des délocalisations des entreprises françaises du secteur textile au Maroc qui ont permis à ce pays d'exporter des produits textiles et d'importer davantage, de France, des biens d'équipement. De plus, les exportations marocaines stimulent la croissance du pays impliquant la hausse des importations de biens de consommation ou d'équipement dont une part provient de France.
- Enfin, les unités de production délocalisées peuvent continuer à dépendre de leur maison-mère pour leur approvisionnement d'intrants. D'où un flux d'exportations pour le pays d'origine. En outre, les profits dégagés dans les pays d'accueil peuvent être rapatriés dans le pays d'origine constituant une entrée de revenus propre à doper la demande, en particulier l'investissement.

Les effets positifs des délocalisations sur les pays d'origine sont constatés avec délai alors que leurs effets négatifs sont immédiats. C'est pourquoi les délocalisations suscitent le plus souvent des craintes notamment en matière d'emplois.

FICHE 35 LES EFFETS DES DÉLOCALISATIONS SUR LES PAYS D'ACCUEIL

Les délocalisations interviennent dans les pays en développement et dans les pays développés. Leurs effets peuvent être bénéfiques mais être aussi source de difficultés.

1 Les effets positifs des délocalisations sur les pays destinataires

A Des retombées bénéfiques

- Aux créations d'emplois générées directement par l'implantation des filiales dans les pays d'accueil, s'ajoutent celles des fournisseurs locaux auprès de qui elles s'approvisionnent. Ces créations d'emplois stimulent la demande et donc la croissance. Les filiales peuvent aussi exporter tout ou partie de leur production, soutenant de ce fait l'activité économique nationale et consolidant la balance des paiements qui, par ailleurs, bénéficient des flux de capitaux entrants liés aux délocalisations.
- L'implantation de filiales favorise les transferts de technologie, source d'externalités positives pour l'ensemble du tissu économique des pays d'accueil. Elle participe à l'élévation du niveau de qualification de la main-d'œuvre locale. Les filiales peuvent aussi constituer un modèle pour les entreprises locales tant au plan organisationnel qu'à celui des savoir faire en matière de vente, d'apprentissage des normes internationales.

B L'évolution de la spécialisation des pays d'accueil

- L'évolution de l'appareil productif des pays d'accueil, à laquelle concourent les délocalisations, leur permet de tirer avantage de leur insertion dans le commerce mondial. Ainsi, la Chine a bénéficié depuis les années 1980 des délocalisations de nombreuses unités de production intervenant dans le secteur des biens de consommation ou des produits semi-finis. Depuis les années 1990, d'autres délocalisations permettent à la Chine de faire évoluer sa spécialisation vers des secteurs à contenu technologique plus élevé. Ainsi, au début des années 2000, les biens d'équipement représentent la moitié des exportations chinoises contre moins de 20 % en 1990.
- Ce processus concerne également les pays développés destinataires des délocalisations. Ainsi, depuis les années 1970, en Irlande, l'implantation de filiales de FMN, dont une part relève des délocalisations, a été favorisée par une politique volontariste des pouvoirs publics (allègement de la fiscalité sur les bénéfices, financement de la formation professionnelle dans le domaine des nouvelles technologies, construction d'infrastructures, maîtrise des coûts salariaux) et des aides financières européennes. L'appareil productif irlandais a été remodelé avec l'émergence d'activités à fort contenu technologique tournées vers l'exportation (industries pharmaceutique, électronique et informatique notamment).

2 Les effets négatifs des délocalisations chez les pays destinataires

A Des délocalisations pas toujours favorables

- Les délocalisations peuvent nuire aux pays en développement (PED) en contribuant à la désarticulation de leur économie. L'essor d'un secteur moderne extraverti, lié à l'implantation des entreprises étrangères, n'exerce pas d'effets d'entraînement sur l'ensemble de l'économie, perpétue la dépendance des PED à l'égard des pays développés et accentue les inégalités sociales et régionales. De plus, les transferts de technologies peuvent ne pas être à la hauteur des espoirs qu'ils suscitent. Enfin, l'emploi créé par les filiales reste quantitativement limité d'autant plus qu'elles peuvent ne pas faire appel à des fournisseurs locaux ou entrer en concurrence avec des firmes locales qu'elles condamnent à la faillite.
- Dans les pays développés, les délocalisations peuvent provoquer certains effets négatifs similaires : apports technologiques limités, recours aux fournisseurs étrangers plutôt que locaux, faible impact quantitatif sur l'emploi, élimination de producteurs locaux moins compétitifs. Il est également possible que les FMN conditionnent leur implantation à l'octroi de subventions ou d'avantages fiscaux coûteux pour les finances publiques et/ou des aménagements de la législation du travail moins favorables aux salariés (comme l'allongement de la durée du travail sans rémunération proportionnée).
- Par ailleurs, les maisons-mères des filiales implantées dans les PED ou les pays développés rapatrient tout ou partie des bénéfices occasionnant par la même une sortie de revenus. En outre, ces filiales peuvent privilégier leur pays d'origine pour leurs importations d'intrants, dont les termes (prix et quantités) sont fixés au sein des groupes multinationaux (commerce intragroupe) échappant ainsi à tout contrôle des pays d'accueil.

B Les effets mitigés des délocalisations sur la spécialisation des pays d'accueil

- Les délocalisations peuvent conduire à une spécialisation des pays d'accueil qui leur soit préjudiciable. Il en est particulièrement ainsi des PED. Les délocalisations intervenant dans certains pays d'Asie (Philippines, Indonésie, Vietnam) concernent fréquemment des activités à faible valeur ajoutée (textile, biens de consommation courante, produits semi-finis) dont les termes de l'échange tendent à se dégrader (*voir fiche 50*).
- Pour que les délocalisations puissent exercer leurs effets positifs dans les pays d'accueil, il est nécessaire que l'État mette en œuvre une politique d'attractivité (par exemple, prise en charge partielle ou totale de la formation professionnellement et des infrastructures) qui oriente les investissements étrangers vers des secteurs prioritaires. Il faut aussi qu'il soutienne les entreprises nationales notamment dans leur effort de recherche-développement et qu'il élabore une politique industrielle propre à faire évoluer la spécialisation du pays. Enfin, les pouvoirs publics doivent prendre en compte les effets pernicieux des délocalisations qui peuvent créer à court ou moyen terme des difficultés d'ordre social (pauvreté, exclusion, creusement des inégalités).

Ainsi, les effets des délocalisations sur les pays d'accueil peuvent leur être bénéfiques à la condition qu'elles contribuent à l'évolution de leur spécialisation vers des secteurs dynamiques et qu'elles s'inscrivent dans le cadre d'une politique cohérente des pouvoirs publics.

FICHE 36 LA RÉGIONALISATION DES ÉCHANGES

La régionalisation des échanges correspond au fait qu'un groupe de pays constitue un espace économique intégré (ou bloc régional). Ce processus recouvre plusieurs modalités.

1 Différents niveaux d'intégration régionale

A La typologie de Bela Balassa

- Au début des années 1960, l'économiste Bela Balassa (1928-1991) établit une typologie des formes d'intégration économique régionale. Une zone de libre-échange constitue le premier niveau de l'intégration : elle réunit des pays qui tendent à éliminer les barrières douanières faisant obstacle à leurs échanges de biens et/ou de services au sein de cette zone. Si des pays créent une zone de libre-échange et adoptent également une politique commerciale commune, notamment un tarif extérieur commun, à l'égard des pays tiers, ils forment une union douanière, deuxième niveau d'intégration régionale.
- Si les pays membres d'une union douanière instituent aussi la libre circulation des capitaux et des hommes, ils créent alors un marché commun (ou marché unique) qui accentue leur intégration. Ces pays peuvent encore approfondir leur intégration en coordonnant leurs politiques économiques. Ils forment alors une union économique. Lorsque les membres d'une union économique développent une coopération monétaire renforcée, ils forment une union économique et monétaire, constituant un degré d'intégration régionale très poussé qui pourrait être encore accentué par une union politique.

B Des blocs régionaux sur tous les continents : quelques exemples

- Sur le continent américain, l'Accord de libre-échange nord-américain (ALENA), signé en 1992 et appliqué depuis 1994, institue une zone de libre-échange entre le Mexique, les États-Unis et le Canada. La Communauté andine, instituée depuis 1995 et réunissant la Bolivie, le Pérou, le Venezuela (jusqu'en 2006), la Colombie et l'Équateur constitue une union douanière. Le *Mercado Comùn del Sur* (MERCOSUR) est un marché commun institué en 1991, et entré en vigueur depuis 1995, qui réunit le Brésil, l'Argentine, le Paraguay, l'Uruguay et depuis 2006 le Venezuela (*voir fiche 16*).
- En Europe occidentale, la signature du traité de Rome, en mars 1957, institue la Communauté économique européenne, la CEE (*voir fiche 38*). Il s'agit de créer, à moyen terme, une union douanière pour les marchandises seulement (mise en œuvre en 1968) et, à plus long terme, un marché commun (mis en œuvre en 1993). La CEE devient en 1993 une union économique et monétaire (*voir fiche 39*).
- En Afrique, la Communauté des États d'Afrique de l'Ouest (CDEAO) réunit, depuis 1975, 15 États qui ont créé une zone de libre-échange qui devrait devenir une union douanière en 2007, voire une union économique et monétaire. En Océanie, un accord de libre-échange lie l'Australie et la Nouvelle-Zélande depuis 1965. En Asie, l'ASEAN (*Association of South-East Asian Nations*) regroupe plusieurs pays d'Asie du Sud-Est qui en 1993 ont signé un accord prévoyant l'institution d'une zone de libre-échange, l'AFTA (*ASEAN Free Trade Area*).

2 Les modalités d'intégration interrégionales

A Les forums de discussion

- Aux formes d'intégration régionale retenues par Bela Balassa, il convient d'ajouter des modalités particulières d'intégration correspondant à une logique interrégionale. Il en est ainsi de l'*Asia-Pacific Economic Cooperation* (APEC), un forum de discussion créé en 1989 qui réunit 21 pays riverains du Pacifique, dont les États-Unis, le Mexique, l'Australie, la Nouvelle-Zélande, le Japon, la Russie, Taïwan, la Chine, la Corée du Sud. L'APEC souhaite constituer une zone de libre-échange en 2010 (pour les pays développés de l'association) ou 2020 (pour les pays en développement de l'association) et libéraliser l'investissement des firmes multinationales au sein de la zone.
- Depuis 1996, l'*Asia-Europe Meeting* (ASEM) constitue une instance intergouvernementale de dialogue entre l'Union européenne (UE) et 13 pays d'Asie (dont le Japon, la Chine, la Corée du Sud, la Thaïlande, Singapour, le Vietnam). Les pays participants explorent les voies d'un renforcement de leur coopération en matière économique, commerciale, financière et culturelle. Un « plan de facilités de commerce » est mis en œuvre depuis 1996 pour intensifier et libéraliser les flux commerciaux entre l'UE et l'Asie.

B Des accords impliquant des blocs régionaux

- La logique interrégionale préside également à l'accord de partenariat euro-méditerranéen (EUROMED) mis en œuvre depuis 1995 par l'UE et 12 pays des rives sud et est de la Méditerranée. Il s'agit de faire de la région un espace de paix et de prospérité en renforçant la coopération économique, commerciale, financière et socioculturelle entre les États. Une zone de libre-échange doit être réalisée progressivement et achevée en 2010. À cette fin, plusieurs accords d'association ont déjà été signés entre l'UE et certains pays méditerranéens (Tunisie, Maroc, Algérie, Égypte, Israël, Territoires palestiniens…).
- La même logique interrégionale inspire la convention de Lomé, un accord signé en 1975 (plusieurs fois renouvelée jusqu'à 2000) qui lie la CEE, puis l'Union européenne (UE) à partir de 1993, à plusieurs pays en développement d'Afrique Caraïbes Pacifique (ACP). La CEE leur accorde plusieurs avantages spécifiques : aides financières pour stabiliser leurs recettes d'exportation et moderniser leurs exploitations minières ; accès au marché européen en franchise de douane sans que ces pays aient à accorder le même avantage aux produits européens (de nombreux produits agricoles sont cependant exclus de cette mesure) et sans que la CEE puis l'UE concède le même avantage à d'autres pays.
- En juillet 2000, pour se mettre en conformité avec les règles de l'OMC, l'Union européenne a signé avec les pays ACP l'accord de partenariat de Cotonou qui se substitue à la convention de Lomé. Une période transitoire, au cours de laquelle sont maintenus les avantages douaniers accordés aux pays ACP par l'UE, est toutefois prévue jusqu'à 2008 au plus tard. Cet accord prévoit la constitution de zones de libre-échange entre l'UE et des groupes de pays ACP et incite ces pays à créer des blocs régionaux.

La régionalisation des échanges s'intensifie depuis les années 1960. Elle stimule les flux commerciaux au sein des blocs régionaux (commerce intrazone) dont la création est agréée par le GATT, supervisé depuis 1995, par l'OMC (voir fiches 16 et 17*).*

FICHE 37 RÉGIONALISATION DES ÉCHANGES ET MONDIALISATION

La régionalisation des échanges pourrait constituer une forme de protectionnisme déguisé en privilégiant les échanges entre pays membres des blocs régionaux (commerce intrazone). En fait la régionalisation est compatible avec la mondialisation.

1 Régionalisation et évolution du commerce international

A Un détournement de commerce ?

- Les pays membres d'un bloc régional, au sein duquel les échanges sont libéralisés (*voir fiche 35*), tendent à intensifier leur commerce intrazone au détriment des échanges avec les pays tiers (détournement de commerce ou *trade diverting*). La croissance des pays victimes de ce détournement sera freinée ; en retour leurs importations et donc le commerce mondial vont ralentir. Le risque de conflits commerciaux majeurs sera en outre accru : les pays tiers pourront en effet multiplier les mesures de protection à titre de représailles…
- Toutefois, comme le montrent de nombreuses études, la constitution de blocs régionaux concernent en premier lieu des pays géographiquement proches qui le plus souvent commerçaient déjà entre eux. Par ailleurs, la croissance économique induite par l'essor du commerce intrazone dans les blocs régionaux dope les importations en provenance des pays tiers ; en outre, la recherche d'économies d'échelle destinées à réduire les coûts unitaires incite les entreprises implantées dans un bloc régional à exporter vers les pays hors zone. Il y a alors création d'échanges (*trade creating*).

B Régionalisation et autarcie

- La régionalisation bride le commerce international lorsqu'elle privilégie l'autarcie. Par exemple, le Conseil d'assistance économique mutuelle, le CAEM (en anglais, *Council for Mutual Economic Assistance* – COMECON), institué en 1949, était une forme de régionalisation regroupant autour de l'URSS plusieurs pays socialistes est-européens et quelques pays plus éloignés (Mongolie, Cuba, Vietnam). Les dirigeants socialistes privilégiaient l'autarcie, les exportations étaient planifiées pour couvrir les importations, elles aussi planifiées, jugées indispensables. Les échanges avec les pays capitalistes étaient également sous contrôle.
- Une telle forme de régionalisation est rare ou concerne certains secteurs particuliers au sein de blocs régionaux. Ainsi, la politique agricole commune européenne, destinée à assurer l'autosuffisance alimentaire de la Communauté européenne, relève d'une logique d'autarcie. Il en est de même des programmes Airbus ou Ariane. Mais le projet communautaire n'est pas réductible à ces pratiques (*voir fiches 38 et 39*). De plus, de nombreux accords stimulant les échanges internationaux ont été signés par la CEE puis, depuis 1993, par l'UE, prouvant que celle-ci n'est pas une forteresse protectionniste.

2 Régionalisation et libre-échange

A La régionalisation pour faire progresser les négociations multilatérales

- En cas de libre-échange généralisé, les comportements de passager clandestin (*free riding*) sont plus probables qu'au sein d'un bloc régional. Ce type de comportement consiste à ce qu'un pays préfère adopter une politique commerciale protectionniste quand tous les autres sont libre-échangistes. Chaque pays ayant intérêt à adopter un tel type de comportement, le protectionnisme risque de prendre de l'ampleur et de nuire à la croissance économique mondiale. Les accords régionaux, le plus souvent conclus entre pays géographiquement proches, limitent le free riding dans la mesure où la proximité des pays et les règles fondant leur entente constituent une forte incitation à la loyauté.
- Lorsqu'elle fait intervenir un grand nombre de pays (149 pays sont aujourd'hui membres de l'OMC), les négociations destinées à libéraliser le commerce international sont très complexes en raison de la multiplication des cas particuliers correspondant aux intérêts divergents des États : la généralisation du libre-échange est alors de moins en moins probable. La constitution de blocs régionaux harmonise la position des États qui en font partie et les négociations entre blocs peuvent être facilitées du fait de la réduction du nombre de négociateurs. Toutefois, les rivalités entre blocs régionaux pourraient aussi nuire à la négociation mais, dans ce cas, celle-ci ne progresserait vraisemblablement pas davantage si elle impliquait des pays plutôt que des blocs régionaux.

B La régionalisation pour limiter les effets négatifs du libre-échange généralisé

- Un protectionnisme modéré à l'échelle d'un bloc régional, garantissant cependant la concurrence au sein du bloc, peut limiter les effets négatifs, dans certains pays, d'une libéralisation complète du commerce international (faillites des entreprises les moins performantes, montée du chômage, tassement des hausses de salaires, déficits externes). De tels effets risqueraient de conduire les populations à des réactions protectionnistes virulentes qui nuiraient à la croissance mondiale.
- Une telle forme de protectionnisme n'est pas dirigée contre le libre-échange en lui-même, mais plutôt contre une libéralisation excessive des échanges qui ignore les effets de l'inégalité des forces entre pays ou entreprises impliqués dans la compétition mondiale. Le protectionnisme de zone offre alors une alternative au libre-échange généralisé sans tomber dans les excès de la multiplication des protectionnismes nationaux.
- C'est une thèse proche de cette politique que soutient Maurice Allais (prix Nobel d'économie en 1988) à partir d'une constatation des dégâts du libre-échange et de la mondialisation sans limites sur des pans entiers de l'industrie des pays développés. Il préconise la multiplication de blocs régionaux constitués entre pays d'égal niveau de développement qui libéraliseraient les échanges intrazones et instaureraient un protectionnisme modéré à l'égard des pays tiers.

La régionalisation des échanges, qui s'intensifie depuis les années 1960, n'a pas fait obstacle à la progression du commerce international. Elle a permis d'éviter les écueils d'un libre-échange généralisé et du renforcement des protectionnismes nationaux.

FICHE 38 L'INTÉGRATION EUROPÉENNE (1950-1970)

Au lendemain de la Seconde Guerre mondiale, l'Europe est un continent économiquement affaibli et politiquement divisé. C'est pourtant dans ce contexte que débute le processus d'intégration européenne qui se renforce jusqu'aux années 1970.

1 De la CECA à la CEE

A La Communauté européenne du charbon et de l'acier

- Après la Deuxième Guerre mondiale, des personnalités aux conviction européennes marquées, par exemple les Français Robert Schuman et Jean Monnet ou l'Allemand Konrad Adenauer, oeuvrent discrètement à un projet d'intégration intéressant l'Europe de l'Ouest. Selon une formule de J. Monnet, il s'agit de réaliser « l'Europe à petits pas » pour réconcilier Français et Allemands, instaurer une zone de prospérité et de progrès social et faire obstacle à l'extension du communisme.
- En mai 1950, le ministre français des Affaires étrangères, R. Schuman, propose au gouvernement allemand de créer une union de la production franco-allemande du charbon et de l'acier. Ce programme est concrétisé le 18 avril 1951 par la signature du traité de Paris instituant la Communauté européenne du charbon et de l'acier (CECA) entre six pays (France, Allemagne, Italie, Belgique, Luxembourg et Pays-Bas).
- La CECA est une union douanière (*voir fiche 36*) portant sur les échanges de charbon, d'acier et de minerais de fer. Elle est dirigée par un organisme supranational (la Haute Autorité). Elle a permis l'expansion de la production et les reconversions industrielles mais a également connu des difficultés face aux crises charbonnières (concurrence du pétrole) à la fin des années 1950 et sidérurgiques au cours des années 1970.

B La Communauté économique européenne

- Après la mise en œuvre de la CECA, les six pays fondateurs tentent d'approfondir leur intégration par l'institution d'une Communauté européenne de défense (création d'une armée commune sous la responsabilité d'une autorité supranationale). Mais, en 1954, le Parlement français refuse de ratifier ce projet. Pour relancer la construction européenne, les six pays membres de la CECA s'accordent sur le principe de la création d'un marché commun (*voir fiche 36*). Le 25 mars 1957, ils signent le traité de Rome qui institue la Communauté économique européenne (CEE), créant à moyen terme une union douanière portant sur les échanges de marchandises et, à plus long terme, un marché commun.
- La CEE est dirigée par le Conseil des ministres composé des ministres nationaux concernés par les questions mises à l'ordre du jour de ses sessions. Les décisions au sein du Conseil sont prises à l'unanimité et dans certains cas à la majorité qualifiée ; en 1966, il est précisé que l'unanimité est requise lorsque les intérêts majeurs des États sont en jeu. Par ailleurs, un organe supranational (la Commission), composé de commissaires indépendants des gouvernements, est chargé de faire respecter les règles du traité de Rome, de faire exécuter les décisions du Conseil des ministres et de lui soumettre des textes établissant les modalités concrètes de l'intégration européenne.

2 L'INTÉGRATION EUROPÉENNE DÉBOUCHE SUR UN PREMIER ÉLARGISSEMENT

A L'intégration européenne progresse

- La réalisation de l'union douanière est effective en juillet 1968. Elle contribue à faire croître le poids de la CEE dans le commerce mondial (30 % environ au milieu des années 1960, 40 % au cours de la décennie suivante). En outre, les échanges commerciaux intrazones s'intensifient. Leur part dans le commerce extérieur de la communauté passe de 30 % à 50 % entre 1958 et 1968 puis reste quasiment stable jusqu'au début des années 1980: confrontés au renchérissement de leurs importations de produits primaires, les pays membres de la CEE cherchent à accroître leurs exportations extra communautaires, en particulier en direction des pays exportateurs de pétrole. Par ailleurs, la CEE noue des liens commerciaux privilégiés avec les pays en développement de la zone ACP (*voir fiche 36*).
- Des actions communes sont mises en œuvre. La politique agricole commune (PAC), instituée en 1962, soutient les prix agricoles, contribue à la modernisation des exploitations et stimule la production communautaire. Les régions en retard bénéficient d'aides spécifiques – mais d'un montant limité – versées par le Fonds européen de développement régional (FEDER) créé en 1975. Le Fonds social européen (FSE), institué par le traité de Rome, permet de financer partiellement des actions destinées à améliorer le niveau de formation des chômeurs. Enfin, les pays membres de la CEE tentent avec difficulté de stabiliser leurs taux de change (*voir fiche 74*).

B Le premier élargissement de la CEE

- La Grande-Bretagne refuse de participer à la CECA et à la création de la CEE en raison du caractère fortement supranational de ces entités et des liens privilégiés que les britanniques ont noués avec les pays du Commonwealth et les États-Unis. En fait, les dirigeants britanniques souhaitaient un processus d'intégration plus modeste se traduisant par la création d'une zone de libre-échange (*voir fiche 36*) à l'instar de l'Association européenne de libre-échange (AELE). Celle-ci, instituée en 1960, associait la Grande-Bretagne, le Danemark, la Suède, la Norvège, l'Autriche, la Suisse et le Liechtenstein, rejoints en 1961 par la Finlande et en 1971 par l'Islande.
- En 1961, puis en 1967, pour stimuler sa croissance et tenter de contrer la puissance économique de la France et de l'Allemagne, la Grande-Bretagne demande l'ouverture de négociations en vue de son adhésion à la CEE. Mais le niveau élevé des exigences britanniques et l'opposition de la France jugeant la Grande-Bretagne trop atlantiste font échouer les négociations. Le *veto* français est levé en 1969 et les négociations aboutissent à un accord en 1972 qui entérine également les candidatures du Danemark, de l'Irlande et de la Norvège. Toutefois, les Norvégiens refusent, par référendum, de ratifier l'adhésion de leur pays à la CEE, si bien que, en 1973, seulement trois nouveaux membres s'ajoutent aux six pays fondateurs: « l'Europe des 6 » devient « l'Europe des 9 ».

Depuis les années 1950, l'intégration européenne s'est approfondie. Toutefois, au cours des années 1970, malgré l'élargissement de la CEE, les échanges intrazones plafonnent traduisant le ralentissement de ce processus que les États vont relancer au cours des années 1980 (voir fiche 39).

FICHE 39 L'INTÉGRATION EUROPÉENNE DEPUIS LES ANNÉES 1980

Au début des années 1980, malgré un nouvel élargissement de la CEE (adhésion de la Grèce en 1981), l'intégration européenne plafonne : la part des échanges intra-communautaires dans le commerce extérieur de la CEE est quasiment stable depuis le début des années 1970 (voir fiche 38). *Les États décident alors d'approfondir leur intégration.*

1 La relance de la construction européenne jusqu'au début des années 1990

A L'Acte unique européen

- En 1986, après l'adhésion de l'Espagne et du Portugal, les douze pays membres de la CEE signent un nouveau traité, l'Acte unique européen. Celui-ci entre en vigueur en juillet 1987. Il facilite les prises de décision au sein du Conseil des ministres en réduisant le nombre des domaines où l'unanimité est requise (*voir fiche 38)* et en étendant le vote à la majorité qualifiée : il s'agit de réunir un nombre de voix déterminé (chaque pays dispose d'un nombre de voix dépendant en partie de sa taille).
- Par ailleurs, l'Acte unique institutionnalise le Conseil européen (réunion des chefs d'État et de gouvernement auxquels se joint le président de la Commission), créé en 1974 suite à un accord entre les États. Sa fonction essentielle consiste à déterminer les grandes orientations de l'intégration européenne.
- Enfin, l'Acte unique prévoit la mise en œuvre en 1993 d'un marché commun ou marché unique (*voir fiche 36*) qui doit stimuler les échanges intracommunautaires. Ceux-ci représentent actuellement environ 67 % du commerce extérieur de la Communauté contre un peu plus de 50 % au début des années 1980.

B Le traité de Maastricht

- Le traité de Maastricht, signé en 1992 par les douze membres de la CEE, instaure l'Union européenne (UE) en novembre 1993 (en remplacement de la CEE) qui constitue une union économique et monétaire (*voir fiche 36*). Le traité confirme l'instauration du marché unique et prévoit à moyen terme l'adoption d'une monnaie unique (*voir fiche 74*). De plus, il institue une politique extérieure et de sécurité commune (PESC) ainsi qu'une coopération juridique plus intense entre les pays membres. Il définit en outre les contours d'une citoyenneté de l'Union.
- Le traité établit aussi une règle de partage des compétences entre les États et l'UE en promouvant le principe de subsidiarité qui limite l'intervention communautaire aux domaines pour lesquels l'action des gouvernements nationaux serait moins efficiente. De plus, le traité renforce le pouvoir du Parlement européen (élu au suffrage universel depuis 1979) : dans de nombreux domaines, le Parlement et le Conseil des ministres co-décident ; ils doivent donc harmoniser leurs décisions. Lorsqu'un désaccord persiste entre les deux instances, le Parlement dispose de fait d'un droit de *veto* lui permettant de s'opposer aux décisions du Conseil.

2 L'APPROFONDISSEMENT DE L'INTÉGRATION EUROPÉENNE DEPUIS LE DÉBUT DES ANNÉES 1990

A Les traités d'Amsterdam et de Nice

- En 1997, les quinze pays de l'UE (en 1995, la Suède, l'Autriche et la Finlande ont adhéré à l'Union) signent le traité d'Amsterdam, entré en vigueur en 1999. Ce traité intègre les acquis du traité de Maastricht ; il conforte la PESC et la coopération entre les États en matière juridique et policière, notamment pour parachever la réglementation permettant la libre circulation des hommes au sein de l'Union. Le traité institue le principe de « coopération renforcée » permettant à une majorité d'États, à la condition qu'aucun autre État ne s'y oppose, d'accentuer leur coopération dans certains domaines communautaires. Le traité contient également un « volet emploi » instituant, sans véritable force contraignante, une coopération des États membres en matière de politique de l'emploi.
- Au traité d'Amsterdam succède le traité de Nice, signé en février 2001 et entré en vigueur depuis mars 2003. Il prolonge certains éléments du traité d'Amsterdam et ajoute des articles nouveaux pour tenir compte de l'adhésion prochaine d'autres pays : par exemple, le nombre et le mode désignation des membres de la Commission sont revus ; il en est de même du nombre et de la répartition par pays des députés européens. Enfin, le principe de codécision est étendu à de nouveaux domaines et la procédure de coopération renforcée ne peut plus être entravée par le *veto* d'un pays membre.

B L'UE, un acteur majeur de la mondialisation

- En 1994, l'UE et l'AELE (*voir fiche 38*) constituent l'Espace économique européen, une vaste zone de libre-échange dont la vocation est de devenir un véritable marché intégré. En 1995, l'Agenda 2000 développe une stratégie d'approfondissement de l'Union. Il s'agit d'élargir l'UE, en particulier vers les pays d'Europe centrale et orientale avec qui des accords préférentiels ont été signés depuis le début des années 1990. Huit d'entre eux (Pologne, Hongrie, République tchèque, Estonie, Slovénie, Slovaquie, Lituanie, Lettonie) ont adhéré, avec Chypre et Malte, à l'UE en mai 2004. La Roumanie et la Bulgarie devraient les rejoindre en 2007.
- L'UE a par ailleurs développé de multiples liens avec des pays ou des blocs régionaux. Il en est ainsi avec les pays d'Afrique Caraïbes Pacifique et les pays des rives sud et est de la Méditerranée (*voir fiche 36*). Depuis 1995, l'UE négocie avec le MERCOSUR la libéralisation des flux commerciaux entre les deux blocs régionaux. Depuis 1996, elle participe a l'*Asia-Europe Meeting* (*voir fiche 36*). Elle forme une union douanière avec la Turquie depuis 1996 et a signé des accords de libre-échange avec différents pays, comme le Mexique en 2000 ou le Chili en 2003.
- L'UE est à la fois un point de départ et d'arrivée des flux de capitaux internationaux. Ainsi, en 2004, elle reçoit le tiers des investissements directs à l'étranger (IDE) des firmes multinationales (FMN), soit plus de la moitié des IDE entrant dans les pays développés ; près de 40 % des IDE sortant des FMN proviennent de l'UE, soit près de 50 % de l'ensemble des flux d'IDE sortant des pays développés. L'UE est aussi au cœur de la globalisation financière : Londres, Paris, Francfort sont de grandes places boursières ; les banques européennes sont très actives au plan international.

L'UE a atteint un haut niveau d'intégration économique, monétaire et financière. En revanche, l'intégration politique et sociale des États membres de l'UE n'est pas aussi avancée.

FICHE 40 LES DÉFIS DE L'UE : ÉLARGISSEMENT ET APPROFONDISSEMENT

La définition des frontières de l'Union européenne (UE) et son intégration politique et sociale figurent parmi les défis majeurs auxquels elle est aujourd'hui confrontée.

1 Les frontières de l'Union européenne

A L'élargissement à l'Est

- En choisissant la voie de l'élargissement à l'Est (*voir fiche 39*), l'UE veut stabiliser le continent européen et en faire une zone de paix et de prospérité dans un contexte où les pays d'Europe centrale et orientale (PECO) sont fragilisés du fait des transformations liées à l'adoption de l'économie de marché et des règles du capitalisme.
- Par ailleurs, conformément aux valeurs qui président à l'intégration européenne, le Sommet européen des chefs d'État et de gouvernement, réuni à Copenhague en 1993, a fixé les conditions préalables à toute adhésion : les pays candidats doivent promouvoir l'État de droit et les libertés individuelles, adopter l'économie de marché et se doter des institutions propres à leur permettre d'appliquer les acquis communautaires.
- Dès lors que l'élargissement est effectif, l'UE doit résoudre plusieurs difficultés qui engagent son avenir : comment financer le redressement économique des PECO alors même que les pays dominants au sein de l'UE (Allemagne, Grande-Bretagne, France, Italie) souhaitent limiter le poids du budget européen dans le PIB de l'Union ? Comment contrer le risque de dumping social (*voir fiche 12*) que peuvent induire la faible pression fiscale et parafiscale (charges sociales) et le bas niveau des salaires dans les PECO ? Comment assurer un bon fonctionnement des institutions européennes dans une union élargie ?

B La candidature de la Turquie

- La demande d'adhésion de la Turquie, entérinée en décembre 1999 par le Conseil européen des chefs d'État et de gouvernement de l'UE, alimente les débats autour de question des frontières de l'Union. Ainsi, le traité de l'Union européenne stipule que seul un pays européen peut demander à devenir membre de l'UE. Or, moins de 5 % de la population turque vit sur le continent européen. Cela suffit-il à faire de ce pays un État européen ?
- En regard des conditions préalables à toute adhésion fixées par le Sommet européen de Copenhague, en juin 1993 (voir *supra*), la situation de la Turquie prête à discussions. De graves manquements persistent en matière de respect des droits des minorités et des libertés individuelles, même si des progrès notables ont été réalisés dans ces domaines. En outre, l'économie de marché turque connaît des dysfonctionnements mais des réformes en ont amélioré les performances.
- Le mode de vie de la population turque, très spécifique en regard de celui des pays de l'UE, est également sujet à controverses. En particulier, les traditions religieuses sont différentes (prédominance de la religion musulmane). Cependant, la tradition chrétienne des pays de l'UE recouvre elle-même des sensibilités religieuses différentes (orthodoxes, protestants et catholiques) et le traité de l'UE ne conditionne l'adhésion à aucune religion.

2 L'INTÉGRATION POLITIQUE ET L'INTÉGRATION SOCIALE

A Une intégration politique difficile

- L'UE occupe une place majeure dans l'économie mondiale (*voir fiche 39*). En revanche, elle éprouve des difficultés à renforcer son intégration politique qui lui fournirait les moyens de contrer l'hyperpuissance américaine (*voir fiche 54*) ou l'émergence de la Chine et de l'Inde sur la scène mondiale (*voir fiche 45*).
- Ainsi, le traité de l'UE prévoit la mise en œuvre d'une politique extérieure et de sécurité commune (PESC) ; elle doit se traduire par une politique européenne de sécurité et de défense (PESD) et la constitution d'un corps d'armée commun. Mais, outre que les résultats concrets de la PESC sont modestes, l'incapacité de l'UE à régler les conflits qui se sont multipliés au cours des années 1990 dans les Balkans et les dissensions apparues entre pays membres lors de l'intervention américano-britannique en Irak en 2003, révèlent les difficultés de la constitution d'une Europe politique intégrée.
- La perspective d'une intégration politique plus poussée de l'UE semble d'autant plus lointaine que les négociations intergouvernementales sur des questions faisant pourtant partie, depuis longtemps, de l'agenda européen, sont sources de tensions entre pays membres. C'est le cas des discussions autour de l'élaboration du budget européen pour la période 2007-2013 qui ont donné lieu à de vives oppositions entre la Grande-Bretagne, bénéficiaire depuis 1984 d'un rabais sur sa contribution financière, et plusieurs autres États.

B Une intégration sociale limitée

- Alors que l'UE est une zone fortement intégrée sur les plans économique, monétaire et financier, elle l'est beaucoup moins sur le plan social. Une intégration sociale plus poussée nécessiterait la mise en œuvre de politiques communautaires ou intergouvernementales ou une harmonisation plus grande des systèmes nationaux de protection sociale. Mais, le libéralisme, qui inspire les choix de la Commission, et le poids de la culture et de l'histoire propre à chacun des membres de l'Union, qui fondent leurs systèmes de protection sociale, freinent fortement l'émergence d'une Europe sociale intégrée.
- En outre, l'intégration sociale est soumise au principe de subsidiarité (*voir fiche 39*) qui limite l'intervention communautaire aux domaines pour lesquels l'action des gouvernements nationaux serait moins efficiente. Par conséquent, l'approfondissement de l'intégration sociale dépend de la volonté politique des gouvernements nationaux qui devraient accepter de se dessaisir de certaines de leurs prérogatives dans le domaine de la protection sociale. De plus, l'accentuation de la concurrence au sein de l'UE du fait du marché unique pourrait conduire à une intégration sociale fondée sur des politiques communes ou intergouvernementales faiblement protectrices pour en réduire le coût ou au maintien des systèmes nationaux, eux-mêmes de moins en moins protecteurs.

La construction européenne suscite de nombreuses interrogations quant à la capacité des États membres à relever les défis internes qui mettent en jeu son approfondissement et sa place dans le monde.

PARTIE V

DIT
ET
SPÉCIALISATION

FICHE 41 LA DIVISION INTERNATIONALE DU TRAVAIL JUSQU'EN 1945

L'application stricte des théories des avantages absolus et comparatifs mène à un échange de complémentarité et à une division internationale du travail (DIT) entre des pays du Nord, qui produisent et exportent des produits manufacturés (et donc importent en provenance des pays du Sud des produits primaires), et des pays du Sud, qui produisent et exportent des produits primaires (et donc importent en provenance des pays du Nord des produits manufacturés). On affirme souvent que ce schéma était celui de la DIT traditionnelle ; en réalité cette DIT théorique n'a jamais vraiment existé.

1 La division internationale du travail théorique

A Le fondement théorique de la spécialisation internationale

- D'après la célèbre théorie des avantages absolus de Smith, chaque pays a intérêt à se spécialiser dans les produits pour lesquels il est le plus avantagé (produits nécessitant une quantité de travail plus faible pour les produire) et à abandonner la production des autres produits. Cette théorie mène donc naturellement à la spécialisation internationale et à la mise en place d'une DIT.
- David Ricardo ajoute qu'aucun pays n'est exclu du commerce mondial. En prenant l'exemple de deux pays, l'Angleterre et le Portugal, et de deux produits, le vin et le drap, il montre que, même peu compétitif, tout pays a intérêt au commerce international et à la spécialisation. En effet, chaque pays a intérêt à se spécialiser dans les produits pour lesquels il est le plus avantagé ou le moins désavantagé et à abandonner les autres productions. Démontrant ainsi que tous les pays, quel que soit leur degré de développement, peuvent bénéficier du commerce international, la théorie des avantages comparatifs de Ricardo reste le fondement de toute la théorie du commerce international et de la spécialisation.

B Un échange de complémentarité

- Dans les analyses de Smith et de Ricardo, les produits échangés sont différents en fonction des atouts dont disposent les pays. Il s'agit d'un commerce de complémentarité : des pays différents, et donc complémentaires, s'échangent des produits différents. Cet échange est aussi appelé échange « échange inter-branches » car les pays s'échangent des produits provenant de branches différentes ou, pour le dire autrement, les produits qu'ils exportent proviennent de branches différentes que les produits qu'ils importent.
- Comme les pays du Nord sont traditionnellement plus avantagés dans la production de produits manufacturés et les pays du Sud dans celle de matières premières, la division internationale du travail théorique peut se caractériser par :
  - Les pays du Nord produisent et exportent des produits manufacturés (et donc importent en provenance des pays du Sud des produits primaires).
  - Les pays du Sud produisent et exportent des produits primaires (et donc importent en provenance des pays du Nord des produits manufacturés).

- Effectivement, l'Europe du Nord-Ouest et le Royaume-Uni absorbaient, en 1876-1880, 69 % des importations de produits primaires mondiales et fournissaient 85 % des exportations mondiales de produits manufacturés (selon *Histoire économique et sociale du monde*, tome 4, sous la direction de Pierre Léon).

2 La DIT traditionnelle effective

A Les pays du Nord sont les principaux exportateurs de produits primaires et les principaux importateurs de produit manufacturés

- Si, conformément à la DIT théorique, les pays du Nord sont les premiers producteurs et exportateurs de produits manufacturés, ils en sont aussi les premiers importateurs, ce qui n'est pas conforme à la conception traditionnelle de la spécialisation internationale.
- Les pays du Nord sont les premiers importateurs, mais aussi exportateurs de produits primaires. En effet, jusqu'à la fin des années 1930, le monde développé produisait plus d'énergie qu'il n'en consommait et dégageait un gros excédent à l'exportation, surtout en ce qui concerne le charbon. Le commerce des produits alimentaires était surtout intra-européen au XIXe siècle, il devint peu à peu intercontinental, mais les nouveaux producteurs sont pour la plupart des pays riches (États-Unis, Australie ou Canada). Les seules matières premières essentielles pour lesquelles les pays développés se trouvaient dépendre du tiers monde étaient les fibres textiles.
- Au XIXe siècle et durant la première partie du XXe siècle, le commerce international est déjà un commerce de similarité : les pays industrialisés participent massivement aux échanges et commercent surtout entre eux. Il s'agit donc d'un commerce « intra-zone ».

B Les pays du Sud sont marginalisés

- Les pays de Sud se spécialisent dans les produits primaires, ce qui est conforme à la conception traditionnelle de la DIT. Ainsi, selon Paul Bairoch, à la fin du XIXe siècle, les exportations de matières premières et de denrées alimentaires représentent 90,1 % des exportations des pays qui deviendront le tiers monde. Ces pays importent principalement des produits manufacturés.
- Mais, s'il est vrai que les pays pauvres et colonisés se spécialisent dans les produits primaires, il faut surtout signaler qu'ils sont marginalisés. Les exportations de produits primaires des pays du Sud sont bien inférieures à celles des pays du Nord. Les exportations de l'ensemble des pays d'Afrique, d'Asie et d'Amérique latine ne représentent que 22 % des exportations mondiales en 1914.

La conception théorique de la DIT traditionnelle doit donc être nuancée. Le commerce international était déjà essentiellement un commerce entre semblables (les pays du Nord) ; la DIT n'est donc qu'un idéal type théorique.

FICHE 42 LA NOUVELLE DIVISION INTERNATIONALE DU TRAVAIL

*La DIT traditionnelle repose sur la spécialisation des différents groupes de pays en fonction de leur avantage respectif. Ainsi les pays du Sud seraient spécialisés dans les produits primaires et les pays du Nord dans les produits manufacturés (*voir fiche 41*). En fait, ce type de DIT n'a jamais vraiment existé et la réalité s'en éloigne de plus en plus pour deux raisons principales : d'une part le commerce est surtout un commerce de similarité et d'autre part la structure des exportations des différents groupes de pays est bien différente de ce que laisserait entendre ce concept de DIT.*

1 Une spécialisation internationale atypique

A Les PED réalisent une part croissante des exportations de produits manufacturés

- Les produits primaires représentaient plus de 90 % des exportations des PED au milieu des années 1950 contre 30 % actuellement ; la part des produits manufacturés a donc beaucoup augmenté. Ainsi, l'ancienne DIT cède la place à une nouvelle DIT dans laquelle les pays du Sud, avantagés par un faible coût de main-d'oeuvre, se spécialisent dans des produits manufacturés incorporant beaucoup de facteur travail, alors que ceux du Nord restructurent leur appareil productif dans des produits à haute intensité capitalistique.
- Toutefois, plus de 80 % de ces exportations de produits manufacturés sont assurés par une dizaine de PED ; la Corée du Sud, Hong Kong, Singapour et Taïwan en représentent plus de la moitié. En outre, les exportations de produits manufacturés par les PED ne constituent que 25 % des exportations mondiales de ces produits (contre 15 % en 1990). Ainsi, la plupart des PED sont exportateurs de produits primaires. Ils sont concurrencés par les pays développés qui couvrent à peu près la moitié des exportations mondiales de ces produits.

B La part des pays industrialisés dans les exportations de produits primaires est importante

- Les pays du Nord (Europe et États-Unis essentiellement) sont de gros producteurs de produits agricoles et, étant structurellement en situation de surproduction, ils cherchent à écouler leurs surplus sur le marché international. Leur agriculture plus compétitive, mais aussi plus subventionnée que celle des pays du Sud, concurrence fortement celle de ces derniers. En 2003, les trois plus gros exportateurs mondiaux de produits agricoles sont les États-Unis, l'Union européenne et le Canada avec respectivement 11,3 %, 10,9 % et 5 % des exportations mondiales.
- Cela n'est pas vrai seulement pour les produits agricoles : sur les premiers pays exportateurs de matières premières (pétrole exclu) rares sont ceux appartiennent au groupe des pays en développement. D'ailleurs, la crise pétrolière a provoqué la venue de nouveaux pays producteurs et exportateurs de pétrole comme la Norvège.

2 Échange de similarité et décomposition des processus de production

A Un commerce de similarité

- Le commerce mondial est de plus en plus un commerce entre semblables ; avant la Seconde Guerre mondiale les échanges de certains pays avec leurs colonies étaient importants, mais peu à peu, les pays industrialisés commercent surtout entre eux. Ainsi, les principaux partenaires de la France ne sont pas les pays qui, disposant de ressources différentes, lui sont complémentaires, mais les pays de l'Union européenne, dont l'Allemagne, qui lui ressemblent et qui ont un niveau de développement et une spécialisation comparables. D'ailleurs les pays en développement qui se sont insérés dans le commerce international produisent des produits manufacturés et concurrencent les pays développés. On assiste à une tripolarisation des échanges : les trois grandes zones qui réalisent l'essentiel des échanges internationaux, communément appelées la Triade, sont l'Amérique du Nord, l'Europe et l'Asie du Sud-Est.
- Le commerce international est aussi en grande partie un commerce intrabranche. Jean-Marc Siroën affirme que « le commerce international s'est développé entre nations industrielles proches pour des produits voisins ». Ainsi les branches les plus exportatrices sont souvent les plus importatrices ; l'exemple de l'automobile française est à ce sujet éloquent. L'échange intrabranche est contraire aux théories de la DIT et de la spécialisation. Il s'explique en grande partie par le fait que la société de consommation a créé un besoin de diversité. Le consommateur veut avoir le choix entre un grand nombre de produits pour satisfaire un même besoin. Malgré les efforts de multiplication des gammes, les producteurs nationaux ne peuvent faire face à ce besoin de diversité, il faut donc importer.

B La décomposition internationale des processus de production

- La globalisation caractérise les nouvelles formes du commerce et de l'activité mondiales. L'entité de production ne serait plus la nation mais le « village mondial » pour reprendre l'expression de Mac Luhan.
- La division internationale du travail n'est plus seulement une division horizontale en terme de produits ou de groupes de produits, mais de plus en plus une division verticale du travail : un même produit est réalisé dans plusieurs pays différents, un se chargeant de sa conception, un autre de certains composants, un troisième de l'assemblage… Les frontières semblent s'atténuer et l'optimisation du processus de production se réalise de plus en plus ait à l'échelle du monde ; d'où le terme de « décomposition internationale des processus de production ».

Cette nouvelle DIT oblige les pays riches à redéployer leurs appareils de production pour pouvoir résister à la concurrence. Elle permet le développement rapide de certains PED, les NPI, mais elle tend à appauvrir de nombreux autre PED exclus du commerce et du développement mondial.

FICHE 43 SPÉCIALISATION ET CROISSANCE ÉCONOMIQUE

Pour les économistes, la division du travail est un facteur de croissance important. Elle permet d'augmenter la productivité. De la même façon, la spécialisation internationale, et donc la division internationale du travail, est globalement une source de croissance pour l'économie mondiale. Cela ne signifie pas pourtant que tous les pays y gagnent.

1 La spécialisation internationale est source de croissance

A Spécialisation et croissance pour Smith et Ricardo

- La théorie des avantages absolus de Smith énonce que chaque pays a intérêt à se spécialiser dans les produits pour lesquels il est le plus avantagé (produits nécessitant une quantité de travail plus faible pour les produire) et à abandonner la production des autres produits. Cette théorie montre que la spécialisation est source de croissance pour les pays ayant un avantage dans un produit et un désavantage dans un autre, mais n'évoque pas le cas de pays faiblement compétitifs qui n'auraient d'avantage dans aucun produit.
- David Ricardo affirme que le libre-échange et la spécialisation sont toujours favorables et pour tous les pays, même les moins compétitifs. Il justifie en effet le libre-échange par la loi des avantages comparatifs. Selon cette loi, quelle que soit la situation d'un pays, la spécialisation et l'échange international procurent un gain. Les pays ont intérêt à se spécialiser dans les produits pour lesquels ils sont les plus avantagés ou les moins désavantagés. C'est ce qu'il explique en prenant comme exemple le vin et le tissu comme produits et le Portugal et l'Angleterre comme pays. Le Portugal est avantagé pour les deux produits, mais il a intérêt à se spécialiser dans la production de vin car son avantage comparatif y est le plus élevé, et la Grande-Bretagne a intérêt à se spécialiser dans la production de tissu car c'est pour ce produit que son désavantage comparatif est le plus faible. Pour que les deux pays gagnent à l'échange international, il suffit que le rapport d'échange international se situe entre le rapport des coûts de chaque pays.

B Économies d'échelle et optimisation de la production mondiale

- La spécialisation est source de croissance car elle permet à chaque pays d'augmenter sa production de certains produits et ainsi de bénéficier d'économies d'échelle et d'effets d'apprentissage. En se spécialisant, un pays concentre son énergie sur la production d'un ou de quelques biens et il devient encore plus efficace.
- La DIT qu'elle induit mène à une optimisation de la production mondiale qui devrait naturellement conduire à une baisse des prix et à une hausse de la production car chaque produit est fabriqué par le pays le plus performant. Les avantages de chaque pays sont optimisés, tous devraient y gagner.

2 … MAIS CERTAINES SPÉCIALISATIONS SONT PLUS BÉNÉFIQUES QUE D'AUTRES

A La spécialisation ricardienne n'avantage pas tous les pays de la même façon

- Il est nécessaire de différencier les avantages statiques de l'échange et de la spécialisation et les avantages dynamiques. Si chaque pays a intérêt à court terme, pour accroître la richesse nationale, d'échanger et de se spécialiser dans les produits pour lesquels il dispose d'un avantage comparatif, l'intérêt sur longue période du pays peut se trouver ailleurs. Ainsi, même lorsqu'elle offre des avantages statiques, la spécialisation dans les produits de base ne mène pas au développement : la maîtrise des prix de ces produits échappe généralement aux pays producteurs, les prix subissent des variations de très forte amplitude et ont, dans la plupart des cas, une tendance générale à la baisse. Les pays producteurs de produits de base subissent donc une dégradation de leurs termes de l'échange (rapport entre l'évolution des prix des produits exportés et celle des prix des produits importés), ils doivent produire davantage pour importer moins, ils sont donc dans une situation appelée par J. Bhagwati, « croissance appauvrissante » (*voir fiche 98*).
- Certains produits, comme la plupart des matières premières, sont des produits appelés régressifs car ils ont peu d'effets d'entraînement sur le reste de l'économie, alors que d'autres produits, les biens manufacturés essentiellement, sont des produits progressifs qui, par les consommations intermédiaires qu'ils induisent et par leurs effets structurants ont des effets d'entraînement importants sur l'économie. Si les pays nouvellement industrialisés d'Asie du Sud-Est n'avaient raisonné qu'en terme d'avantage statique, ils n'auraient certainement pas connu les taux de croissance qu'ils enregistrent. Même lorsque les conditions ne sont pas totalement favorables, les avantages statiques ne doivent constituer qu'un tremplin pour s'ouvrir aux échanges, se développer, et se spécialiser dans des produits progressifs.

B Il peut être nécessaire de construire ses avantages

- Les nouvelles théories du commerce international (*voir fiche 100*) sont développées par des auteurs comme P. Krugman du MIT (Massachusetts Institute of Technology). Ces nouvelles théories considèrent que les avantages comparatifs sont plus une conséquence qu'une cause des échanges internationaux. En se spécialisant et en prenant part au commerce mondial chaque pays multiplie ses avantages ; ce n'est pas essentiellement parce qu'un pays est plus compétitif dans un produit qu'il l'exporte, mais c'est surtout en exportant qu'il devient plus compétitif. Les avantages peuvent donc être « construits ». Les gains du commerce sont cumulatifs : l'ouverture internationale provoque des avantages comparatifs qui permettent une plus grande ouverture et ainsi de suite…
- L'ouverture internationale doit donc être la priorité des politiques de développement. Ainsi, P. Krugman préconise une ouverture croissante des économies et donc une libéralisation du commerce tout en acceptant une politique étatique volontariste d'incitation à la spécialisation et à l'exportation.

Selon Ricardo, les avantages comparatifs sont durables ; un pays avantagé le restera. Cela signifie implicitement que les rendements sont constants. En réalité, ils peuvent être croissants (un pays devient encore plus compétitif en se spécialisant et en augmentant sa production), ce qui justifie une politique d'incitation à la spécialisation.

FICHE 44 SPÉCIALISATION ET COMPÉTITIVITÉ DES NATIONS

Les principales productions autour desquelles s'organise appareil productif des pays constituent leur spécialisation. Celle-ci participe à la compétitivité des nations.

1 La spécialisation des pays détermine leurs échanges extérieurs

A La spécialisation sectorielle

- Pour les libéraux (*voir fiches 94 à 96*), chaque pays doit se spécialiser dans les productions pour lesquelles il dispose d'avantages comparatifs (sur la base des coûts unitaires) déterminés par sa dotation factorielle (capital, travail, technologie). Pour d'autres courants, les avantages comparatifs peuvent être créés suite à une politique d'inspiration protectionniste mise en œuvre par les États et/ou résulter des échanges du fait de rendements d'échelle croissants : la hausse de la production consécutive à celle des exportations abaisse les coûts unitaires et confère de ce fait un avantage aux pays exportateurs (*voir fiche 99*).
- Des indicateurs permettent de déterminer la spécialisation des pays. Ils montrent que le Japon, au début des années 2000, est notamment spécialisé dans l'industrie automobile, l'électronique et la mécanique ; les États-Unis dans les services, la mécanique, la chimie et l'agro-alimentaire ; l'Union européenne dispose de points forts dans les services, la chimie, la mécanique et l'automobile avec des différences selon les pays. De nombreux PED sont spécialisés dans les produits primaires, d'autres le sont dans les produits manufacturés à l'instar des pays émergents d'Asie.

B Des effets sur le commerce extérieur

- La spécialisation sectorielle influe sur les résultats du commerce extérieur des pays. Ainsi, la France dispose de certains avantages comparatifs (services, aéronautique, produits cosmétiques et pharmaceutiques, automobiles, boissons). *A contrario*, les positions françaises sont faibles dans le domaine des hautes technologies, des machines-outils, de l'énergie, du textile et les désavantages comparatifs dans ces domaines ont tendance à se creuser. Dès lors, la balance des biens et des services française peut être déséquilibrée : les exportations dépendent trop de la conjoncture mondiale et se heurtent à une vive concurrence sur les marchés internationaux. En outre, lorsque la croissance s'amplifie, les importations d'énergie et de biens d'équipement en font autant.
- Aux effets de la spécialisation sectorielle, s'ajoutent ceux de la spécialisation géographique des pays, c'est-à-dire de l'orientation de leurs échanges vers tel ou tel pays. Ainsi, les exportations françaises sont faiblement orientées vers la Chine (2 % des exportations totales en 2005) ou plus globalement vers les pays émergents d'Asie (5 % des exportations). Or, ces pays constituent aujourd'hui une zone de croissance très dynamique ouvrant de fortes perspectives de débouchés. En revanche, 55 % des exportations françaises sont tournés vers la zone euro qui connaît une croissance modeste de la demande.

2 Spécialisation et compétitivité sont liées

A Compétitivité et performances

- Pour une entreprise, la compétitivité traduit sa capacité à préserver ou à augmenter sa part de marché et ainsi consolider ses profits. La compétitivité dépend des coûts unitaires, des prix et de la variation des taux de change. D'autres facteurs plus qualitatifs interviennent aussi : performance technique des produits, délais de livraison, efficience du service après-vente…
- La compétitivité d'une économie nationale est la résultante des performances à l'exportation des firmes qui y sont implantées et de sa spécialisation dans les secteurs pouvant répondre à la demande mondiale. Elle s'exprime par sa part de marché mesurée le plus souvent par la fraction des exportations nationales dans les exportations des principaux pays intervenant dans le commerce mondial. Par exemple, la part de marché de la France (calculée sur la base des exportations en volume) tend à stagner autour de 7 à 8 % au cours des années 1990 puis recule depuis 2001, traduisant une baisse de la compétitivité du pays dont souffre son commerce extérieur.
- Dans la compétition mondiale, la dimension qualitative de la compétitivité (compétitivité structurelle) est particulièrement importante. Elle repose fortement sur la capacité des firmes à différencier leurs produits de gamme équivalente (différenciation par la marque, l'emballage, le service après-vente, la garantie…) ou sur leur capacité à se positionner avantageusement sur différents segments de gamme (bas de gamme, moyenne gamme, haut de gamme) : dans l'automobile, l'économie française est compétitive dans les gammes moyennes alors que l'Allemagne est compétitive sur le haut de gamme. La spécialisation des deux pays dans l'automobile n'est donc pas strictement identique.

B La compétitivité territoriale

- La compétitivité territoriale traduit l'attractivité des pays pour les investissements des firmes multinationales (FMN) et les travailleurs migrants (notamment les plus qualifiés). Les déterminants de l'attractivité sont multiples : niveau de la pression fiscale, des salaires, des charges sociales, de la demande locale, qualité de la main-d'œuvre (qualification, productivité, compétences…), nature des relations sociales, stabilité des institutions politiques… Parmi ces facteurs, certains sont attachés à la spécialisation qui participe alors également à l'attractivité territoriale : ainsi, les firmes multinationales occidentales investissent massivement en Chine dont la spécialisation est fondée sur des activités à forte intensité de main-d'œuvre peu coûteuse.
- Au niveau infra-national, l'attractivité est aussi déterminée par des phénomènes d'agglomération (concentration géographique des activités) qui se développent dans certaines régions au sein des pays, comme en Californie avec la Silicon Valley. Cet espace concentre sur une zone limitée (500 km^2) des entreprises intervenant dans les nouvelles technologies, leurs sous-traitants, des laboratoires de recherche, des universités prestigieuses (Stanford et Berkeley) ; les infrastructures routières, portuaires et aéroportuaires sont de qualité et la zone attire les travailleurs hautement qualifiés. Les synergies entre entreprises sont fortes et contribuent à réduire les coûts unitaires de production.

La spécialisation des nations constitue un élément important de leur croissance et de leur développement. C'est d'autant plus le cas qu'elles s'insèrent davantage dans les échanges internationaux.

FICHE 45 LA CHINE ET L'INDE DANS LA MONDIALISATION

La Chine (9,596 millions de km²) est trois fois plus étendue que l'Inde. Le poids démographique de ces deux géants – 1,304 milliard d'habitants pour la première, 1,104 pour la seconde – leur donne une grande influence dans le monde. Après avoir connu les impasses du développement autocentré, la Chine communiste et la démocratie indienne ont adopté à des rythmes différents des stratégies libérales d'ouverture, dont les résultats avantagent incontestablement la première

1 Des impasses du développement autocentré aux stratégies d'ouverture

A Points communs et différences des stratégies autocentrées

- La Chine communiste de Mao (1949-1976) a adopté le modèle stalinien basé sur la collectivisation des moyens de production et d'échange et la planification impérative. La mise en place des communes populaires en 1958 n'a pas changé fondamentalement les caractéristiques du système. L'Inde démocratique de Nehru (1947-1964) a instauré un « socialisme » spécifique qui laisse une part importante au secteur privé tout en permettant à l'État d'encadrer la vie économique par ses entreprises nationalisées et sa planification contraignante.
- Ces deux pays, caractérisés par une immense paysannerie, ont suivi des stratégies économiques autocentrées afin de renforcer leur indépendance politique et de faire face à une croissance démographique spectaculaire. La Chine s'est isolée du reste du monde après sa rupture avec l'URSS en 1960, tandis que l'Inde protégeait ses industries par des barrières douanières élevées. L'accent a été mis sur les industries lourdes. L'agriculture n'a été stimulée qu'à partir des années 1960 avec la « révolution verte » en Inde.

B Ouverture et libéralisation depuis les années 1980

- Le PIB a triplé en Inde et quadruplé en Chine de 1950 à 1980, alors que la population augmentait respectivement de 70 % et de 80 %. Mais la Chine a connu des drames massifs pendant le Grand bond en avant de 1958 à 1960 et la Révolution culturelle de 1966 à 1971. Le poids économique de l'Inde dans le monde a reculé. La misère est restée élevée dans les deux pays. Peu rentables, les entreprises publiques ont fonctionné souvent à perte. C'est pourquoi des réformateurs pragmatiques ont changé de cap, d'abord en Chine à la fin des années 1970, puis en Inde à partir de 1984.
- En Chine, le contrôle des naissances a été renforcé, l'agriculture décollectivisée et les entreprises privées autorisées. Des zones économiques spéciales (ZES) ont attiré les capitaux étrangers. La Constitution a adopté en 1992 le concept d'économie socialiste de marché et l'ouverture s'est accélérée. Les firmes d'État sont désormais en partie privatisées. L'adhésion à l'OMC en 2001 a souligné l'importance et la continuité de ces changements. En Inde, la place de l'État recule depuis le milieu des années 1980, le protectionnisme diminue et les investissements étrangers sont encouragés. Le programme s'est intensifié à partir de 1991 avec la fin du monopole public dans de nombreux secteurs d'activité et la libéralisation du commerce et des services.

2 Puissances ascendantes et prééminence chinoise

A Des résultats globalement positifs malgré le creusement des inégalités

- La Chine connaît depuis les années 1980 une croissance spectaculaire qui avoisine les 9 % par an. Le PIB par habitant en parité de pouvoir d'achat est passé de 430 à 7334 dollars de 1980 à 2004. L'augmentation du niveau de vie permet à des dizaines de millions d'habitants d'accéder aux biens de consommation courants. La naissance d'une classe moyenne s'accompagne du dynamisme d'un capitalisme chinois de plus en plus influent. Plus récent, le progrès indien est lui aussi incontestable et souvent comparable. Ces deux pays disposent de chercheurs, d'ingénieurs et d'informaticiens de haut niveau. Ils fabriquent des bombes atomiques, des fusées ou des satellites.
- En revanche, la croissance a creusé les disparités sociales et régionales. Une part significative de la population vit en dessous du seuil de pauvreté. L'analphabétisme n'a pas disparu et les inégalités hommes-femmes sont toujours fortes. L'IDH place la Chine au 94e rang mondial, l'Inde au 127e. La protection sociale héritée du communisme s'effrite ou disparaît en Chine. Le dynamisme des façades maritimes et des grandes agglomérations, comme Bombay ou Shanghai, contraste avec le retard des zones rurales de l'intérieur qui accueillent encore la majorité de la population. Cette situation favorise un exode rural massif en Chine et l'exploitation de cette main-d'œuvre mobile en ville.

B L'Inde est devancée par la Chine au début du XXIe siècle

- La population indienne rattrapera probablement celle de la Chine vers 2030, mais son poids économique est loin d'être équivalent. L'Inde est moins ouverte que la Chine et la croissance de son PIB est un peu plus faible. Ses exportations ne représentent que 0,9 % des exportations mondiales, contre 6 % pour la Chine. Elle reçoit 10 à 15 fois moins d'IDE que son puissant voisin. Le secteur industriel est encore étroit (16 % du PIB contre 38 % en Chine), la montée en gamme technologique reste lente. L'Inde ne s'impose que dans le secteur des services (elle est le premier exportateur de services informatiques du monde). Le revenu par tête est deux fois moins élevé qu'en Chine et l'espérance de vie inférieure de 8 ans.
- La Chine, en revanche, qui vient de recouvrer Hong Kong et Macao en 1997 et 1999, est devenue un acteur majeur de la scène internationale. Elle est la troisième puissance commerciale et la cinquième économie de la planète (en 2005). En Asie, elle a consolidé ses positions par des accords de coopération avec l'Association des nations du Sud-Est asiatique (ANASE), la Corée du Sud, le Japon et la Russie. Elle souhaite récupérer Taïwan et les archipels Paracel et Spratly qu'elle considère comme des territoires historiques. Disposant d'un siège au Conseil de sécurité de l'ONU, membre de l'APEC (coopération économique Asie-Pacifique), puissance militaire respectable, elle joue sur tous les tableaux. Invitée depuis peu aux réunions du G8, elle a désormais de bonnes relations avec les États-Unis qui sont devenus son meilleur client.

L'Inde et la Chine ont bénéficié de l'ouverture et de la recherche d'un meilleur équilibre entre l'action de l'État et celle du secteur privé. Mais l'Inde n'est pas une nouvelle Chine. Elle n'a ni sa puissance économique, ni son influence géopolitique. En revanche, l'avenir dira si l'amélioration du niveau de vie encouragera les aspirations démocratiques en Chine.

FICHE 46

LES NPI D'ASIE DANS LA MONDIALISATION

La Corée du Sud, Taïwan, Singapour et Hong Kong – anciennes colonies japonaises et britanniques – sont devenus en quelques décennies des économies dynamiques. Le succès de ces nouveaux pays industrialisés, communément appelés « dragons », est dû à des stratégies extraverties efficaces, capables d'évoluer et de s'adapter.

1 Des économies extraverties dynamiques

A Des stratégies performantes

- Ces pays, sans grandes ressources naturelles et de taille réduite – la Corée du Sud, n'a que 99 260 km^2, tandis que Singapour et Hong Kong sont des cités-États minuscules – ont adopté des stratégies extraverties s'inspirant du modèle japonais. Le processus a débuté par une politique de substitution des importations et s'est poursuivi par la conquête du marché mondial. Grâce au départ à une main-d'œuvre abondante et faiblement payée, qui travaille parfois plus de 60 heures par semaine, ils ont axé leur croissance sur l'exportation de produits manufacturés. Hong Kong et Singapour bénéficient en outre d'atouts portuaires importants.
- La fabrication de produits bon marché à faible valeur ajoutée a précédé des productions de plus en plus sophistiquées. Cette remontée des filières a connu plusieurs phases : le textile dès les années 1960, la sidérurgie dix ans plus tard, la construction navale au cours des années 1980, les automobiles et les produits électroniques ensuite. Une partie de la production a été progressivement délocalisée en Asie du Sud-Est ou dans les PDEM.
- L'État a encouragé le mouvement – sauf à Hong Kong – par une intervention multiforme : planification indicative, entreprises publiques, protectionnisme, aides financières aux entreprises, aménagement de zones franches pour stimuler et contrôler les investissements directs à l'étrangers japonais ou américains, développement de complexes portuaires modernes. Les États-Unis ont également aidé la Corée du Sud et Taïwan pour des raisons géopolitiques liées au poids du communisme dans la région. Tous ces pays ont profité également des liens financiers et commerciaux avec le voisin japonais.

B D'incontestables succès

- En une trentaine d'années, les « quatre dragons » ont connu une croissance remarquable, de l'ordre de 8 % par an jusqu'en 1997. Les produits manufacturés de la myriade de petites entreprises et des grands conglomérats, tels les Coréens Samsung ou Daewoo, ont conquis des parts significatives du marché mondial. Le poids de ces NPI dans le commerce planétaire est passé de 1,6 % en 1960 à plus de 7 % en 1990.
- Le niveau de vie de la population a fortement progressé, ce qui s'est traduit par une augmentation de l'espérance de vie et du pouvoir d'achat et par une diminution du temps de travail (bien que difficiles les revendications sociales ont permis d'obtenir un certain nombre de résultats). Des progrès spectaculaires ont été enregistrés en matière de scolarisation, d'enseignement supérieur et de recherche, favorisant ainsi l'innovation et les gains de productivité. Cette évolu-

tion s'est accompagnée de changements politiques positifs. Taïwan et la Corée du Sud, dirigées par des dictateurs militaires jusqu'en 1986 et 1988, sont devenues des démocraties.

2 Des économies dépendantes mais capables de réagir

A Dépendance et fragilités

- Le retour de Hong Kong à la Chine en 1997, malgré l'acceptation d'une période de transition de 50 ans, met en danger l'autonomie de la cité-portuaire et le fonctionnement de ses institutions semi-démocratiques. Taïwan est convoitée par le puissant voisin chinois qui estime que l'île fait partie de son espace historique. Seule la présence militaire américaine interdit toute domination, malgré les crises (comme en 1996) ou les menaces d'invasion récentes (en 2005).
- Ces pays sont par ailleurs dépendants au niveau de leurs échanges extérieurs. En effet, la mise en place de mesures protectionnistes chez leurs principaux partenaires, la variation du cours du yen et du dollar, la flambée des prix du pétrole ou une récession américaine peuvent atteindre lourdement ces économies extraverties. Elles doivent faire face également à la concurrence des futurs « dragons » d'Asie du Sud-Est (Thaïlande, Philippines, Indonésie, etc.).
- La crise de 1997-1998 a, en outre, révélé les limites de l'efficacité de certaines entreprises et des fragilités financières inquiétantes. Le surendettement de grands groupes, des créances bancaires douteuses et une spéculation excessive ont entraîné des faillites bancaires et industrielles, le retrait de capitaux et un recul de la croissance à la fin des années 1990.

B Des capacités d'évolution remarquables

- Les NPI d'Asie ont su rapidement sortir de la crise. La Corée du Sud a restructuré une partie de ses entreprises avec le soutien de l'État. Des banques ont été fermées, d'autres ont fusionné et ont été assainies. De grandes entreprises ont vendu une partie de leurs actifs (Samsung Motor à Renault), des conglomérats ont été divisés en plusieurs sociétés (Daewoo), les privatisations se sont accélérées. Au bout de deux ans la croissance est repartie, les capitaux étrangers sont revenus.
- À Taïwan, la reprise a été moins nette car les investisseurs de l'île privilégient de plus en plus la Chine voisine. Mais le pays a réagi en accentuant les efforts de recherche (la haute technologie est appelée à jouer un rôle moteur dans l'avenir). Singapour a diversifié sa production industrielle en développant les biotechnologies ou la pharmacie. La cité-État compte également sur l'essor du tourisme et sur la puissance de son port qui est désormais le premier du monde. Hong Kong reste un centre financier et portuaire important (4e port mondial) et profite du dynamisme du sud-est de la Chine.
- Au total, la place des « quatre dragons » dans le commerce mondial augmente à nouveau pour atteindre 9 % en 2004. Cette croissance est tirée par l'essor général de l'Asie, par la coopération avec la Chine et le Japon et par l'importance des échanges avec les États-Unis. Hébergeant 1,3 % de la population mondiale, produisant 3,5 % de la richesse planétaire, ils ont rattrapé l'Occident en terme de PIB par habitant.

Les NPIA ont diffusé leur modèle dans l'Asie du Sud-Est. Ce phénomène a été bénéfique à l'ensemble de la région. En dépit de leurs dépendances et de leurs fragilités, ils sont un exemple de réussite pour les PED.

FICHE 47 LE MEXIQUE ET LE BRÉSIL DANS LA MONDIALISATION

Différents par certains aspects, Le Mexique et le Brésil ont en commun d'être deux pays émergents qui dominent l'Amérique latine par leur puissance économique, leur poids démographique, leur superficie et leur influence dans le monde. Engagés dans des réformes libérales depuis les années quatre-vingt, démocraties récentes, ils connaissent encore les paradoxes et les contradictions des pays du Sud.

1 DES RÉFORMES LIBÉRALES

A Instauration de la démocratie et mise en œuvre de réformes

- Le Mexique et le Brésil ont basculé depuis peu dans la démocratie : le Brésil au milieu des années 1980, le Mexique dix ans plus tard. Tous deux se sont engagés dans une vague de réformes libérales depuis la crise de la dette qui avait mis le Mexique au bord de la faillite en 1982 et favorisé une inflation galopante. Sous la pression et avec l'aide du FMI, ils ont mis en place des plans d'ajustement structurel imposant la rigueur budgétaire et la diminution des dépenses publiques. Ils ont également réalisé un vaste programme de privatisations qui a fait passer le nombre d'entreprises publiques mexicaines de plus de 1 000 en 1982, à moins de 200 au milieu des années 1990, tandis que le Brésil suivait le même chemin avec quelques années de retard. Ce processus s'est accompagné de l'ouverture aux capitaux étrangers qui investissent dans les secteurs les plus dynamiques ou installent des industries d'assemblage, comme au Mexique dans les *maquiladoras*.
- Ces réformes ont rendu les économies des deux pays moins instables. Elles ont permis de négocier des rééchelonnements ou des allégements de dettes – grâce en particulier au plan Brady initié en 1989 – et favorisé une croissance convenable. Elles ont cassé l'inflation qui est maintenant stabilisée en-dessous de 10 %. En revanche, l'interventionnisme de l'État n'a pas disparu. Le secteur de l'énergie reste dominé par la puissance publique et des programmes sociaux ont été lancés. Depuis 2003, le Brésil du président Lula lutte contre la faim (programme « faim zéro ») ou redistribue des terres aux paysans misérables.

B Des économies de plus en plus ouvertes

- Le Mexique a signé l'Accord de libre-échange nord-américain (ALENA) qui est entré en vigueur en 1994. Il a paraphé également des accords de libre-échange avec le Chili (1991), la Colombie et le Venezuela (1994) et demandé à adhérer au MERCOSUR en 2004. Il renforce ses liens avec l'Europe. De son côté, le Brésil s'est associé aux pays du cône Sud pour former le marché commun du Mercosur en 1991 et copréside avec les États-Unis, la phase finale des négociations de la Zone de libre-échange des Amériques (ZLEA). Au sein du G20 – créé en 2003 – il conteste les subventions accordées au Nord pour certains produits agricoles.
- Cette ouverture se traduit par une forte augmentation des échanges. Les exportations mexicaines sont passées de 6 % du PIB en 1980 à 28 % en 2003, celles du Brésil de 8 % à 13 %. Si le Brésil ne représente en 2004 que 1 % du commerce mondial, le Mexique, avec près de 3 %, est désormais la 11e puissance commerciale de la planète. Cette ouverture est aussi le fruit d'une transformation spectaculaire de l'appareil productif capable d'affronter la compétition mondiale.

2 Des économies émergentes qui dominent l'Amérique latine

A Deux puissances majeures de l'Amérique latine

- Brésil et Mexique sont des puissances économiques diversifiées. L'agriculture est particulièrement dynamique (le Brésil triomphe avec le café ou le soja), les ressources naturelles sont importantes (le Mexique est le 4e producteur de pétrole de la planète). Toute la gamme des productions industrielles existe, qu'il s'agisse de l'agroalimentaire, du textile, de la pétrochimie, de l'automobile ou de l'informatique. Les services se sont fortement développés et emploient la majorité de la population active. Le niveau de vie a progressé.
- Le Mexique est dans une meilleure position économique. Bien qu'étant moins grand et moins peuplé que le Brésil – 1,95 million de km^2 et 105 millions d'habitants, contre respectivement 8,5 et 181 pour le Brésil en 2004 – il est la dixième puissance économique du monde (le Brésil est 13e). Avec 2 % du PIB mondial, contre 1,4 % pour le Brésil, il concentre 40 % du commerce extérieur de l'Amérique latine et 70 % de sa production industrielle. Il bénéficie d'une frontière commune avec les États-Unis qui attirent ses produits et ses habitants. Il profite, plus que le Brésil, de l'argent que les millions de Mexicains exilés aux États-Unis envoient à leurs familles (16 milliards de dollars en 2004).

B Des puissances encore déséquilibrées et vulnérables

- Dans les deux pays, 30 % de la population vivent en-dessous du seuil de pauvreté (revenu inférieur à 2 dollars par jour) et les bidonvilles accueillent des millions de personnes. Le Brésil n'occupe que le 72e rang mondial en ce qui concerne l'IDH, le Mexique le 53e. Les disparités de revenus sont énormes. Le luxe côtoie la misère en ville comme à la campagne. 53 % des paysans brésiliens détiennent moins de 3 % des surfaces cultivables, alors que 1 % des propriétaires terriens en possèdent 43 %. Les disparités spatiales sont immenses. Le Nordeste brésilien rassemble 29 % de la population, mais ne représente que 13 % du PIB, tandis que le Sudeste accueille 43 % de la population pour 59 % du PIB. Le dynamisme de la capitale mexicaine contraste avec le retard du Chiapas.
- Le Brésil et le Mexique restent vulnérables. La crise financière mexicaine de 1994-1995, n'a été réglée que grâce à une aide internationale exceptionnelle. En 1998, les deux pays on souffert de la crise asiatique et le Brésil a été touché par les difficultés de l'Argentine en 2001-2002. La volatilité des capitaux reste une menace qui fragilise les monnaies, rend la croissance irrégulière ou complique le remboursement de la dette. Par ailleurs, le Mexique est trop dépendant des États-Unis qui absorbent plus de 85 % de ses exportations. Cette dépendance l'expose aux contrecoups de la croissance américaine. Dans les deux pays, enfin, de nombreuses entreprises modernes, comme l'industrie automobile, sont contrôlées par les firmes étrangères.

Le Brésil et le Mexique sont à la croisée des chemins. Puissances émergentes en expansion, démocraties stabilisées, elles doivent accentuer les réformes en faveur d'une meilleure répartition des richesses. Puissances régionales qui cherchent à coopérer et à renforcer leur place dans le monde, en particulier à l'ONU, elles doivent consolider leur économie afin de réduire leur dépendance.

FICHE 48

L'AFRIQUE DANS LA MONDIALISATION

Avec 905 millions d'habitants en 2005, l'Afrique accueille 14 % de la population mondiale pour 22,5 % de la superficie des terres émergées (30,3 millions de km²). Depuis un quart de siècle, le continent traverse une période particulièrement difficile. Sa place dans l'économie mondiale a reculé. Pourtant, cette vision pessimiste mérite d'être nuancée car l'Afrique est multiple et n'est pas dépourvue d'atouts.

1 L'Afrique marginalisée et pauvre

A Un continent marginalisé et dominé

- La marginalisation de l'Afrique s'est accélérée depuis deux décennies. Sa part dans le commerce mondial est passée de 3,9 % en 1980 à 1,4 % 2004. Peu compétitive, l'industrie africaine ne représente que 1 % de la production manufacturée de la planète. Les produits primaires constituent l'essentiel des exportations et souffrent de la détérioration des termes de l'échange. Les IDE évitent le continent à l'exception de l'Afrique du Sud et de quelques pays pétroliers, comme le Nigeria et l'Angola. La dette est devenue trop lourde à cause d'une gestion maladroite et de l'effondrement des cours des matières premières dès la fin des années 1970.
- L'Afrique est également dominée. Elle dépend du protectionnisme des PDEM qui subventionnent leurs agriculteurs, au détriment des exportations africaines, comme le prouve l'exemple du coton. Elle dépend paradoxalement de la bonne volonté de ces mêmes pays pour ses échanges extérieurs. L'UE est ainsi à l'origine des accords commerciaux de Lomé-Cotonou qui facilitent, depuis 1975, l'accès des produits africains en Europe. Elle dépend aussi de l'aide internationale qui assure parfois une part considérable du PIB de certains pays (66 % au Mozambique, 40 % en Tanzanie). Or, cette aide a diminué après la fin de la guerre froide. Elle dépend enfin des multinationales qui exploitent ses richesses naturelles.

B Pauvreté et violence

- Le revenu moyen des Africains, qui représentait 14 % de celui des pays riches en 1970, est tombé à 7 % en 2003. Le continent accueille la majorité des PMA du monde (34 pays sur 50). La croissance démographique est encore forte et l'explosion urbaine exceptionnelle. Mal nourrie, mal soignée, mal scolarisée, la population africaine concentre les principaux maux de la pauvreté. La mortalité infantile dépasse les 100 pour 1 000 en moyenne. La mortalité des femmes en couche bat des records. Le sida fait des ravages. L'espérance de vie à la naissance est faible (47 ans en 2003) et recule depuis plus de 10 ans (52 ans en 1992). La moitié de la population est analphabète, tandis que la fuite des « cerveaux » prive le continent d'une partie de ses meilleurs éléments.
- La pauvreté favorise et entretient l'insécurité. Les États n'ont pas les moyens de gérer les services publics et de payer régulièrement leurs fonctionnaires. La quasi absence de démocratie encourage la corruption, le clientélisme et les détournements de fonds. Les conflits armés sont légion : guerres civiles, guerres de conquête, coups d'État. Les morts, les déplacés et les réfugiés se comptent par millions. De nombreux États perdent une partie de leur souveraineté ou s'effondrent. La République démocratique du Congo et la Côte d'Ivoire ont ainsi éclaté.

2 Diversité, atouts et principaux enjeux africains

A Un continent divers

- Les 53 États africains connaissent des situations très variables de par leur taille, leurs ressources, leur population, leur contexte politique ou leur situation géographique. Cette diversité nuance la vision uniforme d'un continent en marge du développement. L'Afrique du Nord profite de la proximité de l'Europe. Plus riche et plus industrialisée que l'Afrique subsaharienne, elle a vu reculer son taux de fécondité. Le PIB par habitant s'élève à 2 145 dollars en Tunisie et 1 781 dollars en Algérie, contre 460 dollars pour l'ensemble de l'Afrique subsaharienne. Cette dernière est également diverse. L'île Maurice a le plus haut niveau de vie (3 778 dollars par habitant) grâce au tourisme, tandis que le Niger (187 dollars) ou le Mali (298 dollars), enclavés, sans ressources et victimes de la sécheresse, sont très pauvres. Le Nigeria, malgré son poids démographique (130 millions d'habitants) et sa rente pétrolière, s'enfonce dans la misère du fait d'une corruption massive qui prive le pays d'investissements indispensables. Au contraire, l'Afrique du Sud, qui bénéficie d'une économie diversifiée et d'une vie politique démocratique depuis la fin de l'apartheid en 1994, est la grande puissance du continent.

B Atouts et enjeux africains

- Depuis la fin de la colonisation, le continent a malgré tout progressé et a pu répondre, en partie, à la demande d'une population qui a quadruplé. Les superficies cultivées ont augmenté. L'économie informelle – la « débrouille », la contrebande ou la solidarité financière avec les tontines –, qui représente environ les deux tiers de l'activité, a compensé les faiblesses officielles. L'Afrique a su s'intégrer dans la mondialisation par tout un réseau d'échanges licites ou illicites, tandis que le commerce entre pays africains augmentait, ainsi que les flux migratoires. Elle est globalement plus ouverte en matière d'exportations que l'Europe et les États-Unis et bénéficie de l'argent envoyé dans les familles par la diaspora installée en Europe.
- L'Afrique dispose d'immenses richesses minérales et hydrauliques et ses gisements pétroliers sont loin d'être tous exploités (le golfe de Guinée est particulièrement prometteur). Le boom récent du prix des matières premières est bénéfique, et explique la reprise de la croissance dans l'Afrique subsaharienne en 2003 et 2004. Le pétrole et le combat des États-Unis contre l'islamisme relance l'intérêt géostratégique du continent (la présence militaire américaine augmente, ainsi que les aides financières). De son côté, l'Afrique cherche à s'organiser collectivement pour être plus efficace et pour faire entendre sa voix sur la scène mondiale. La création en 2001 du Nouveau partenariat pour le développement de l'Afrique (NEPAD), qui rassemble 15 pays, va dans ce sens. L'avenir dira si ces potentialités encore mal exploitées permettront à l'Afrique de sortir de la dépendance et de la pauvreté.

L'Afrique est plus complexe qu'il n'y paraît. Pauvre et marginalisée, elle dispose d'atouts économiques et géopolitiques incontestables. La valorisation de ce potentiel dépendra de la stabilité politique et de la démocratisation du continent. Elle dépendra également de l'attitude de la communauté internationale qui à la possibilité d'encourager le processus.

FICHE 49 LA RUSSIE DANS LA MONDIALISATION

L'URSS disparaît en 1991. Président de la nouvelle Russie jusqu'en 1999, Boris Eltsine engage cet immense pays socialiste vers l'économie de marché. La mutation est rapide, complexe et difficile.

1 Libéralisation rapide mais chaotique de l'économie

A La thérapie de choc des années 1990

- La libéralisation de l'économie a commencé avant l'effondrement de l'URSS, mais c'est surtout à partir de 1992 qu'un programme radical de liberté des prix, de convertibilité de la monnaie et de privatisations lance la Russie vers l'économie de marché avec le soutien du FMI. De 1992 à 1994, des « bons » gratuits donnent aux citoyens la possibilité d'acheter des parts d'entreprises. À partir de 1995 la privatisation devient payante et touche des secteurs décisifs, comme ceux de l'énergie. Entre-temps, en 1993, une réforme agraire a rendu possible la création d'exploitations privées. Insignifiant en 1991, le secteur privé représente 70 % de l'activité économique en 2000.
- Cette thérapie de choc est très douloureuse. La privatisation gratuite a dérouté une population désargentée qui a vendu ses « bons » à des initiés habiles. La privatisation payante s'est déroulée dans des conditions opaques permettant à des hommes d'affaires peu scrupuleux, les oligarques, d'en profiter et de placer une grande partie de leurs gains à l'étranger. Méfiants, les milieux financiers internationaux ont limité leurs investissements. Le PIB recule de l'indice 100 en 1989 à 55 en 1998, la production agricole chute de 52 %, l'inflation atteint des sommets et la monnaie s'effondre, imposant la création d'un nouveau rouble d'une valeur égale à 1 000 anciens en 1997. La chute du prix des hydrocarbures, à la fin des années 1990, accentue la fragilité d'un pays durement touché par la crise financière venue d'Asie en 1998. À court d'argent, victime d'une fraude fiscale massive, l'État doit suspendre le remboursement de sa dette extérieure.

B La réaction poutinienne

- Président à partir de décembre 1999, Vladimir Poutine cherche à rétablir la confiance et à assainir les finances publiques. Une réforme fiscale lancée en 2000 permet de faire rentrer les impôts et de retrouver un excédent budgétaire. La lutte contre des oligarques tente d'en finir avec l'ère des spoliations et des privatisations douteuses et de rendre au pays le contrôle de ses ressources nationales stratégiques, comme l'énergie. Les fuites de capitaux deviennent moins massives et les IDE arrivent en plus grand nombre. Le pays bénéficie également d'une conjoncture meilleure avec l'envolée des cours du pétrole depuis 2004 (la Russie est le premier producteur de gaz et second producteur de pétrole du monde).
- Au total, les entreprises investissent davantage. La progression du pouvoir d'achat stimule la consommation. Le PIB augmente de plus de 40 % de 1999 à 2005. Avec une balance commerciale excédentaire, une inflation mieux maîtrisée et un rouble plus solide, la Russie accélère le remboursement de sa dette exté-

rieure. Mais la situation est encore fragile. La restructuration du secteur bancaire et des entreprises publiques est incomplète. La production industrielle demeure peu compétitive et le pays reste trop dépendant du cours des matières premières.

2 Essor des inégalités et recul de la Russie sur la scène internationale

A Pauvreté, violence et démocratie autoritaire

- Les inégalités sociales explosent avec l'appauvrissement de larges catégories de la population et l'enrichissement spectaculaire d'une minorité. La pauvreté, même si elle diminue un peu depuis le redémarrage de l'économie, touche prés d'un tiers des ménages en 2003, principalement les retraités, les chômeurs et les familles monoparentales. Les services publics se dégradent (santé, enseignement, recherche). La violence atteint des sommets. Cette dégradation générale explique en grande partie le recul de la fécondité, la montée de la mortalité et la chute de l'espérance de vie. La population passe de 148,4 à 143,4 millions d'habitants entre 1990 et 2005.
- La volonté initiale de promouvoir un modèle démocratique laisse rapidement la place à une démocratie autoritaire confisquée par une nébuleuse d'acteurs politiques et économiques. En 1993, une nouvelle Constitution accorde beaucoup de pouvoir au Président et restreint les prérogatives du Parlement. La liberté de la presse est de plus en plus menacée. Poutine accentue l'approche autoritaire et centralisée de l'État, nomme à des postes clefs des hommes issus des services secrets et réduit l'influence des gouverneurs de province. Il profite de la lutte contre les oligarques et de la guerre en Tchétchénie pour soumettre la justice et les médias à l'appareil politique et pour placer des proches à la tête des entreprises contrôlées par l'État.

B Une influence mondiale limitée

- Puissance atomique, la Russie a conservé son siège au Conseil de sécurité de l'ONU. Membre du FMI dès 1992, partenaire officiel de l'Union européenne depuis 1994, elle entre au Conseil de l'Europe en 1996, rejoint le G7 en 1997 et développe des liens privilégiés avec Pékin. Mais sa diplomatie est désormais réduite dans ses ambitions comme dans ses objectifs. Avec un PIB comparable à celui du Mexique et une armée sous-équipée, elle reste incapable d'imposer ses vues. Elle doit accepter l'entrée dans l'OTAN de ses anciens satellites d'Europe de l'Est et ne peut que mesurer le déclin de son influence au Moyen-Orient. Bien que Poutine se soit rapproché des États-Unis après les attentats du 11 septembre 2001 et qu'il ait obtenu que la guerre en Tchétchénie s'intègre à la lutte contre le terrorisme, il n'a pu empêcher l'intervention des États-Unis en Irak en 2003.
- La Russie rencontre également de sérieuses difficultés dans l'ancien espace soviétique, devenu en 1991 la Communauté des États indépendants. La signature d'un pacte de sécurité collective en 1992, la mise en place d'une union économique en 1993 et de plusieurs accords sub-régionaux, n'ont pas permis de créer des structures solides. Les liens militaires, économiques et culturels se distendent inexorablement. Si certains États – Arménie ou Biélorussie – suivent encore Moscou, d'autres, comme l'Ukraine ou la Géorgie se détachent, et rêvent de rejoindre l'UE.

Les difficultés économiques et l'effritement de l'ancien empire ont fragilisé un pays qui a perdu son statut de surperpuissance. Le redressement récent est incomplet et la guerre en Tchétchénie hypothèque l'avenir.

FICHE 50 L'ÉVOLUTION DES TERMES DE L'ÉCHANGE DES PED

L'évolution des termes de l'échange des pays en développement (PED) est, depuis les années 1950, au cœur des débats sur les causes du sous-développement. Elle renvoie à la question des effets de l'insertion de ces pays dans le commerce international (voir fiche 25).

1 La dégradation des termes de l'échange, objet de controverses

A La thèse de Prebisch et Singer

- Pour un pays ou un groupe de pays, l'indice des termes de l'échange correspond au rapport indice des prix des exportations/indice des prix des importations (ce rapport est le plus souvent multiplié par 100). La dégradation des termes de l'échange, c'est-à-dire la baisse des prix relatifs des exportations, signifie qu'il est nécessaire d'exporter plus pour obtenir le même volume d'importation.
- Au début des années 1950, Raul Prebisch (1901-1985) et Hans Singer (1910-2006) montrent que les termes de l'échange des pays du tiers-monde, qui étaient essentiellement exportateurs de produits primaires, se sont dégradés entre la fin du XIXe siècle et la fin des années 1930. Les deux auteurs y voient la preuve d'un échange inégal dont pâtissent les pays pauvres s'insérant dans le commerce mondial.
- Pour Prebisch, la spécialisation des pays du tiers-monde sur les produits primaires est la conséquence de la domination des pays développés. En outre, dans les pays pauvres, la main-d'œuvre est peu syndiquée : lorsque la productivité du travail augmente, la baisse des coûts unitaires qui en résulte se traduit par une baisse des prix des produits exportés (et une hausse des profits) et non par la hausse des salaires. En revanche, dans les pays riches, la main-d'œuvre est mieux protégée : les gains de productivité se traduisent par des hausses de salaires (et des profits), les prix des produits exportés (et donc importés par les pays pauvres) ayant alors tendance à croître.

B Une thèse controversée

- La thèse de Prebisch et Singer a fait l'objet de critiques. Pour Paul Bairoch (1930-1999), notamment, la période des années 1930 est exceptionnelle du fait de la crise économique qui accentue la chute des prix des produits exportés par les pays pauvres. La dégradation des termes de l'échange constatée par Prebisch et Singer est en fait moins forte si on exclut du champ de l'observation statistique les années 1930, atypiques.
- De plus, les deux auteurs ne tiennent pas compte de la nature des produits échangés. Ainsi, exporter davantage de minerais de fer de période en période pour importer une machine-outil, dont le prix croît mais qui est de plus en plus performante, n'est pas nécessairement préjudiciable aux pays pauvres.
- Bairoch rejette donc l'analyse de Prebisch et Singer et fragilise ainsi les analyses du sous-développement fondées sur la dégradation des termes de l'échange des PED. Toutefois, il admet que même si les termes de l'échange ne se dégradent pas en tendance, leur instabilité, qui est avérée, est de nature à freiner leur développement.

2 L'ÉVOLUTION DES TERMES DE L'ÉCHANGE DES PED DEPUIS LA FIN DES ANNÉES 1940

A Le constat

- En tendance, les termes de l'échange des PED exportateurs de produits primaires non pétroliers se dégradent depuis la fin des années 1940. Toutefois, selon les données de la Banque mondiale, cette évolution semble enrayée depuis les années 1990 : les termes de l'échange se stabilisent puis se redressent au début des années 2000.
- Pour les PED exportateurs de pétrole, l'évolution des termes de l'échange est heurtée : ils déclinent jusqu'au début des années 1970, puis augmentent fortement jusqu'au début des années 1980 (premier et deuxième chocs pétroliers) ; ils chutent à nouveau jusqu'à la fin des années 1990 mais leur niveau est resté supérieur à celui de la fin des années 1960. Depuis le début des années 2000, ils s'améliorent sans avoir encore retrouvé leur niveau de 1980.
- Les PED exportateurs de produits manufacturés connaissent une dégradation de leurs termes de l'échange jusqu'aux années 1980. Ils tendent ensuite à se stabiliser jusque la fin des années 1990 puis se dégradent à nouveau modérément. Les pays dynamiques d'Asie (Chine, Corée du Sud, Taïwan...) connaissent notamment une telle évolution.

B L'interprétation

- La spécialisation des PED sur les produits primaires, qu'elle soit ou non imposée par les pays développés dominants, n'est pas favorable à leur développement si elle n'évolue pas. En effet, la demande mondiale de ce type de produits est peu dynamique, sauf lors de périodes particulières comme au début des années 2000 : la forte croissance chinoise dope la demande de produits primaires dont les prix s'accroissent ; des capacités de raffinage mondiales insuffisantes et les tensions internationales concernant certains pays producteurs (Venezuela, Iran, Irak) poussent les prix du pétrole à la hausse...
- La dégradation des termes de l'échange qu'enregistrent les PED exportateurs de produits manufacturés peut avoir les mêmes conséquences que celles de la spécialisation sur les produits primaires s'il s'agit du résultat d'une spécialisation durable sur les produits semi-finis ou de consommation courante. Ce type de produits se heurte rapidement à la saturation des marchés et à la concurrence d'autres PED ayant la même spécialisation.
- En revanche, la dégradation des termes de l'échange n'est pas préjudiciable aux PED exportateurs de produits manufacturés lorsqu'elle est compensée par une forte croissance du volume des exportations ; celle-ci résulte d'une compétitivité satisfaisante du fait de leur spécialisation évolutive et adaptée à la demande mondiale (*voir fiche 44*). C'est précisément le cas des pays dynamiques d'Asie. Dès lors, le pouvoir d'achat des recettes d'exportation (ou termes de l'échange revenu) s'accroît : malgré la baisse des prix relatifs des exportations, la hausse des volumes exportés induit un accroissement des recettes d'exportation supérieur à la hausse des prix des produits importés.

La dégradation des termes de l'échange des PED, quand elle est avérée, ne leur est pas systématiquement préjudiciable si leur spécialisation se traduit par une amélioration de leurs termes de l'échange revenus (ou pouvoir d'achat de leurs recettes d'exportation).

PARTIE VI

LES EFFETS GÉOPOLITIQUES, SOCIAUX ET CULTURELS DE LA MONDIALISATION

FICHE 51 COLONISATION ET DÉCOLONISATION

La colonisation de l'Afrique et de l'Asie au XIXe siècle est essentiellement une affaire européenne. Le Vieux Continent impose sa puissance, ses ambitions et ses valeurs. Au lendemain du second conflit mondial, très affaibli et contesté, il doit rapidement abandonner son empire.

1 Une colonisation européenne intense à la fin du XIXe siècle

A Le partage de l'Afrique et de l'Asie

- Au milieu du XIXe siècle la colonisation est encore limitée. Seul le Royaume-Uni dispose d'un ensemble vaste, avec en particulier le Canada, l'Australie, la Nouvelle-Zélande et la majeure partie de l'Inde. La France, qui conserve d'anciennes colonies comme la Martinique ou la Guadeloupe et qui vient de conquérir l'Algérie, n'est qu'une puissance impérialiste marginale. Or, dans les trois décennies qui précèdent la Première Guerre mondiale, l'Afrique et l'Asie passent sous domination européenne.
- En 1914, le Royaume-Uni possède l'ensemble de l'Inde et ses abords, l'essentiel de l'Afrique de l'Est, des îles dans le Pacifique et contrôle globalement le quart des terres émergées. La France, devenue la seconde puissance coloniale, occupe principalement une large partie de l'Afrique du Nord et de l'Ouest ainsi que l'Indochine. La Belgique possède le Congo, l'Allemagne quelques pays africains et des îles du Pacifique, le Portugal l'Angola et le Mozambique, les Pays-Bas l'Indonésie, tandis que la Russie conforte son influence en Asie centrale et en Extrême-Orient. Hors d'Europe, seuls les États-Unis et le Japon ont pu participer au partage du monde. Si les premiers ne disposent que d'un embryon d'empire, avec en particulier Cuba et les Philippines, le second a su étendre son aire d'influence en Mandchourie, à Formose et en Corée.

B De nombreux facteurs sont à l'origine de la colonisation

- Les origines de l'expansion coloniale sont multiples. La recherche de débouchés pour les productions nationales, la quête de matières premières vitales pour l'industrie ou le placement lucratif de capitaux, ont souvent compté. De même, l'explosion démographique européenne du XIXe siècle a pu favoriser le phénomène, en déversant une partie du « trop-plein » vers d'autres territoires. Pourtant, il ne faut pas exagérer le poids des facteurs économiques et sociaux. En 1913, les colonies françaises n'attirent que 8,8 % des placements métropolitains et les émigrants européens se dirigent principalement vers les États-Unis.
- En revanche, la volonté de puissance, le besoin de conquêtes prestigieuses et stratégiques – davantage de bases militaires –, le désir d'exporter une civilisation « supérieure », ont sans doute été des éléments déterminants. V. Hugo, É. Zola, J. Ferry ou R. Kipling ont ainsi défendu l'idée que la France ou l'Angleterre avaient pour mission de propulser les colonies vers le progrès. Quant à la France, blessée dans son orgueil national après la perte de l'Alsace-Lorraine en 1870, elle a eu besoin de compenser ses frustrations en soumettant de nouveaux espaces.

2 Une décolonisation rapide après 1945

A Un contexte favorable à la fin de la guerre

- Les colonisateurs ont exploité les richesses minières des pays conquis, mis en valeur des terres, construits des ports, bâti des routes et des chemins de fer. Ils ont également développé l'hygiène, la médecine, et favorisé l'instruction d'une minorité d'indigènes. Mais ces transformations ont surtout profité aux colons et aux métropoles. De nombreux autochtones ont été expropriés, l'artisanat local a parfois été ruiné – comme en Inde – et l'industrialisation négligée. La population a été dominée et privée de pouvoir politique. C'est pourquoi l'écrasante majorité n'a jamais accepté cette situation. Les révoltes ont été fréquentes et de nouvelles élites formées dans les universités européennes ont pris la tête de mouvements nationalistes qui, bien que faibles et divisés, ont tenté de se faire entendre.
- Or, au lendemain du second conflit mondial, ces courants vont bénéficier d'un contexte favorable. Très affaiblie, l'Europe n'a plus les moyens de ses ambitions. Des pays comme la France, la Belgique ou les Pays-Bas ont montré qu'ils n'étaient pas invincibles. Par ailleurs, l'URSS et les États-Unis affichent des positions anticolonialistes qu'ils vont exploiter dans le cadre de la guerre froide. L'ONU, créée en 1945, soutient le processus d'indépendance, tandis que les églises chrétiennes acceptent désormais la décolonisation. Quant au Japon, occupé par les États-Unis, il a perdu son empire.

B Des indépendances accordées ou arrachées

- En 1945, la majorité des puissances coloniales, au premier rang desquelles se trouve la France, refuse toute forme d'ouverture. L'empire reste le symbole de la « grandeur » et de la puissance. La Grande-Bretagne, en revanche, plus réaliste, accepte de perdre ses colonies à condition de les intégrer dans le Commonwealth et de sauvegarder ses intérêts économiques. Pourtant, il ne faudra que quelques années pour que l'Asie dans un premier temps, puis l'Afrique ensuite, recouvrent leur liberté. Le déclin relatif des grandes puissances coloniales, la force des courants indépendantistes, le coût de la colonisation (la France perd beaucoup d'argent depuis 1945), l'échec des opérations militaires, le poids des opinions publiques nationales et internationales, tout se conjugue pour accélérer le phénomène.
- En général, l'indépendance est acquise par la négociation, sans affrontements majeurs. En Asie, l'essentiel est achevé au milieu des années 1950. C'est le cas, par exemple, de l'Inde et de Ceylan en 1947, de la Birmanie en 1948, ou de la Malaisie en 1957. En Afrique, une majorité de pays s'émancipe entre 1956 et le début des années 1960, tels le Maroc (1956), le Ghana (1957), l'Afrique noire française (1960), ou l'Ouganda (1962). Parfois, des guerres terribles, dues à l'obstination de la métropole et des colons (Algérie), ou se doublant de conflits entre les deux blocs (Indochine), s'éternisent. La guerre d'Algérie durera huit ans. Mais le processus engagé est devenu irréversible. Les solutions politiques finissent par s'imposer.

Au milieu des années 1960, la colonisation n'est pas encore totalement achevée. Le Portugal perd ses territoires en 1975 ; la Russie ne les abandonne qu'en 1991 avec la disparition de l'URSS. Quant à la France, elle poursuit l'intégration des restes de son empire dans le cadre des DOM-TOM. Le plus souvent, les nouveaux États conservent des liens forts avec l'ancienne puissance coloniale.

FICHE 52 LES RAPPORTS NORD-SUD (1950-1970)

Au milieu des années 1950, les pays du Sud – c'est-à-dire le tiers-monde – espèrent un rééquilibrage de leurs relations avec le Nord au moment où le processus de décolonisation est bien engagé.

1 Émergence du Sud depuis le milieu des années 1950

A De Bandoeng au non-alignement

- Le Sud dispose de la force du nombre, mais celle-ci ne peut contrebalancer la puissance des pays développés. C'est pourquoi plusieurs États du tiers-monde se regroupent pour faire entende leur voix et pour défendre des objectifs communs. En 1955, la conférence de Bandoeng (Indonésie) marque leur entrée sur la scène politique internationale. Regroupant 29 pays, dont la Chine, l'Inde et l'Égypte, Bandoeng affirme la communauté d'intérêts des pays en développement (PED) au-delà des divergences idéologiques et politiques – entre systèmes capitalistes et socialistes – et des conflits particuliers qui peuvent opposer certains États. Trois grandes idées communes sont défendues : l'égalité des nations, l'indépendance et la non-ingérence.
- Cette démarche est amplifiée par les succès de la décolonisation en Asie et en Afrique qui permettent à la majorité des peuples d'accéder à l'indépendance. Libre depuis le début du XIXe siècle, mais ancrée dans le sous-développement, l'Amérique latine se joint au mouvement. L'esprit de Bandoeng s'accompagne de l'essor du non-alignement qui refuse de choisir entre l'Est et l'Ouest. Nehru (Inde), Nasser (Égypte) et Tito (Yougoslavie) lancent le mouvement à Belgrade en 1961.

B Les stratégies diverses du Sud

- Le Sud adopte des stratégies multiples. Des PED participent à des organisations régionales comme la Ligue arabe (1945), l'Organisation de l'unité africaine (1963) ou le Marché commun d'Amérique centrale (1960). Des producteurs de pétrole créent l'Organisation des pays exportateurs de pétrole (OPEP) en 1960 – autour de l'Arabie saoudite, du Koweït, de l'Irak, de l'Iran et du Venezuela – pour défendre leurs intérêts face à la puissance des compagnies pétrolières. Beaucoup s'impliquent dans des regroupements plus larges ou utilisent les enceintes internationales comme l'ONU. Le Groupe des 77 coordonne depuis 1964 l'activité des PED au sein du GATT, du FMI ou de l'ONU.
- L'ONU sert de tribune aux pays du Sud, désormais majoritaires à l'Assemblée générale depuis la fin des colonies. Elle les aide par le biais de ses multiples organisations, comme l'OMS ou la FAO. La Conférence des Nations unies pour le commerce et le développement (CNUCED), créée en 1964, lutte pour un rééquilibrage des échanges Nord-Sud. Ainsi, en 1974, elle affirme vouloir instaurer un nouvel ordre économique international.
- Les pays du Sud savent également tirer parti des enjeux de la guerre froide. L'Inde bénéficie ainsi de l'aide soviétique pour l'industrie lourde et l'armement, tout en profitant de celle des États-Unis pour la révolution verte. Cuba est massivement soutenue par l'URSS qui lui achète sa canne à sucre et lui vend de l'éner-

gie à des tarifs avantageux. Le Comité d'aide au développement, créé par l'OCDE en 1961, privilégie les pays du Sud anticommunistes.

2 Le Nord domine un Sud toujours dépendant

A Des progrès réels, mais limités au Sud

- Des États du Sud ont pu reprendre le contrôle de leurs richesses accaparées par les puissances du Nord. Nasser nationalise le canal de Suez en 1956, au grand dam de la France et du Royaume-Uni. Les pays de l'OPEP récupèrent leurs ressources au début des années 1970 et profitent des chocs pétroliers de 1973 et 1979 pour engranger de lourds bénéfices. Les expériences algérienne ou chinoise, qui ont le vent en poupe dans une partie du tiers-monde, incarnent des modèles de développement autocentrés originaux (*voir fiche 25*). Globalement, le niveau de vie des pays du Sud augmente malgré la forte croissance de la population. L'immigration vers le Nord soulage le marché de l'emploi.
- De son côté, le Nord a accepté de faire des efforts en faveur du Sud. La CEE, après avoir signé la convention de Yaoundé en 1963, paraphe les accords de Lomé avec les pays ACP (Afrique Caraïbes Pacifique) en 1975 afin de garantir leurs recettes d'exportations. En 1968, la CNUCED organise un système généralisé de préférences en faveur du commerce extérieur des PED (approuvé par le GATT en 1971). L'aide au tiers-monde est fixée à 0,7 % du PIB des pays riches. En 1976, la CNUCED fait adopter un programme favorisant des allégements de dettes et des transferts de technologies et demande de stabiliser le cours de 19 produits de base.

B Le fossé Nord-Sud s'élargit

- Pourtant, la supériorité économique, technologique, militaire et culturelle du Nord reste immense. Ses entreprises gèrent l'économie de la planète. Le Nord domine les organisations internationales que sont le GATT, le FMI, ou la Banque mondiale, et refuse de renoncer à un ordre qui l'avantage. L'aide au développement n'atteint jamais les sommes prévues. Le Sud est toujours victime du protectionnisme du Nord et souffre de la détérioration des termes de l'échange (les prix des produits bruts, agricoles ou miniers augmentent moins vite que ceux des produits manufacturés importés du Nord). Au total, la place du Sud dans le commerce mondial recule de 30 % à 20 % entre 1950 et 1970, tandis que ses dettes augmentent et que l'immigration le prive d'une partie de ses « cerveaux ».
- Depuis les années 1950, les principaux conflits Est-Ouest se sont déroulés au Sud (guerres de Corée et du Vietnam) et les pays du Nord soutiennent des dictatures au nom de leurs intérêts économiques et géostratégiques, tels les États-Unis en Amérique latine (Chili) ou en Asie (Iran, Indonésie). Certains pays du Sud sont par ailleurs affaiblis par une corruption massive et par des guerres internes terribles, comme le Zaïre (1961-1964) ou le Nigeria (1967-1970). L'unité de façade du tiers-monde éclate également quand des enjeux moins nobles prennent le dessus, comme les conflits frontaliers entre l'Inde et la Chine en 1962.
- Au total, d'après Paul Bairoch, le niveau de vie moyen du Nord qui était 5,1 fois plus élevé que celui du Sud en 1950, l'est 7,4 fois plus en 1980. La hausse du prix du pétrole à partir de 1973 n'enrichit qu'une faible partie du Sud et les pétro-dollars sont recyclés dans le Nord. Les PED sans ressources sont les principales victimes du choc pétrolier et de la crise économique mondiale.

Le Sud espérait mettre un terme à la suprématie du Nord, mais ses espoirs ont souvent été déçus. De plus en plus hétérogène, poussé par des intérêts divergents, le Sud ne peut, ou ne veut plus, peser collectivement sur la scène internationale à la fin des années 1970.

FICHE 53 LES RAPPORTS NORD-SUD DEPUIS LES ANNÉES 1980

Depuis les années 1980, le Sud offre un visage de plus en plus contrasté. Certains pays rattrapent le Nord et intègrent le processus de mondialisation, tandis que d'autres stagnent ou régressent.

1 Souffrance et dépendance des pays du Sud

A Échecs économiques et conflits

- Les difficultés économiques sont multiples. Les stratégies autocentrées (*voir fiche 25*) menées en Algérie ou en Chine ont donné de mauvais résultats. La corruption, les détournements de fonds, la mauvaise gestion, conjugués à l'effondrement du prix de nombreuses matières premières, ont aggravé la donne dans différents pays. Les variations du dollar et du coût du pétrole n'ont rien arrangé. L'Afrique subsaharienne et des États d'Amérique latine ou d'Asie ont souffert. Ces difficultés ont pu se doubler de fragilités financières qui ont ébranlé le Mexique en 1994-1995, l'Asie du Sud-Est en 1997-1998 ou l'Argentine en 2001-2003.
- Les guerres ont poursuivi leurs ravages. Jusqu'à l'effondrement de l'URSS les deux blocs ont soutenu leurs camps respectifs. L'URSS est intervenue en Afghanistan de 1979 à 1988. Des guerres civiles interminables, impliquant l'Est et l'Ouest, ont détruit l'Angola et le Mozambique. Si la fin du communisme a mis un terme à certains conflits, d'autres ont éclaté ou se sont prolongés dans des conditions confuses. Le Rwanda, l'ex-Zaïre, le Soudan, le Liberia, ont été ravagés. Désormais sans rivale, l'hyperpuissance américaine dirige la « pacification » de certains pays du Sud. Elle a pris la tête d'une coalition internationale contre l'Irak en 1990 et conduit les opérations en Afghanistan (2001) et en l'Irak (2003) depuis les attentats terroristes du 11 septembre 2001. Les coûts économiques, humains et politiques sont considérables.

B Une dépendance croissante vis-à-vis du Nord

- L'endettement du Sud à l'égard du Nord a explosé, passant de 650 milliards de dollars en 1980, à 2 500 milliards en 2000. Incapable de payer ses dettes en 1982, le Mexique a dû suivre les conseils du FMI et mettre en place des plans d'ajustement structurel (PAS) d'inspiration libérale. Partout désormais, le néo-libéralisme du Nord s'impose comme solution au sous-développement, avec ses privatisations et ses déréglementations.
- Or, en contradiction avec leurs principes, les États-Unis et l'UE continuent d'imposer leur protectionnisme agricole. Les producteurs de coton africains se retrouvent ainsi victimes des subventions accordées aux *farmers* américains. D'après l'ONU en 2005, les barrières commerciales du Nord vis-à-vis des PED, sont trois fois plus élevées que celles qui frappent les échanges entre pays riches. Par ailleurs, les exportations du Sud dépendent toujours des achats du Nord (87 % des ventes mexicaines sont ainsi destinées aux États-Unis).
- L'aide internationale reste soumise à la bonne volonté des principaux donateurs, que sont l'Union européenne, les États-Unis et le Japon. Insuffisante et inférieure aux 0,7 % prévus (*voir fiche 52*), elle recule au cours des années 1990. Les objectifs du millénaire fixés par l'ONU en 2000 pour réduire la pauvreté, sont loin d'être atteints, même si l'aide augmente à nouveau depuis 2002 en contre-

partie d'une meilleure gouvernance. Or cette aide est vitale pour le groupe des pays les moins avancés (PMA, 50 pays en 2004).

2 Des pays du Sud s'affirment face au Nord

A Des succès au Sud

- Des pays du Sud se sont engagés dans des stratégies extraverties depuis les années 1970. En Asie du Sud-Est, les « quatre dragons », puis les « bébés tigres », ont axé leur croissance sur l'exportation de produits manufacturés en imitant le modèle japonais. Profitant d'abord du faible coût de leur main-d'œuvre, ils ont ensuite remonté les filières en accompagnant le processus par des délocalisations diversifiées. La Chine communiste a suivi le mouvement et s'est engagée dans l'économie de marché en 1979. Hors d'Asie, le Brésil et le Mexique sont devenus des puissances émergentes, tandis que le Maroc, la Tunisie, et l'Afrique du Sud progressaient. Depuis 2003, la flambée du cours du pétrole stimule les pays producteurs.
- La croissance de ces pays est souvent deux à trois plus forte que celle du Nord. Leurs entreprises s'intègrent dans la mondialisation et inondent les marchés occidentaux. Elles concurrencent le Nord dans la fabrication de produits aussi divers que le textile, l'acier, la construction navale, l'automobile, ou l'informatique. Le poids du Sud dans le commerce mondial augmente, pour dépasser les 30 % au début du XXIe siècle (de 1 % en 1973 à 5 % en 2005 pour la Chine).

B Les rapports Nord-Sud deviennent plus équilibrés

- Les pays du Sud consolident leurs positions par des coopérations régionales. L'Association des nations du Sud-Est asiatique (ASEAN) se renforce et élargit son activité. Le Brésil anime avec d'autres États d'Amérique latine le MERCOSUR, depuis 1991. Le G20 lutte contre le protectionnisme du Nord depuis 2003. Des pays africains ont mis en place le Nouveau partenariat pour le développement de l'Afrique (NEPAD) en 2001 pour encourager la démocratie et développer l'économie, etc.
- Le Sud participe également à des unions plus larges intégrant des États du Nord. Le groupe de Cairns (1986) associe des pays comme l'Australie, l'Afrique du Sud ou le Brésil. L'Accord de libre-échange nord-américain (ALENA) est organisée autour des États-Unis, du Mexique et du Canada (1992). Dans le Pacifique, l'*Asia-Pacific Economic Cooperation* (APEC) accueille 21 pays très différents (1989), tandis que l'ASEAN noue des relations commerciales avec la Corée du Sud, la Chine et le Japon depuis 2000. Des sommets réunissent tous les deux ans, l'Europe et l'Asie dans le cadre de l'ASEM (*Asia-Europe Meeting*).
- Cette évolution s'accompagne de quelques succès récents, telle l'ouverture de négociations à l'OMC en 2004 sur la baisse du protectionnisme agricole du Nord et sur celle, plus spécifique, du coton américain. Des résultats positifs ont été obtenus en matière de fabrication de médicaments génériques et de lutte contre le sida. Toutefois, ces rapports plus équilibrés ne concernent qu'une partie du Sud. Une grosse dizaine de nouveaux pays industrialisés (NPI) représente 80 % des exportations manufacturées des PED. La coupure Nord-Sud s'accompagne désormais d'une fracture Sud-Sud croissante. Enfin, si les migrations internationales comportent des aspects positifs pour le Sud – moins de chômeurs, plus de rentrées d'argent –, elles privent ces pays d'une partie de leur dynamisme et de leurs « cerveaux ».

Les succès des pays émergents, ne peuvent masquer une réalité incontournable : le Nord reste puissant et relativement homogène face à un Sud de plus en plus éclaté. Le développement passe par une meilleure intégration du Sud dans la mondialisation.

FICHE 54 L'HYPERPUISSANCE AMÉRICAINE DANS LA MONDIALISATION

La notion d'hyperpuissance a été développée après l'effondrement de l'URSS, par un ancien ministre français, Hubert Védrine. Elle souligne la situation originale des États-Unis qui n'ont plus d'adversaire à leur mesure.

1 Les éléments de la puissance américaine

A La première économie mondiale

- Avec 296 millions d'habitants disposant d'un haut niveau de vie, les États-Unis s'appuient sur un marché intérieur dynamique. Le territoire immense (9 363 000 km²) bénéficie de ressources importantes et variées. Remarquablement intégré, l'espace américain jouit d'un réseau de transports puissant et diversifié. Le trafic aérien, intérieur et extérieur, représente 40 % du trafic mondial.
- La force de frappe financière, agricole et industrielle est unique. La capitalisation boursière du *New York Stock Exchange* dépasse celle de l'ensemble des bourses européennes. Les dépenses de recherche et développement écrasent les concurrents (deux fois celles de l'Union européenne en valeur absolue) et permettent de remporter des succès dans les technologies de pointe, civiles et militaires, comme l'informatique, les nanotechnologies, l'aéronautique ou l'espace. Les universités américaines développent des partenariats féconds avec les entreprises. Au total, les États-Unis représentent 25 % du PIB et 13,5 % du commerce mondial. Leur PIB dépasse celui de l'ensemble de l'Europe et représente deux fois et demi celui du Japon.

B Une domination globale de la planète

- Le « modèle » américain attire chaque année des centaines de milliers d'étrangers. Il défend de grands principes qui marquent l'ensemble de la planète : la liberté, la démocratie, l'individualisme, la soif d'entreprendre et le libéralisme économique. Des millions de personnes travaillent dans les FMN américaines qui rayonnent avec leurs filiales et multiplient leurs investissements à l'étranger. 189 entreprises états-uniennes font partie des 500 plus grands groupes mondiaux et certaines occupent les premiers rangs, comme Wal-Mart, Exxon Mobil ou General Motors. Le dollar joue un rôle clef dans les échanges mondiaux et les réserves des banques centrales. L'anglais est devenu la langue planétaire, tandis que la culture américaine triomphe dans des domaines variés.
- Cette hégémonie s'accompagne d'un poids décisif dans les organisations internationales que sont le FMI, la Banque mondiale, l'OMC ou le G8. Elle s'accompagne d'une participation déterminante dans des organisations régionales (APEC, ALENA, ZELA) et dans plusieurs accords bilatéraux. À cela s'ajoutent des capacités militaires exceptionnelles qui s'appuient sur un budget de la défense très élevé (400 milliards de dollars en 2003, contre 65 milliards pour celui de la Russie), une technologie supérieure, des bases sur tous les continents et les océans, et des alliances militaires diverses.

2 Une hyperpuissance contestée et parfois rejetée

A Une hyperpuissance impérialiste ?

- L'idéologie libérale, symbolisée par le poids des actionnaires, la déréglementation et le recul de l'État, commande la planète. Les plans d'ajustement structurel, préconisés au Mexique par le FMI depuis 1982, ou en Asie après la crise de 1997, sont ainsi directement inspirés de choix américains. Ces derniers utilisent également leur poids dans l'aide publique au développement – dont ils sont les premiers contributeurs en valeur absolue – pour consolider leur influence dans les PED. Ils souhaitent construire, de l'Afrique du Nord au Proche-Orient, un « Grand Moyen-Orient » démocratique, afin de lutter contre le terrorisme.
- Or, cette posture apparaît de plus en plus arrogante, d'autant qu'elle n'hésite pas à mépriser les règles du jeu international (rejet du protocole de Kyoto, intervention militaire en Irak sans le soutien de l'ONU en 2003, etc.). C'est pourquoi certains la qualifient d'impérialiste. Cet « impérialisme » est toutefois d'un genre particulier car il ne se traduit pas par des conquêtes territoriales, comme au temps de l'Europe coloniale. Il s'agit d'une domination qui, certes, peut utiliser les armes et ne néglige pas ses intérêts, comme le prouve l'exemple du pétrole, mais qui préfère convaincre. Les États-Unis sont en effet persuadés d'agir pour le bien-être du monde et de l'Amérique, au nom d'une culture qui se veut universaliste. Ils espèrent attirer la majorité de la planète dans leur orbite… Mais cette attitude est loin de faire l'unanimité. Elle provoque des tensions et suscite de nombreuses interrogations.

B L'hyperpuissance est confrontée à des problèmes internes et externes multiples

- En 1987, l'historien britannique Paul Kennedy affirmait que les États-Unis étaient entrés dans une phase de déclin. À l'appui de sa thèse, il mettait en avant les déficits commerciaux et budgétaires énormes, la perte du leadership dans des secteurs technologiques de pointe et des engagements militaires à l'étranger impossibles à financer. En 2002, le Français Emmanuel Todd tendait à démontrer que le pays vivait aux crochets du reste du monde, se désindustrialisait, accentuait les inégalités sociales et soutenait des guerres impérialistes dangereuses. Entre-temps, les attentats du 11 septembre 2001 faisaient trembler l'Amérique.
- Si une telle analyse semble pour beaucoup discutable – le poids relatif de l'économie des États-Unis dans le monde n'a pas reculé depuis 1975 et la croissance dépasse celle de l'Europe et du Japon depuis le début des années 1990 –, il est clair en revanche que cette approche a eu le mérite de souligner les difficultés de l'hyperpuissance. La pauvreté d'une frange notable de la population américaine, la montée des inégalités sociales, le coût du financement des retraites et du système de santé sont des phénomènes inquiétants. De même, l'importance des déficits publics et commerciaux, et les fragilités de certains secteurs industriels comme l'automobile, face à la concurrence étrangère, révèlent des faiblesses. Par ailleurs, la lutte contre le terrorisme semble plus compliquée que prévu. La guerre en Irak s'enlise tandis que la situation en Afghanistan se dégrade. Une partie du monde musulman se montre de plus en plus hostile aux États-Unis. Si l'hyperpuissance ne décline pas, elle est confrontée à des difficultés qui obscurcissent son avenir.

Les États-Unis n'ont pas de rivaux actuellement. Seuls l'Europe, le Japon et la Chine, semblent en mesure de jouer ce rôle. L'avenir, là aussi, est ouvert.

FICHE 55 LA PLACE DE LA TRIADE DANS LA MONDIALISATION

La Triade est constituée de trois pôles qui occupent une place prépondérante dans le monde : les États-Unis, l'Union européenne (ou l'Europe occidentale) et le Japon. Néanmoins, la position dominante de ces pays, qui dans certains domaines s'opposent, est contestée.

1 UNE POSITION DOMINANTE

A La Triade, un acteur majeur de la mondialisation économique

- En 2004, les pays de la Triade (15 % de la population mondiale) concentrent environ les deux tiers du PNB de la planète : les États-Unis disposent d'un PNB équivalant à 30 % du PNB mondial ; le PNB japonais représente environ 12 % du PNB mondial et celui de l'Union européenne presque 25 %. La Triade est impliquée dans 70 % du commerce international. Les seuls échanges commerciaux entre les trois pôles correspondent à près de 50 % des échanges mondiaux de biens et de services.
- En 2004, 75 % des investissements directs à l'étranger (IDE) des firmes multinationales (FMN) proviennent de la Triade (2/3 des ces IDE émanent de l'Union européenne) et 50 % y sont orientés (2/3 des ces IDE sont dirigés vers l'Union européenne). La Triade est également le siège de flux de capitaux financiers de grande ampleur liés à des opérations spéculatives et à des prêts aux agents économiques, notamment aux États. Une grande partie de ces flux transitent par les places boursières de la Triade. Ainsi, la Bourse de New York représente la moitié de la capitalisation boursière mondiale (valeur totale des titres côtés), les bourses de Tokyo, de Londres et du groupement EURONEXT (Paris, Amsterdam, Bruxelles) en représentent 8 à 10 % chacune.

B La domination s'exerce aussi dans d'autres domaines

- Les pays de la Triade occupent une place prépondérante au sein des grands organismes internationaux. Les États-Unis ou l'UE (dès lors que les pays membres unissent leurs voix) disposent d'un droit de *veto* sur toute décision importante au sein du Fonds monétaire international ou de la Banque mondiale. À l'OMC (*voir fiche 17*), les grandes puissances de la Triade usent de leur pouvoir d'influence pour constituer des coalitions de pays qui leur soient favorables. Il en est de même à l'ONU.
- Depuis 1975, les États-Unis, le Japon, la France, l'Italie, l'Allemagne, le Canada et le Royaume-Uni, constituent le G7 dont l'objet est de favoriser la concertation entre ces pays pour décider de mesures sur les grands problèmes mondiaux du moment. Le G7 assure ainsi une forme de gouvernance mondiale. Depuis 1997, le chef de l'État russe est invité à participer à une partie des discussions du G7, qui devient à cette occasion le G8. Le pays assurant la présidence de l'UE est également présent lors des réunions du G7.
- Les pays de la Triade exercent une forte emprise sur la circulation des données et des informations au niveau mondial. Les grands groupes de télévision et de presse, les grands réseaux de télécommunication, les principaux annonceurs

publicitaires, les principaux centres de recherche, les universités ou écoles les plus prestigieuses, sont situés dans ces pays. C'est aussi dans ces pays que se définissent les composantes d'une culture dominante mondiale (*voir fiche 59*).

2 Une domination discutée

A La Triade face aux contestations

- La domination économique de la Triade est contestée par l'émergence de pays en développement (PED), tels l'Inde ou la Chine, et d'autres pays est-asiatiques (Corée du Sud, Taïwan) ou sud-américains (Brésil). Grâce à des coûts de production très compétitifs, ces pays sont devenus de redoutables concurrents sur le marché mondial même si une partie de leur croissance relève des filiales de FMN de la Triade.
- Les PED contestent également la domination sociopolitique de la Triade. Ils réclament un nouvel ordre économique international qui leur soit plus favorable (*voir fiche 53*). Par exemple, depuis 2003, le Brésil, l'Inde, la Chine et 17 autres PED (formant le G20) dénoncent le protectionnisme agricole des pays de la Triade et œuvrent, en particulier dans l'enceinte de l'OMC, pour que ces pays réduisent leurs barrières douanières.
- La Triade est également confrontée à la montée en puissance des nationalismes et de l'intégrisme religieux qui constituent une forme de résistance à son hégémonie. Cette résistance a trouvé à s'exprimer, par exemple, à l'occasion de l'intervention militaire américano-britannique en Irak en 2003 qui a provoqué la réaction de mouvements islamistes radicaux. Par ailleurs, la menace terroriste pèse sur les pays de la Triade comme l'a montré, notamment, l'attentat du 11 septembre 2001 contre les tours jumelles du World Trade Center à New York.

B Des dissensions au sein de la Triade

- Les pays de la Triade sont eux-mêmes divisés : la France et l'Allemagne ont exprimé leur désaccord quant à l'intervention américano-britannique en Irak ; Américains et Européens s'accusent mutuellement de protectionnisme ; Japonais et Européens redoutent la domination culturelle américaine. La France a été particulièrement active pour promouvoir le principe d'exception culturelle justifiant le protectionnisme dans le domaine des productions audiovisuelles (*voir fiche 19*). Des dissensions sont également perceptibles entre membres de l'Union européenne : la Grande-Bretagne, par exemple, s'oppose à la France en voulant réduire l'effort budgétaire européen en faveur la politique agricole commune (PAC).
- Au sein des pays de la Triade, des mouvements citoyens se réclamant de la société civile font entendre leur voix pour contester l'ordre international mis en place par ces pays et la domination exercée par les FMN. Les mouvements altermondialistes et les organisations non gouvernementales (*voir fiches 82, 83, 84*) alimentent une contestation qui prend parfois des formes violentes lors des réunions des principales organisations internationales (FMI, Banque mondiale) ou à l'occasion des rencontres entre responsables des États de la Triade (sommets européens ou ceux du G7).

*Bien qu'elle soit contestée, la domination de la Triade sur le monde est bien réelle. Elle est le fait des États mais aussi des agents privés, en particulier les FMN dont le poids est croissant dans l'économique mondiale (*voir fiche 31 et suivantes*).*

FICHE 56 MONDIALISATION ET PAUVRETÉ

Selon la Banque mondiale, la pauvreté recule depuis vingt ans et la mondialisation y a contribué, mais de manière contrastée : en Afrique subsaharienne et en Amérique latine, la pauvreté stagne tandis qu'elle régresse en Asie du Sud et de l'Est.

1 La mondialisation peut aggraver la pauvreté

A Qu'est-ce que la pauvreté ?

- La pauvreté absolue traduit le fait que le revenu d'un individu ou d'un ménage ne lui permet pas d'accéder au minimum vital. Mais, la pauvreté peut aussi être perçue de manière relative : est pauvre celui qui ne peut accéder au mode de vie jugé normal dans une société donnée. Le revenu peut dans ce cas être supérieur au minimum vital. Généralement, le seuil de pauvreté relative est fixé à la moitié du revenu médian par unité de consommation.
- La pauvreté ne se réduit pas à sa dimension monétaire. Un individu disposant d'un revenu dépassant les seuils de pauvreté traditionnels peut être empêché de vivre décemment du fait d'une maîtrise insuffisante de la lecture et de l'écriture. Dans cette perspective, le Programme des Nations unies pour le développement (PNUD) établit deux indicateurs de pauvreté humaine (IPH).
- L'IPH-1 concerne les pays en développement (PED). Il synthétise plusieurs données : probabilité à la naissance de décéder avant l'âge de 40 ans ; pourcentage d'adultes analphabètes ; importance de la population privée d'accès à l'eau potable ; pourcentage d'enfants de moins de 5 ans mal nourris. L'IPH-2 concerne les pays développés. Il prend en compte la probabilité à la naissance de décéder avant l'âge de 60 ans, le taux d'analphabétisme des adultes, le pourcentage d'individus en deçà du seuil de pauvreté relative et le taux de chômage de longue durée.

B La mondialisation peut dégrader les indicateurs de pauvreté

- Qu'elle qu'en soit la forme, la mondialisation peut faire croître la pauvreté. En effet, en mettant à mal les pays les moins compétitifs, la concurrence mondiale y fait croître le chômage et la précarité. Par ailleurs, les contraintes de compétitivité conduisent les pouvoirs publics à réduire ou à limiter les investissements collectifs et les dépenses sociales dont le financement pèserait sur les coûts. Les firmes sont, quant à elles, incitées à brider les salaires et à précariser l'emploi, à délocaliser la production (*voir fiche 34*).
- Les PED, notamment les plus fragiles d'entre eux, sont particulièrement vulnérables. Ainsi, l'IPH élevé des pays les moins avancés (PMA) peut être, au moins partiellement, la conséquence de leur insertion dans le commerce mondial. De plus, ces pays sont confrontés à l'instabilité financière que génèrent les entrées et sorties de capitaux au préjudice de leur croissance ; ils supportent aussi le poids excessif d'un endettement extérieur consécutif à leur insertion dans les flux de capitaux mondiaux (*voir fiche 80*). Il en résulte qu'une partie importante de leurs ressources est consacrée au remboursement de la dette et n'est plus disponible pour améliorer le bien-être des populations.

2 Les effets négatifs de la mondialisation sur la pauvreté doivent être nuancés

A Les effets bénéfiques de la mondialisation

- L'insertion des pays dans le commerce international peut favoriser la croissance économique et celle des revenus de leur population et plus globalement le développement (*voir fiches 21 à 25*). En fait, les conséquences de la mondialisation dépendent du contexte : les pays dont l'appareil productif est faiblement compétitif, ceux dont la spécialisation est fondée sur des produits dont la demande mondiale est peu dynamique (*voir fiche 50*), doivent redouter les effets de la mondialisation sur la pauvreté de leur population. En outre, les gains de la mondialisation (hausse du revenu national) peuvent être captés par une élite locale au détriment du reste de la population. Dès lors, ce n'est pas la mondialisation qui provoque la pauvreté mais l'incapacité des États à mettre en œuvre des programmes destinés à lutter contre la pauvreté (et les inégalités) et des stratégies propres à faire évoluer leur appareil productif et leur spécialisation.
- Le courant libéral soutient que les effets négatifs de la mondialisation seraient largement atténués si les marchés du travail et des produits étaient flexibles (cet argument est dénoncé par de nombreux auteurs pour lesquels la flexibilité participe à la précarité et à la pauvreté). Par ailleurs, la croissance que génère l'insertion dans l'économie mondiale doit réduire progressivement les difficultés que rencontrent les populations. Enfin, dès lors que des pays bénéficient d'une croissance plus forte du fait de leur insertion dans l'économie mondiale, ils offrent de nouvelles opportunités de débouchés à d'autres pays, contribuant à la croissance mondiale et au recul de la pauvreté sous toutes ses formes.

B Une fermeture excessive des pays peut accroître la pauvreté

- Le protectionnisme et les obstacles aux entrées de capitaux peuvent contribuer à l'appauvrissement des populations. En effet, à l'abri de barrières douanières élevées, l'incitation à innover des entreprises est moindre, voire nulle, et elles peuvent plus facilement accroître leurs prix. Le revenu réel d'une grande partie de la population va diminuer ou moins augmenter et l'activité globale sera freinée, impliquant la montée du chômage et de la pauvreté. En outre, les obstacles aux entrées de capitaux brident le financement des investissements et donc la croissance du revenu national.
- En fait, c'est une volonté d'autarcie irréaliste des gouvernants qui provoque la pauvreté. La Corée du Nord illustre actuellement les effets négatifs d'un protectionnisme excessif sur la pauvreté des individus ; il en est de même de la stratégie autarcique mise en œuvre en Chine populaire au cours de l'épisode du « Grand bond en avant » (1958-1961) qui s'est soldée par des millions de morts pour cause de famine. En revanche, la stratégie de développement adoptée depuis les années 1960 par plusieurs pays d'Asie de l'Est (Taïwan, Corée du Sud), mêlant insertion dans l'économie mondiale et protection de certains secteurs sensibles vers lesquels pouvaient être orientés des capitaux étrangers, ont largement contribué au recul de la pauvreté ans ces pays.

Les effets de la mondialisation sur la pauvreté sont donc à nuancer d'autant plus que celle-ci relève aussi de causes internes aux pays.

FICHE 57 LES EFFETS DE LA MONDIALISATION SUR LES INÉGALITÉS DE REVENUS

Les effets de la mondialisation sur les inégalités de revenus peuvent être perçus à deux niveaux : d'une part, celui de inégalités entre pays ; d'autre part, celui des inégalités au sein des pays.

1 Les inégalités de revenus entre pays

A L'évolution des écart entre pays développés et pays en développement

- Une étude conduite par Christian Morrisson et François Bourguignon, pour la Banque mondiale (2000), révèle une tendance lourde : depuis deux siècles, les inégalités entre les pays, appréhendées par l'écart entre les revenus par habitant, se sont accrues. Mais, s'agissant des trente dernières années, ce constat est contesté par plusieurs auteurs faisant état d'un resserrement des inégalités entre pays, attribuable au rattrapage des PED ayant mis en œuvre des stratégies d'insertion dans l'économie mondiale (comme la Chine).
- La réduction des inégalités entre pays au cours des ces trente dernières années est fortement liée au dynamisme de la croissance de l'économie chinoise. En excluant la Chine des observations statistiques, les inégalités entre pays s'accroissent, plus particulièrement entre pays développés et PED à faible revenu (revenu annuel par habitant inférieur à 825 dollars en 2004). Or, le degré d'intégration dans l'économie mondiale de ces PED est moindre que celui des autres PED, ce qui peut freiner leur croissance (*voir fiches 21 et 22*) et, de ce fait, creuser les inégalités entre pays. Toutefois, la moindre intégration à l'économie mondiale des PED les plus pauvres peut être la conséquence et non la cause de leur sous-développement.

B. Les effets de la mondialisation

- Les effets de la mondialisation sur les pays développés et sur les PED sont contrastés (*voir fiches 24 et 25*). Ils peuvent stimuler ou freiner la croissance économique. Le creusement des inégalités entre pays développés et PED (sans la Chine), au cours des trente dernières années, peut alors traduire le fait que la mondialisation est davantage bénéfique aux premiers qu'aux seconds.
- En fait, il est difficile d'isoler les effets de la mondialisation sur les inégalités des revenus entre pays. De nombreux facteurs interviennent, dont un grand nombre ne sont pas liés à la mondialisation. Par exemple, des politiques macroéconomiques inadaptées, notamment la surévaluation du taux de change, des infrastructures insuffisamment développées, des institutions inefficientes (droit de la propriété inadéquat, corruption généralisée…) freinent la croissance des PED, accroissant les inégalités entre pays.
- La spécialisation des pays est un élément déterminant. Les PED spécialisés sur la production de produits primaires, de produits semi-finis ou de biens de consommation courante, sont exposés, lorsqu'ils s'insèrent dans l'économie mondiale, au risque de la dégradation de leurs termes de l'échange (prix relatifs des exportations par rapport aux prix des importations), entravant leur croissance (*voir fiche 50*).

2 Les inégalités de revenus au sein des pays

A L'évolution des inégalités internes

- Selon Morrisson et Bourguignon (voir *supra*), la tendance des inégalités de revenus au sein des pays est légèrement croissante au cours du XIXe siècle (époque à laquelle la mondialisation progresse) ; elle décroît ensuite entre le début du XXe siècle et les années 1950 (période de recul de la mondialisation) pour croître modérément depuis les années 1960 (période d'intensification de la mondialisation). La mondialisation pourrait donc conduire au creusement des inégalités de revenus au sein des pays.
- Ce constat global indique une tendance qui ne préjuge en rien de l'évolution des inégalités au sein de chaque pays. Au cours des trente dernières années, l'inégalité des revenus a reculé au Brésil (mais elle reste élevée) et s'est accrue au Mexique et en Chine. Au sein des pays développés, les inégalités de revenus ont eu tendance à s'accroître comme en Grande-Bretagne ou aux États-Unis, mais elles ont légèrement diminué en France ou en Irlande. Néanmoins, comme le montre notamment une récente étude de l'Organisation internationale du travail (OIT), les inégalités de revenus se sont creusées dans une très large majorité de pays représentant une part prépondérante de la population mondiale.

B L'impact de la mondialisation

- L'intégration des pays dans les flux commerciaux internationaux favorise l'essor de certains secteurs, ceux dans desquels les entreprises sont les plus compétitives, au détriment d'autres. Elle induit une demande de travail plus favorable à certaines qualifications plutôt qu'à d'autres. Dans les pays développés, la concurrence des PED à bas salaires incite les entreprises à substituer du capital au travail non qualifié alors que l'emploi de travailleurs qualifiés productifs est favorisé (*voir fiche 58*). Par ailleurs, la globalisation financière (*voir fiche 77*) élargit les opportunités de placements et d'investissements au bénéfice des détenteurs de capitaux. Cette évolution conduit au creusement des inégalités de revenus entre détenteurs de patrimoines financiers et ceux qui n'en disposent pas ou dont le patrimoine est modeste.
- Des facteurs internes interviennent dans la détermination des inégalités de revenus au sein des pays. Le progrès technique, par exemple, conduit aujourd'hui à privilégier l'emploi qualifié plutôt que l'emploi non qualifié ; la répartition des revenus dépend des rapports de force sociaux et peut être corrigée par l'État (redistribution). Toutefois, ces facteurs peuvent, dans une certaine mesure, être influés par la mondialisation : la mise en œuvre du progrès technique économe en travail non qualifié constitue une réponse à la pression de la concurrence mondiale ; en économie ouverte, le pouvoir de négociation des salariés est amoindri du fait de la concurrence exercée par les pays à bas salaires ; l'État ne peut financer son intervention redistributrice en ignorant l'impact de ses prélèvements sur la compétitivité des firmes et sur l'attractivité du territoire.

Les effets de la mondialisation sur les inégalités de revenus entre et dans les pays sont complexes. En effet, ils interviennent conjointement à d'autres facteurs eux-mêmes parfois influés, au moins partiellement, par la mondialisation.

FICHE 58 MONDIALISATION ET EMPLOI

La mondialisation induit des destructions d'emplois mais elle contribue aussi à en créer. Par ailleurs, elle influe sur leur nature.

1 Les effets de la mondialisation sur le volume d'emplois

A Les destructions d'emplois

- L'insertion des pays dans le commerce mondial se traduit par la faillites des entreprises insuffisamment compétitives (prix et coûts unitaires top élevés ou inadaptation des produits à la demande mondiale). Cela a été le cas pour les firmes du secteur textile implantées dans les pays développés qui ont dû supprimer des milliers d'emplois en raison de la concurrence des pays en développement (PED) à bas salaires.
- Les investissements directs à l'étranger (IDE) des firmes multinationales (FMN) sont également à l'origine de suppressions d'emplois. Ainsi, les sorties d'IDE liées aux délocalisations (*voir fiche 34*) impliquent la fermeture d'unités de production ou la réduction de leur activité dans les pays d'origine de ces investissements. Les IDE peuvent aussi détruire des emplois lorsque l'implantation de nouvelles unités de production dans un pays accentue la concurrence au point d'éliminer des entreprises locales (*voir fiche 35*).
- La globalisation financière (*voir fiche 77*) peut générer une instabilité, voire des crises de grande ampleur (*voir fiche 78*). Les pays, en particulier les PED, qui en sont victimes vont subir un recul de leur activité économique au préjudice de l'emploi.

B Les créations d'emplois

- L'insertion des pays dans le commerce mondial stimule leur croissance et l'emploi : les exportations dopent la demande ; les importations d'intrants contribuent à l'essor de la production et à la diffusion du progrès technique ; les importations de biens de consommation à prix compétitifs augmentent le pouvoir d'achat des consommateurs qui peuvent alors accroître leur demande de produits locaux. Pour faire face à la concurrence mondiale, les entreprises vont tenter de différencier leurs produits pour améliorer leur compétitivité hors prix (ou compétitivité structurelle) ; elles pourront ainsi préserver ou créer des emplois.
- Les pays d'accueil des IDE bénéficient d'un surcroît d'activité. Les filiales des FMN notamment stimulent l'activité de leurs fournisseurs locaux. De plus, ces IDE favorisent la diffusion du progrès technique. Les pays d'origine des IDE bénéficient des rentrées de revenus liée au rapatriement des profits par les maisons-mères, et de débouchés supplémentaires : approvisionnement des filiales à l'étranger et, plus généralement, exportations vers les pays d'accueil des IDE.
- La globalisation financière améliore les conditions de financement des investissements et peut faire baisser les taux d'intérêt favorisant la croissance de l'activité économique. De plus, elle procure des revenus et/ou des plus-values boursières aux détenteurs de capitaux qui sont davantage incités à consommer.

Dès lors, la croissance mondiale est dopée provoquant une hausse du volume des emplois.

2 Les effets de la mondialisation sur la nature des emplois

A Emplois qualifiés et emplois non qualifiés

- La mondialisation menace les emplois peu qualifiés dans les pays développés en raison de la concurrence des pays à bas salaires. Les entreprises mettent en œuvre des innovations de procédés ou de produits conduisant à l'accroissement de la part des emplois qualifiés dans les secteurs exposés à la concurrence. De plus, quelle que soit la qualification, les employeurs tendent à sélectionner les travailleurs jugés les meilleurs : au-delà de la qualification évaluée par un niveau de diplôme et de salaire, il est nécessaire de maîtriser certaines compétences (autonomie, ponctualité, rigueur et conscience professionnelle, capacité d'initiative…).
- Dans les PED, la spécialisation sur des activités à forte intensité de main-d'œuvre peu qualifiée et bon marché (salaires faibles et niveau de protection sociale médiocre) favorise le développement de ce type d'emplois. Toutefois, dans les PED les plus dynamiques (Inde, Chine, Corée du Sud, Brésil…), la demande de travail qualifié (ingénieurs, techniciens, managers) s'accroît en raison de l'évolution de leur spécialisation vers des productions à plus fort contenu technologique. Par ailleurs, la concurrence entre les PED menace les emplois peu qualifiés dans ces pays : les bas coûts salariaux chinois placent dans une situation difficile les exportateurs marocains ou tunisiens de textile et, par voie de conséquence, les travailleurs de ces pays.

B Les conditions de travail

- Dans tous les pays, pour faire face à la concurrence, les entreprises privilégient davantage la flexibilité du travail (modulation, en fonction du rythme d'activité des entreprises, des horaires, des effectifs, des rémunérations, des fonctions occupées par les personnels). Les salariés subissent alors des contraintes fortes qui dégradent leurs conditions de travail (cadences de travail plus soutenues, stress, traumatismes physiques et mentaux) et donc leur genre de vie. Cette tendance est accentuée par le fait que la globalisation financière conduit les dirigeants des grandes entreprises à maximiser leur rentabilité financière pour satisfaire leurs actionnaires en fragilisant leur main-d'œuvre par des licenciements destinés à réduire les charges ou par la flexibilisation croissante de l'organisation du travail.
- La mondialisation n'est pas à elle seule responsable des ces évolutions. Le progrès technique, les exigences croissantes des consommateurs y participent. En outre, la flexibilité du travail n'est pas nécessairement néfaste au genre de vie lorsqu'elle se traduit par le renforcement de la polyvalence des salariés qui leur permet d'exercer plusieurs fonctions, rompant avec la monotonie d'un travail trop spécialisé. Enfin, les pouvoirs publics peuvent encore intervenir dans l'économie mondialisée (*voir fiches 26 à 29*) en fixant des limites à la flexibilité (par exemple, en définissant des bornes à la variation des horaires hebdomadaires), en élaborant des programmes de lutte contre la pauvreté, en contribuant à l'élévation du niveau de formation de la main-d'œuvre…

La mondialisation influe diversement sur l'emploi. Il est difficile d'en mesurer précisément les effets dans la mesure où cette influence s'exerce conjointement à de nombreux autres facteurs, le progrès technique notamment.

FICHE 59 UNIFORMITÉ ET DIVERSITÉ CULTURELLE DANS LA MONDIALISATION

La mondialisation économique paraît devoir favoriser la mondialisation culturelle, c'est-à-dire l'émergence d'une culture mondiale uniformisant les cultures nationales. En fait, ce scénario est peu probable.

1 L'UNIFORMISATION CULTURELLE N'EST PAS INÉLUCTABLE

A La mondialisation culturelle

- La mondialisation culturelle implique l'émergence d'une culture mondiale issue de la symbiose des cultures nationales : les contacts prolongés entre cultures différentes provoquent une aculturation des peuples concernés, c'est-à-dire des changements culturels au sein des sociétés en contact. La culture mondiale peut être une culture nouvelle ou celle d'un pays dominant – les États-Unis (américanisation du monde) – ou encore celle d'un groupe de pays dominants – les pays occidentaux (occidentalisation du monde).
- Dès lors, quelles qu'en soient les modalités, la mondialisation culturelle aboutit à une uniformisation : les identités nationales tendent à s'effacer et laissent la place à une forme d'homogénéisation des cultures. C'est pourquoi, au cours des années 1980, l'anthropologue français Claude Lévi-Strauss soutient que « l'humanité s'installe dans la monoculture ; elle s'apprête à produire la civilisation de masse comme la betterave. Son ordinaire ne comportera pas plus qu'un plat ».

B Une uniformisation culturelle improbable

- Une collectivité humaine peut adopter la culture d'autres collectivités et abandonner ses propres traits culturels (assimilation). Mais, le plus souvent, elle emprunte certains traits culturels en les adaptant à sa propre culture qui de ce fait ne disparaît pas, mais évolue (processus de réinterprétation ou d'adaptation).
- La contre-acculturation intervient lorsqu'une collectivité humaine rejette la culture d'autres collectivités et valorisent certains traits culturels qui lui sont spécifiques. Ce processus s'oppose à l'émergence d'une culture mondiale, à l'américanisation ou à l'occidentalisation du monde : ce fut le cas, en Afghanistan, après l'accès au pouvoir des fondamentalistes islamistes en 1996 (jusqu'à 2001).
- En fait, au sein d'une même société, l'acculturation conduit à ce que certains traits culturels disparaissent et soient remplacés par des traits culturels empruntés à d'autres sociétés (assimilation). Dans le même temps, d'autres traits culturels empruntés sont adaptés à la culture nationale (réinterprétation) pendant que des caractéristiques spécifiques de celle-ci sont valorisées (contre-acculturation). Les modalités pratiques de ces processus n'ont aucune raison d'être identiques dans chaque pays, ce qui infirme l'hypothèse de l'uniformisation culturelle.

2 Les cultures nationales sont toujours présentes

A Malgré la mondialisation, la diversité culturelle subsiste

- De nombreuses enquêtes et travaux confirment que les pratiques culturelles restent globalement différentes. Sur la base de plusieurs enquêtes mondiales sur les valeurs, le sociologue américain Ronald Inglehart établit que les sociétés se différencient selon l'importance accordée, d'une part, à la religion et aux valeurs familiales traditionnelles et, d'autre part, aux valeurs émancipatrices d'auto-réalisation de soi : celles-ci s'opposent aux « valeurs de pénurie » prévalant dans les sociétés dont le niveau de développement est tel que la satisfaction des besoins primaires et l'accès aux biens matériels sont prioritaires. Ainsi, dans les pays de l'Europe du Nord, la prégnance de la religion est modérée et ces sociétés accordent une grande importance à l'épanouissement personnel. En revanche, dans les pays d'Europe de l'Est, la religion exerce une plus grande influence et les « valeurs de pénurie » dominent.
- Bien qu'elle soit conciliable avec la préservation de la diversité culturelle, la mondialisation peut néanmoins mettre en péril les cultures nationales. Celles-ci peuvent être englobées dans des aires culturelles transnationales comme le montre Inglehart (par exemple, Europe du Nord, Europe du Sud, Europe de l'Est). Par ailleurs, au sein de la société dans laquelle il vit, l'individu est le bâtisseur de sa propre culture, faite d'emprunts culturels multiples et diversifiés aux autres sociétés et que la mondialisation facilite. Cette conception individualiste donne à penser que la diversité culturelle pourrait contribuer à l'éclatement de l'unité nationale des pays : autant d'individus, autant de cultures.

B Une clause d'exception culturelle pour préserver la diversité ?

- Lors des négociations commerciales multilatérales de l'*Uruguay Round* (1986-1993), la Communauté économique européenne (devenue depuis 1993, l'Union européenne) a réussi à faire adopter, à titre transitoire, une clause d'exception destinée à soustraire les productions audiovisuelles aux règles du libre-échange (*voir fiches 17 et 19*).
- Plusieurs arguments justifient cette clause. Les productions audiovisuelles doivent bénéficier d'un statut particulier car, vecteurs de la culture nationale, elles véhiculent l'image du pays à l'étranger et diffuse la culture commune au sein de la collectivité nationale. En outre, la concurrence mondiale bénéficierait aux Américains car ils disposent d'un vaste marché national qui leur permet de rentabiliser leurs productions audiovisuelles. Ils pourraient alors diminuer leurs prix sur les marchés étrangers et ainsi éliminer leurs concurrents. De ce fait, l'offre de produits culturels dans le domaine audiovisuel serait à terme réduite et sa diversité serait moindre.
- Toutefois, la clause d'exception culturelle est contestée. Elle peut n'être qu'un alibi pour des États plus soucieux de protéger leur marché intérieur que de préserver la diversité culturelle. De plus, sa suppression ne mettrait pas en péril les cultures nationales. La mondialisation peut en effet les renforcer : par exemple, des firmes américaines de l'édition musicale peuvent produire des chanteurs français et promouvoir ainsi la culture française. En outre, le processus d'acculturation afférent à la mondialisation n'est pas systémiquement de nature à uniformiser les cultures (*voir supra*).

La crainte d'une uniformisation culturelle provoquée par la mondialisation n'est donc pas véritablement fondée : la mondialisation n'implique pas nécessairement la convergence des pays vers un même modèle de société.

FICHE 60 LES EFFETS DE LA MONDIALISATION SUR LE NATIONALISME

Le nationalisme est une doctrine qui différencie les individus sur la base de leur nationalité. La mondialisation semble rendre anachronique une telle conception. Pourtant, le nationalisme reste d'actualité et, paradoxalement, la mondialisation peut le renforcer.

1 La mondialisation n'élimine pas le nationalisme

A La mondialisation contre le nationalisme

- Le nationalisme peut revêtir différentes modalités. Il peut être incarné par un État-nation chargé d'administrer une communauté nationale dont il tire sa légitimité (nationalisme étatique). En fait, il est rare qu'un État administre une communauté homogène. C'est pourquoi le nationalisme trouve aussi à s'exprimer au sein de collectivités humaines vivant dans des États-nations et aspirant à l'autodétermination et donc à la constitution de leur propre État (nationalisme subétatique); c'est par exemple le cas des sahraouis dans le Sud du Maroc actuel. En retour, cette revendication séparatiste attise les sentiments nationalistes de ceux qui s'y opposent.
- Depuis les années 1980, la mondialisation fragilise les États-nations. L'identité nationale sur laquelle ils se fondent est confrontée à la mondialisation culturelle qui semble faire se rapprocher les cultures nationales (*voir fiche 59*). Dans ce contexte, les revendications nationalistes subétatiques paraissent également inadaptées. Par ailleurs, en favorisant les flux commerciaux, financiers et migratoires internationaux, la mondialisation contribue à l'effacement des frontières politiques des États-nations et au rapprochement des cultures nationales.

B Le nationalisme est toujours présent

- Depuis les années 1980, l'amplification de la mondialisation est intervenue alors qu'une vingtaine de nouveaux États – qui ont prétention à être des États-nations – ont été créés, notamment après l'effondrement de l'Union soviétique en 1991. Les manifestations du nationalisme subétatique exprimant la volonté d'autodétermination de communautés humaines se sont multipliées et, parfois, ont abouti à la création de nouveaux États-nations à l'instar de l'Érythrée qui s'est séparée de l'Éthiopie en 1993.
- Les États-nations ne sont pas disqualifiés: la diversité culturelle est maintenue (*voir fiche 59*); l'État a un rôle important à jouer dans l'économie mondiale (*voir fiche 26*): il peut participer, entre autres choses, au financement des infrastructures, de la recherche-développement et de la formation professionnelle dont les firmes bénéficient en termes de compétitivité.
- Les relations internationales sont encore, pour la plus large part, régies par une logique interétatique. Ce sont les États qui, pour faire valoir leurs intérêts nationaux dans l'économie mondialisée, négocient au sein des grandes institutions internationales (FMI, Banque mondiale, OMC…), constituent des blocs régionaux (*voir fiche 36*), nouent des alliances, signent des accords.

2 La mondialisation éveille le nationalisme

A Des réactions nationalistes à la mondialisation

- Les effets négatifs de la mondialisation peuvent provoquer un sursaut nationaliste qui trouve à s'exprimer dans la montée des partis populistes. Dans le cas de la France, le Front national bénéficie d'un apport important de voix des catégories populaires qui se sentent menacées par la mondialisation : celle-ci détruit les emplois peu qualifiés du fait notamment de la concurrence des pays à bas salaires ; elle fait également perdre des repères identitaires en raison de la mondialisation culturelle ressentie comme uniformisatrice (*voir fiche 59*).
- Les flux migratoires internationaux peuvent être considérés par les populations des pays d'accueil comme une menace pour l'identité nationale et susciter de ce fait des réactions nationalistes de rejet. Par choix ou par réaction à la xénophobie d'une partie de la population des pays d'accueil, les immigrés peuvent de leur côté vouloir préserver leur propre identité nationale et maintenir des liens forts avec leur communauté d'origine même si elle n'est pas constituée en État-nation : par exemple, les Tamouls hindouistes établis en Grande-Bretagne et qui partagent les positions séparatistes de leurs coreligionnaires du Sri Lanka leur envoient des fonds.

B La mondialisation sert le nationalisme

- En élargissant les marchés, la mondialisation accroît la viabilité des petits États ancrés sur des communautés nationales réduites. Leur insertion dans les flux d'échanges mondiaux peut en effet leur procurer des ressources sans commune mesure avec leur taille. Dès lors, les mouvements séparatistes nationalistes au sein des États-nations trouvent davantage matière à exprimer leur volonté d'autodétermination dans l'économie mondialisée. Ainsi, la création d'un État-nation québécois constitue un scénario économiquement crédible du fait des vastes débouchés qu'offre la mondialisation aux entreprises québécoises.
- La situation québecoise illustre également le fait que le rapprochement culturel – qui n'est jamais complet (*voir fiche 59*) – intervenant entre les populations n'abolit pas les revendications nationalistes. Le mode de vie des canadiens francophones est aujourd'hui proche de celui des canadiens anglophones lui-même marqué par l'*American Way of Life*. Pourtant, une très large majorité de québécois se définissent d'abord comme québécois plutôt que comme canadien.
- La mondialisation rend plus visible les manifestations des sentiments nationalistes des peuples. Par exemple, des chaînes de télévision planétaires diffusent des informations sur les revendications nationalistes des kurdes ; celles-ci peuvent alors susciter des réactions de sympathie dans le monde entier, exerçant une influence sur la politique extérieure des États-nations. Les plus puissants d'entre eux peuvent décider de soutenir un projet de constitution d'un État-nation kurde.

La mondialisation ne conduit pas à la disparition du nationalisme et peut même favoriser son émergence, voire son renforcement. En retour, le nationalisme pourrait exercer un frein à la mondialisation comme par le passé.

PARTIE VII

LES ENJEUX GÉOÉCONOMIQUES

FICHE 61 LES VILLES AU CŒUR DE LA MONDIALISATION

La population urbaine a été multipliée par 20 en un siècle, soit cinq fois plus que l'augmentation globale de la population. Cette expansion est toutefois hétérogène et source de déséquilibres multiples.

1 Un essor sans précédent des villes

A Une croissance urbaine inégale

- Plus de 3 milliards de personnes vivent actuellement en ville pour une population totale de 6,5 milliards d'habitants. La part de la population urbaine dans la population mondiale est passée de 15 % en 1950 à 50 % en 2005. On estime qu'elle pourrait s'élever à 66 % dès 2030. Les villes sont aussi de plus en plus peuplées. La taille moyenne des 100 plus grandes cités du monde est passée de 2 millions d'habitants en 1950 à plus de 5 millions en 2005. Le niveau d'urbanisation est par ailleurs très variable. Les trois quarts de la population des pays développés vivent en ville, contre 42,1 % dans les pays en développement (PED) et 26,6 % dans les pays les moins avancés (PMA).
- En revanche, la croissance urbaine est très inégale. Lente dans les pays riches, elle est forte dans les PED, où le nombre de citadins est passé de 290 millions en 1950, à 2,1 milliards en 2003. L'Amérique latine a commencé la première, suivie de l'Asie, puis de l'Afrique qui enregistre actuellement la poussée la plus nette (5 % par an en moyenne, contre 0,1 % en Europe).

B De multiples facteurs de croissance

- Le dynamisme des villes du Sud trouve son origine dans l'intensité des flux migratoires venant des régions rurales déshéritées. Il est dû aussi à la persistance d'un accroissement naturel élevé dans les grandes métropoles qui conservent une forte fécondité et bénéficient d'un meilleur encadrement sanitaire. Longtemps moins important, ce second paramètre est devenu aussi influent que le premier.
- Les types de régimes politiques ont également compté. Les plus libéraux ont autorisé une croissance forte des villes. D'autres, inversement, ont contrôlé le mouvement et limité l'essor urbain, comme ce fut le cas de la Chine maoïste (la population urbaine explose en revanche dans ce pays depuis le triomphe de l'économie de marché).
- Dans les États du Nord déjà très urbanisés, l'essor des cités se poursuit à un rythme de plus en plus faible. Le taux de croissance des grandes villes n'est plus que de 0,5 % par an en 2003, contre 3 % dans les années 1950. La fin de l'exode rural, une faible fécondité, la diminution de l'immigration et la rurbanisation expliquent ce phénomène. Le processus est par ailleurs complexe. Ainsi, les grandes villes américaines qui perdaient de la population dans les années 1970 ont retrouvé le chemin de la croissance depuis les années 1990. La reconversion des vieilles régions en crise et le potentiel de la *Sun Belt* favorisent l'expansion récente.

2 Nouvelle hiérarchie urbaine et métropolisation

A Hiérarchie urbaine, disparités et difficultés

- Il y a une cinquantaine d'années, les concentrations urbaines étaient, à de rares exceptions près, localisées au Nord. Sur les 7 agglomérations dépassant les 5 millions d'habitants en 1950, 6 y étaient situées (Shanghai faisant exception). Aujourd'hui, sur les 41 agglomérations de cette taille, 33 sont localisées dans les PED. Si Tokyo et New York se maintiennent au premier rang, avec respectivement 31 et 27,9 millions d'habitants, beaucoup perdent du terrain dans les pays du Nord (11ᵉ en 1980 avec 8,9 millions d'habitants, Paris n'est que 25ᵉ en 2005 avec 10 millions). En revanche, les métropoles du Sud atteignent des proportions gigantesques, comme Séoul (22 millions), Mexico (21 millions) ou Jakarta (20 millions).
- Les agglomérations s'étalent de manière anarchique. La ville-centre, les bourgs annexés et les satellites périurbains composent désormais l'ensemble urbanisé. Le besoin d'espace, l'essor de l'automobile ou la variation du prix des terrains sont à l'origine d'une expansion permanente qui, comme aux États-Unis, multiplie les banlieues (*urban sprawl*).
- Ce processus hétérogène s'accompagne de problèmes multiples. Dans les PED, une coupure radicale sépare les quartiers centraux, intégrés à la mondialisation, des bidonvilles qui survivent en marge des dynamiques internationales. Dans les pays riches, des quartiers se paupérisent, condamnent pratiquement leurs habitants à l'exclusion, tandis que des secteurs dynamiques ou des banlieues prospères se ferment sur eux-mêmes (aux États-Unis, 8 millions de personnes vivent dans des « *gated communities* » réservées aux couches aisées). Le gonflement des villes menace également l'environnement étant donné l'importance des déchets et l'intensité de la consommation énergétique.

B La mondialisation renforce la métropolisation

- Une poignée de très grandes métropoles accueille les principales places boursières, les sièges sociaux des grandes entreprises, les réseaux de transports les plus modernes, les universités de pointe et les centres de commandement politiques planétaires. Ce potentiel favorise les synergies qui accentuent la polarisation du pouvoir et donne à ces villes « globales » (entre 20 et 50 selon Friedman et Sassen) les moyens de diriger le monde (la production de Tokyo est comparable aujourd'hui à celle du Royaume-Uni). Certains auteurs (Pierre Veltz) parlent même d'« économie d'archipel » dans la mesure où ces métropoles dépendent moins de leur arrière-pays traditionnel que de leurs liens avec les autres cités majeures.
- Cette hégémonie, qui reflète les hiérarchies internationales, permet aux villes du Nord de maintenir leur domination économique et politique. Elle s'accompagne de l'existence de vastes ensembles urbanisés – les mégalopoles – dans les pays de la Triade. Le Boswash (Boston-Washington) accueille ainsi 40 millions d'habitants et la moitié des 500 plus grandes entreprises des États-Unis. La mégalopole japonaise, de Tokyo à Fukuoka, avec ses 105 millions d'habitants est la première région industrielle, la première façade portuaire et la deuxième place financière mondiale.

Reflet des succès et des échecs de la mondialisation, la ville doit répondre aux immenses défis du futur sous peine d'aggraver les fractures sociales et les tensions. C'est au niveau des grandes agglomérations que la question du développement durable doit être en priorité traitée.

FICHE 62

LES STRATÉGIES TERRITORIALES DES ENTREPRISES

La question des rapports entre les entreprises et les territoires sur lesquels elles sont implantées prend une dimension tout à fait particulière avec la mondialisation. Si traditionnellement l'implantation d'une firme sur un territoire est pérenne, la mondialisation tend à créer une « volatilité » plus importante et un nomadisme des entreprises. La question de l'opportunité économique de l'implantation d'une firme sur un territoire est donc reposée, mais au-delà ce sont les conséquences réciproques pour l'entreprise et le territoire qui doivent être reconsidérées.

1 STRATÉGIES TERRITORIALES DES ENTREPRISES ET EFFICACITÉ ÉCONOMIQUE

A L'entreprise : une unité organisationnelle ou territoriale ?

- L'implantation ou l'existence d'une entreprise peut être abordée selon une logique organisationnelle ou une logique strictement territoriale. La logique organisationnelle consiste à attacher l'existence et l'organisation de l'entreprise à une firme (ou à un groupe), souvent multinationale, qui appartient elle-même à une industrie spécifique. Dans ce cadre, l'analyse de l'existence de l'entreprise doit être considérée par rapport à sa place dans le groupe, à la complémentarité qu'elle implique avec les autres entreprises ou à son positionnement fonctionnel. Par rapport à l'industrie, il convient d'aborder le rôle de l'entreprise dans le marché, tant d'un point de vu horizontal (part de marché) que vertical (place dans la filière de production).
- Selon la logique territoriale, il est possible de considérer les raisons qui impliquent la présence de l'entreprise sur un territoire donné. Il peut s'agir d'une logique liée à l'approvisionnement, d'une logique liée aux caractéristiques locales en terme d'avantage comparatif ou d'une logique plus strictement commerciale liée à la nécessaire implantation au plus près des clients.

B La firme et ses contraintes

- L'entreprise peut trouver un avantage certain sur un territoire dans le cadre de l'existence de relations contractuelles ou de marché. Ces relations peuvent être dues, comme l'expose Charles Albert Michalet, à plusieurs stratégies (*voir fiche 32*) qui reposent sur une analyse fine des coûts de transaction auxquels l'entreprise doit faire face :
  - les stratégies d'approvisionnement visant à assurer au groupe l'accès aux matières premières ou aux produits agricoles de base ;
  - les stratégies de marché visant à produire sur place plutôt qu'exporter ;
  - les stratégies de rationalisation qui permettent de bénéficier, sur le territoire d'implantation, de coûts de facteurs plus faibles.
- Mais les relations qui s'établissent entre l'entreprise et le territoire peuvent être basées sur une coopération plus fine entre les deux. Les relations s'établissent alors hors marché : elles peuvent être basées sur les pratiques des acteurs, qui dépendent elle même d'aspects culturels ou sociaux. Par exemple, la relation

syndicale est un élément qui doit être pris en compte dans le cadre de la relation territoriale.

2 La mondialisation remet-elle en cause les stratégies territoriales ?

A Mondialisation et nomadisme des firmes

- La mondialisation tend, notamment au travers des investissements directs à l'étranger, à favoriser le nomadisme des firmes. Plusieurs explications peuvent en être données. Tout d'abord, l'ouverture croissante des frontières limite les coûts de sortie d'un territoire et permet donc de le faciliter. Par ailleurs, les impératifs de rentabilité imposés par la maison-mère dans le cadre d'un groupe rendent la flexibilité de la firme et ses implantations absolument fondamentales, de sorte que la pérennité de la firme peut dépendre de son nomadisme. Il est utile de considérer aussi que, dans le cadre de la firme globale, la logique liée à l'organisation l'emporte sur la logique d'implantation territoriale.
- La mondialisation modifie considérablement le rapport de proximité qui existe entre l'entreprise et le territoire. Alors que la filiale peut mesurer davantage ou mieux personnaliser les conséquences sociales d'une délocalisation, le donneur d'ordre ne perçoit pas, à distance, les mêmes contraintes. En conséquence, les décisions ne seront pas les mêmes dans le cas d'une firme multinationale. On a pu voir quelquefois les actionnaires se séparer d'un chef d'entreprise, attaché au territoire et aux salariés qui le composent, alors qu'il hésitait à licencier pour améliorer la rentabilité de l'entreprise.

B Mondialisation et interactionnisme firme-territoire

- Mais la mondialisation impose de nouvelles relations entre les entreprises et le territoire sur lequel elles évoluent. Jusqu'à récemment, la question de la pérennité de l'implantation territoriale d'une firme ne se posait pas. Dorénavant, il convient de considérer des transformations. Le concept de « firme globale » modifie considérablement le rapport au territoire. Ainsi, la présence d'une filiale relais sur un territoire dépend davantage de sa complémentarité avec les autres filiales du groupe.
- De plus, la mondialisation peut avoir une influence considérable sur l'interaction qui peut exister entre l'entreprise et le territoire et cette relation s'établit souvent aujourd'hui dans un processus dynamique, donc évolutif. La firme peut faire évoluer le territoire, l'amenant à rechercher les synergies et favorisant la capacité d'innovation, notamment vis-à-vis des sous-traitants, mais aussi en impliquant l'action des pouvoirs publics et leur capacité à créer ou à susciter l'environnement favorable.

Les entreprises continuent, dans le cadre de la mondialisation, d'avoir des stratégies territoriales, même si celles ci s'intègrent davantage dans le cadre organisationnel global du groupe ou de l'industrie dont elles sont issues. La conséquence en est un nomadisme plus important des entreprises qui peut être corrigé par une interaction plus forte entre l'entreprise et le territoire. La mondialisation crée donc un processus dynamique interactif dans les stratégies territoriales des entreprises.

FICHE 63

LES ENJEUX ÉNERGÉTIQUES

La consommation d'énergie augmente à un rythme soutenu. Les rapports entre producteurs et consommateurs, l'état des réserves et les menaces sur l'environnement, constituent des enjeux majeurs.

1 Consommation et ressources

A Consommation et intérêt des différentes sources d'énergie

- En 2004, le monde a consommé 10,224 milliards de tonnes d'équivalent pétrole, contre 2,099 en 1950. Les besoins pourraient atteindre 15 à 20 milliards en 2050. Premiers consommateurs de la planète, les pays riches, au premier rang desquels se trouvent les États-Unis, continuent d'accroître leur demande. Ce sont cependant les PED qui enregistrent la croissance la plus forte, étant donné l'intensité de leurs besoins. La demande asiatique – entraînée par la Chine – a ainsi augmenté deux fois plus vite que celle de l'ensemble du monde de 1990 à 2003, (42 % contre 24 %).
- Le pétrole couvre actuellement 37 % des besoins mondiaux, le charbon 27 %, le gaz naturel 24 %, l'électricité d'origine nucléaire et l'hydroélectricité 6 % chacune. Le pétrole reste une énergie fondamentale et hautement stratégique. Les transports, la chimie, l'agriculture en dépendent et il sert à faire la guerre. Le gaz naturel est une énergie propre, indispensable à l'industrie, qui permet de produire de l'électricité avec d'excellents rendements. Très polluant, le charbon est surtout utilisé dans la production d'acier et d'électricité. Complément utile pour les pays manquant d'énergies, le nucléaire n'a pas d'impact négatif sur l'effet de serre mais la durée de vie des déchets radioactifs hypothèque l'avenir. Quant à l'énergie hydraulique, elle cumule de nombreux avantages. Elle est renouvelable et permet d'associer la fabrication d'électricité et l'irrigation.

B Réserves et solutions d'avenir

- Les réserves en énergies non renouvelables sont variables et encore imparfaitement connues. Celles de charbon représentent au minimum deux cents années de production courante. L'uranium peut être utilisé pendant des décennies ou des siècles, selon les techniques utilisées. Le pétrole n'a devant lui qu'une quarantaine d'années, le gaz un peu plus. Mais des gisements restent à découvrir et les taux de récupération peuvent progresser ainsi que l'exploitation de pétroles spécifiques comme les sables asphaltiques. Tôt ou tard cependant le monde manquera de pétrole, de charbon, de gaz et d'uranium. L'humanité doit modifier sa consommation, faire des économies et utiliser de nouvelles énergies. Elle doit par ailleurs prendre en compte les contraintes environnementales.
- Or, les deux plus grands pollueurs du monde, les États-Unis et la Chine, ont refusé de signer le protocole de Kyoto et les énergies renouvelables restent négligées par les gros consommateurs. Seuls quelques pays comme l'Allemagne, et plus généralement l'Union européenne, font des efforts notables. Pourtant, des solutions existent et méritent d'être encouragées. Si la biomasse occupe déjà une place non négligeable, on fonde des espoirs sur la géothermie, l'énergie de la mer, l'éolien, le solaire et les biocarburants.

2 DES ENJEUX ÉCONOMIQUES ET GÉOPOLITIQUES MAJEURS

A Principaux enjeux des zones de production

- Le Moyen-Orient et la Russie, concentrent l'essentiel des réserves prouvées de pétrole et de gaz. Le marché est par ailleurs maîtrisé par quelques grandes firmes qui fixent une partie des règles du jeu en matière d'exploitation des richesses pétrolières, de raffinage et de transport. Producteurs et consommateurs sont ainsi liés par des intérêts économiques puissants. Ils dépendent aussi d'un environnement géopolitique parfois tourmenté.
- La situation est particulièrement tendue au Moyen-Orient, où de multiples conflits se sont produits depuis 1945. La guerre déclenchée par les États-Unis contre l'Irak en 2003 a encore accentué l'instabilité de la région. La Russie, qui cherche à renforcer ses positions et qui joue un rôle clé dans les pays de la Caspienne riches en hydrocarbures (Kazakhstan, Azerbaïdjan, Turkménistan), est en compétition avec les compagnies occidentales et chinoises. L'Amérique latine, qui représente environ 9,4 % des réserves mondiales de pétrole, connaît une poussée d'antiaméricanisme. Quant à l'Afrique, zone d'influence européenne traditionnelle, qui possède un peu plus de 7 % des réserves de pétrole et de gaz, elle fait l'objet de toutes les attentions des États-Unis depuis les attentats du 11 septembre 2001. Enfin, le contrôle des routes maritimes, en particulier les détroits menacés par le terrorisme ou la piraterie (Hormuz, Malacca), est devenu un enjeu géostratégique central.

B Dépendance et stratégies des grands consommateurs

- Les États-Unis, qui figurent parmi les grands producteurs d'hydrocarbures et de charbon, restent dépendants au niveau du pétrole qu'ils achètent surtout au Canada, au Mexique, au Venezuela et en Arabie saoudite. L'Europe est encore plus dépendante, à l'exception du Royaume-Uni, de la Norvège et des Pays-Bas. Elle importe 70 % de son pétrole, 40 % de son gaz et l'essentiel de son charbon. Elle multiplie les achats d'hydrocarbures en Russie et en Afrique, pour réduire la place du Moyen-Orient. L'Asie est la zone qui consomme désormais le plus d'énergie, mais ses ressources sont peu importantes, sauf en ce qui concerne le charbon. Sa dépendance vis-à-vis du golfe Persique est considérable. C'est pourquoi la Chine achète davantage d'énergie à la Russie et pousse ses compagnies nationales à investir dans des pays pétroliers.
- Les principaux consommateurs ont ainsi diversifié leurs sources d'approvisionnement. Ils ont également recherché de nouveaux gisements dans des zones politiquement sûres, même si elles sont coûteuses (Alaska). Ils intensifient l'exploitation du pétrole sous la mer, dans l'offshore profond (– 500 m) et dans l'ultra-profond (– 1 500 m). Certains, comme la France, ont fortement misé sur le nucléaire. 26 pays développés ont par ailleurs créé en 1974 l'Agence internationale de l'énergie, afin de sécuriser leur ravitaillement et de constituer des stocks stratégiques.

La stabilité des zones de production, l'acheminement et la transformation des produits énergétiques, conditionnent l'avenir. Les pays industrialisés, pauvres en ressources, seront de plus en plus dépendants de la Russie et du Moyen-Orient, dont les recettes sont subordonnées aux achats de leurs clients. Une coopération entre tous les acteurs s'impose.

FICHE 64

LES ENJEUX ALIMENTAIRES

La malnutrition et la sous-nutrition posent de redoutables problèmes à un monde peuplé de 6,5 milliards de personnes et qui devrait en accueillir 9 milliards vers 2050. Les excès de l'agriculture moderne soulèvent d'autres interrogations en matière d'environnement et de santé.

1 L'INSÉCURITÉ ALIMENTAIRE A DIMINUÉ MAIS N'A PAS DISPARU

A Des progrès significatifs mais insuffisants

- La production agricole a doublé entre 1970 et 1990, tandis que la population mondiale augmentait de 80 %. Les disponibilités alimentaires par habitant sont passées de 2 300 à 2 710 calories par jour. Les personnes sous-alimentées ne représentent plus que 18 % de la population des PED en 2001, contre 35 % en 1970. Les progrès sont remarquables en Asie du Sud-Est, notamment en Chine. Parallèlement, 2 milliards d'individus – vivant aux deux tiers dans les pays de l'OCDE – jouissent d'une abondance alimentaire sans précédent.
- Pourtant l'insécurité alimentaire perdure, surtout dans les PED. D'après l'ONU, 2 milliards d'individus souffrent de malnutrition et 842 millions sont sous-alimentés. L'Asie orientale et méridionale compte encore 20 % de personnes sous-alimentées ; l'Afrique subsaharienne 40 %. Pire, depuis trente ans, la faim n'a pas reculé en Afrique subsaharienne et la persistance de famines souligne les limites des progrès accomplis.

B Riches et pauvres

- Dans les pays développés, les agriculteurs sont désormais peu nombreux mais performants. Ils gèrent des exploitations de plus en plus grandes. Soutenus par les pouvoirs publics, les fermiers des États-Unis et de l'Union européenne occupent une place centrale dans la production mondiale et bénéficient de tarifs douaniers avantageux. Globalement, la mécanisation poussée, l'irrigation, l'utilisation massive d'engrais et de pesticides autorisent des rendements élevés. En revanche, cette agriculture productiviste pollue les sols, les rivières et les nappes phréatiques. Elle rencontre parfois de sérieux problèmes sanitaires (*voir fiche 75*).
- Dans les PED, les progrès chinois ou indiens, ou l'efficacité de l'agriculture exportatrice brésilienne ne peuvent masquer des difficultés persistantes. Encore très élevé, le nombre de paysans continue de progresser. Cela se traduit par une réduction de la taille des exploitations et par une « faim » de terre, qu'amplifie l'inégale possession du sol. Le manque de moyens techniques et financiers est parfois criant. En Afrique subsaharienne, les paysans pauvres ne disposent en moyenne que d'un hectare et ne peuvent acheter ni outils, ni semences, ni engrais. Ils peuvent à peine survivre. Quant aux famines, elles sont presque toujours dues à des guerres civiles ou à des conflits internationaux. Les groupes qui luttent pour le pouvoir, pillent, détruisent les récoltes et imposent leur autorité aux organismes de distribution de l'aide alimentaire pour contrôler les populations.

2 Comment répondre aux défis alimentaires ?

A L'augmentation de la production est indispensable

- Si la disparition des famines dépend surtout de solutions politiques (paix, démocratie), l'augmentation de la production s'impose. Elle passe d'abord par un élargissement des surfaces cultivées (d'après l'ONU, 700 millions d'hectares supplémentaires pourraient être mis en culture dans les PED, principalement en Amazonie et en Afrique noire). Le progrès exige aussi de meilleurs rendements car l'espace agricole diminue dans certaines régions, comme en Chine, du fait de l'étalement des villes. Lancée en Inde en 1965, la « révolution verte » a d'ailleurs donné de bons résultats. S'appuyant sur la culture de nouvelles variétés de céréales à haut rendement, sur l'utilisation d'engrais chimiques et de pesticides et sur l'irrigation, elle a permis de multiplier par 2,5 la production de blé et de riz. La FAO milite en outre depuis 1994 en faveur d'une « révolution doublement verte », plus douce avec l'environnement.
- Certains envisagent également de développer des plantes génétiquement modifiées, moins gourmandes en herbicides et en pesticides, et plus efficaces au niveau des rendements. Mais ce procédé accentue la dépendance des agriculteurs vis-à-vis des firmes qui distribuent les semences transgéniques. Il rencontre l'opposition de ceux qui estiment que les effets secondaires de ces technologies sont encore inconnus. Au nom du principe de précaution, ces derniers demandent que l'on approfondisse les recherches avant d'aller vers une production massive. Néanmoins, les cultures d'OGM progressent. Elles occupent en 2005, 6 % des surfaces cultivées du monde, contre 0,56 % en 1996. Les États-Unis comptent pour 50 % du total, l'Argentine 19 %, le Canada 10 %, le Brésil 6,4 % et la Chine 3,6 %. Elles gagnent du terrain en Australie, en Afrique du Sud et en Inde.

B Nouvelle organisation des échanges internationaux et aide alimentaire

- Quelques grands groupes américains ou européens, comme Cargill, Nestlé, Unilever et Danone, contrôlent une partie de l'alimentation mondiale, tandis que les pays les plus touchés par la faim disposent d'un accès limité aux marchés internationaux. Les avantages commerciaux accordés par l'Union européenne aux pays ACP (Afrique, Caraïbes, Pacifique) ne concernent qu'une frange des PED. Le plus souvent, les subventions américaines et européennes freinent l'expansion agricole des pays pauvres dont les marchés urbains sont saturés de produits importés à bas coût. C'est pourquoi, le G20, conduit par le Brésil, réclame l'abandon des subventions à l'exportation. En décembre 2005, les membres de l'OMC ont signé un accord qui s'oriente vers un compromis favorable aux PED. Reste à savoir s'il sera suivi d'effets significatifs.
- L'aide alimentaire est également nécessaire. Elle est indispensable en cas d'urgence pour secourir des populations victimes des aléas climatiques ou de conflits armés. Elle est utile lorsque la production est structurellement insuffisante, comme en Éthiopie. Mais cette aide soulève de nombreux problèmes. Elle peut fragiliser le marché agricole local en faisant baisser les prix. Elle peut devenir une « arme » pour les pays donateurs qui ne l'accordent qu'à des pays « amis ». Elle peut être détournée au profit des pouvoirs en place.

L'action la plus efficace contre la faim et la malnutrition passe par un renforcement de la production agricole des PED. L'aide alimentaire n'est qu'un pis-aller. Quant à l'agriculture productiviste, elle doit relever le défi d'une production à la fois rentable et « propre ».

FICHE 65

LES ENJEUX SANITAIRES

Tous les États sont confrontés à des risques sanitaires nombreux, mais les moyens de lutte contre les maladies et les conséquences qui en découlent ne sont pas les mêmes. Le fossé qui sépare pays riches et pays en développement est déterminant.

1 Inégal acces aux soins

A Différences Nord-Sud

- La mortalité infantile et l'espérance de vie, qui révèlent les conditions sanitaires, varient sensiblement selon qu'il s'agit de pays développés ou de PED. Inférieure à 8 pour mille dans les pays riches (4,4 en France), la mortalité infantile frôle les 100 pour mille en Afrique et les dépasse dans plusieurs pays d'Afrique subsaharienne (142 au Liberia). L'espérance de vie à la naissance est plus faible dans les PED (63,4 ans en moyenne) que dans les pays développés (75,6 ans), l'Afrique étant une nouvelle fois mal classée (49 ans). Quatorze pays d'Afrique subsaharienne ont même connu une hausse de la mortalité infantile et un recul de l'espérance de vie depuis les années 1990.
- De telles écarts ont des causes multiples. Dans les pays riches, la bonne situation sanitaire s'explique par la qualité et l'importance de l'encadrement médical, la diversité des médicaments et l'existence d'une couverture sociale efficace. Inversement, dans les PED, la faiblesse des soins, le manque de médicaments et d'eau potable, l'importance des maladies infectieuses et parasitaires (paludisme, onchocercose...), ainsi que les guerres civiles, laissent démunies des populations souvent affaiblies par la malnutrition ou la sous-nutrition. Le sida, dont 90 % des personnes affectées vivent dans ces pays et qui a déjà fait plus de 25 millions de victimes, a en outre la particularité de toucher en priorité des jeunes, c'est-à-dire les couches les plus dynamiques de la société, et de laisser au bord du chemin des millions d'orphelins.

B Des stratégies insuffisantes

- Les agences spécialisées de l'ONU, comme l'OMS, sont chargées d'impulser l'aide sanitaire internationale destinée aux États manquant de ressources. Elles sont soutenues financièrement par la Banque mondiale et par des organisations non gouvernementales qui soignent les malades dans les zones sensibles (Médecins du monde). La prévention joue également un rôle important. Elle passe par des campagnes d'information et de vaccination, par le dépistage précoce des maladies, par un meilleur accès à l'eau potable et par l'épandage d'insecticides contre les maladies parasitaires.
- Des résultats positifs ont été obtenus. La lèpre et la poliomyélite ont reculé, la variole a presque disparu, mais la tâche est difficile. 2 millions de personnes meurent chaque année du paludisme et 40 millions sont séropositives en 2005, dont 26 millions en Afrique. Les programmes de préventions et l'accès aux médicaments sont toujours très insuffisants. L'ONU manque de moyens, malgré la création du Fonds mondial de lutte contre le sida en 2001. Son action est freinée par les entreprises pharmaceutiques du Nord qui refusent généralement de diffuser les nouveaux brevets. Elle souffre de la négligence de nombreux gouver-

nements. Rares, en effet, sont les pays qui mènent une véritab… vention, comme l'Ouganda et le Sénégal, ou ceux qui ont la po… quer des médicaments génériques, tel le Brésil ou l'Afrique du … encourageant, l'OMC a permis récemment aux pays les plus pauvr… sant pas de médicaments d'importer des génériques pour lutter contre … pandémies.

2 Alimentation et risques sanitaires

A Crises sanitaires

- Des crises sanitaires, liées à l'alimentation, ont provoqué plusieurs décès dans les pays développés ces dernières années. Le phénomène a pris du relief en 1981 avec les huiles espagnoles frelatées. Il s'est poursuivi au Royaume-Uni et dans le reste de l'Europe, à partir de 1986, avec l'épidémie d'encéphalopathie spongiforme bovine (ESB), à laquelle on associe, chez les humains, certains cas de la maladie de Creutzfeldt-Jakob. D'autres affaires, tels les fromages à la listeria, les poulets à la dioxine ou l'intoxication alimentaire due aux ruptures de la chaîne du froid ont également alarmé les consommateurs.
- Mais les craintes les plus fortes concernent l'Asie, où l'ONU estime que plus de 700000 personnes meurent chaque année du fait de maladies transmises par les aliments ou par l'eau. Par ailleurs, le virus de la grippe aviaire (H5N1), qui fait des ravages chez les animaux domestiques en Asie depuis 2003, inquiète les experts de l'Organisation pour l'alimentation et l'agriculture (en anglais, *Food and Agriculture Organization* – FAO). Ces derniers redoutent qu'il ne se transmette à l'homme et se diffuse au reste du monde par les oiseaux migrateurs. En trois ans, il aurait déjà fait des dizaines de victimes au Vietnam, en Thaïlande, au Cambodge, en Indonésie et en Turquie.

B Une vigilance croissante

- Avec la révolution pastorienne de la fin du XIXe siècle, les gouvernements ont pris conscience qu'il fallait surveiller le secteur agroalimentaire. Les contrôles ont débuté en France et aux États-Unis dès la veille de la Première Guerre mondiale. Ils ont augmenté à partir des années trente où l'on a exigé un étiquetage des produits. La vigilance est devenue beaucoup plus grande de nos jours grâce aux services de santé, aux médias et aux associations de consommateurs. De nombreux pays se sont dotés de moyens sophistiqués pour suivre la production. Fixation de normes de sécurité, tests en laboratoires, contrôles vétérinaires, surveillance de la chaîne du froid, traçabilité des produits, inspections des locaux où sont fabriqués les aliments, rien ne semble désormais laissé au hasard… du moins dans les pays riches.
- En cas de crise majeure, ce suivi s'accompagne de l'abattage de milliers d'animaux contaminés, ou qui risquent de l'être. Des centaines de milliers de bovins ont ainsi été éliminés en Europe lors de la crise de la « vache folle » et plus de 300 millions d'oiseaux d'élevage ont été abattus en Asie à cause de la grippe aviaire. Celle-ci provoque également la mobilisation des gouvernements qui encouragent la production de vaccins contre le virus H5N1. Elle se traduit aussi par une coopération internationale qui permet à la FAO de financer un programme de surveillance internationale des oiseaux migrateurs.

Les enjeux sanitaires sont variés et complexes. Mais les crises et les inégalités criantes imposent de renforcer la coopération mondiale. Elles demandent également de repenser la stratégie des entreprises pharmaceutiques.

HE 66

LES ENJEUX DU DÉVELOPPEMENT DURABLE

Le développement durable est devenu un objectif prioritaire de la communauté internationale. Il s'inscrit dans une réflexion plus générale sur les relations entre la biosphère et le monde de l'économie.

1 ÉMERGENCE ET AMBIGUITÉ D'UN CONCEPT

A Émergence

- L'analyse des effets néfastes de l'activité humaine sur l'environnement est apparue sur le devant de la scène au cours des années 1970. En 1972, un rapport du Club de Rome (organisme de réflexion prospective) dénonce les risques d'épuisement des ressources naturelles provoqués par la croissance économique et démographique. La même année, à Stockholm, la Conférence des Nations unies sur l'environnement introduit la notion d'écodéveloppement. Si cette approche a peu de succès car elle contredit la logique libérale – en mettant l'accent sur les besoins à satisfaire plutôt que sur la demande –, elle pose des questions essentielles. Le débat est relancé en 1983 sous l'impulsion de l'ONU qui crée la Commission mondiale pour l'environnement et le développement (CMED). Elle publie en 1987 le fameux rapport Brundtland (du nom de la coordonnatrice des travaux) qui met en relief le concept de développement durable.
- Celui-ci est défini comme « un développement qui répond aux besoins des générations présentes sans compromettre la capacité des générations futures à répondre à leurs propres besoins ». Suffisamment large, défendant le principe d'une solidarité entre générations, il devient l'objet d'un vaste consensus en faveur du progrès social, de la croissance économique et de la protection de l'environnement. Il s'impose en 1992 au Sommet de la Terre à Rio qui s'engage à lutter contre la pauvreté, à préserver les ressources et la diversité biologique, à stabiliser les gaz à effet de serre dans l'atmosphère et à défendre les principes de précaution et d'entraide internationale.

B Ambiguïtés

- La définition et la mesure du développement durable restent cependant ambiguës. Deux conceptions opposent les tenants de la « durabilité faible » et de la « durabilité forte ». Les premiers font confiance au marché et soutiennent que la croissance peut résoudre les problèmes d'environnement et de pauvreté. Ils estiment que les progrès techniques permettront de reconstituer les ponctions opérées sur la biosphère et préconisent de taxer les pollueurs ou de fixer des droits à polluer. Les tenants de la durabilité forte jugent qu'il est urgent de repenser notre mode de croissance à l'aide de normes non marchandes. Ils appuient leur démarche sur l'idée que les ressources naturelles sont limitées et menacées au-delà d'un certain seuil de consommation, malgré les avancées de la technologie. Une minorité, engagée dans une critique radicale du capitalisme, envisage même un processus de décroissance.
- La mesure de la richesse sous toutes ses formes (naturelles, physiques, sociales, etc.) soulève par ailleurs plusieurs difficultés que ne règlent que partiellement la création de l'indicateur de développement humain (IDH) – basé sur l'espérance de vie, le niveau d'instruction et le PIB – ou celui « d'empreinte écologique »,

qui calcule la surface théorique du sol productif nécessaire à une population pour répondre à sa consommation et à ses besoins d'absorption de déchets.

2 Résultats et défis

A Des résultats limités

- Plusieurs conférences ou sommets internationaux complètent les engagements de Rio et font le point sur les résultats obtenus. Au Caire en 1994, à Copenhague et à Pékin en 1995, la promotion des femmes et la lutte contre la pauvreté sont mises en avant. En 1996 à Rome, le Sommet mondial de l'alimentation décide d'éradiquer la faim dans le monde d'ici 2015. L'idée est reprise en 2000 au Sommet du millénaire à New York, à Johannesburg en 2002, et dans un rapport de l'ONU rédigé par 265 consultants internationaux en 2005. Mais l'écart entre les promesses et la réalité est immense. Par exemple, l'aide publique au développement ne représente que 0,33 % du PIB des pays de l'OCDE en 2005. On est loin des 0,7 % confirmés à Rio et les objectifs du millénaire ont peu de chance d'être atteints.
- Inversement, les aspects climatiques semblent mieux pris en compte. En 1997, la conférence de Kyoto adopte un protocole engageant les pays industrialisés à réduire de 5,2 % leurs émissions de gaz à effet de serre, entre 2008 et 2012, par rapport au niveau de 1990. L'opération encourage les échanges de droits à polluer pour minimiser le coût total de la réduction des émissions et exige que les États signataires représentent au moins 55 % des émissions de gaz des pays industrialisés. Malgré l'opposition des États-Unis, qui redoutent que des règles trop strictes ne bloquent la croissance et qui veulent que les PED participent au processus, le protocole de Kyoto est entré en vigueur en février 2005, après la ratification de la Russie.

B Quels acteurs pour le développement durable ?

- Les impératifs économiques et les conflits d'intérêts limitent souvent l'impact des décisions. Le FMI, la Banque mondiale et l'OMC fixent les règles du jeu, alors que l'Organisation mondiale de la santé (OMS), ou surtout l'Organisation internationale du travail (OIT), occupent une place minime. Les États créent des ministères ou des comités en charge du développement durable, mais l'harmonisation internationale est toujours difficile. Lorsque les ONG et les entreprises s'impliquent, leurs stratégies diffèrent. Les ONG approuvent l'instauration de règles contraignantes alors que les entreprises les condamnent, même si elles souhaitent utiliser le thème du développement durable pour améliorer leur image auprès d'un public sensible à ces questions.
- De nouvelles structures semblent par conséquent nécessaires. Certains proposent de créer une Organisation mondiale de l'environnement. D'autres suggèrent de mettre en place un Fonds mondial pour le développement. Mais ces grands projets soulèvent des problèmes financiers, juridiques et politiques majeurs. Qui paiera ? Qui fera respecter les décisions ? Quelle place devra-t-on accorder aux choix collectifs ? Le pari est loin d'être gagné, d'autant que, dans tous les pays, rares sont les partis politiques qui font du développement durable le thème central de leur programme.

Le développement durable exige de rendre plus efficaces des processus de décisions souvent mal coordonnés. Il impose également de se fixer des objectifs plus larges car les aspects climatiques sont en passe de prendre le pas sur les problèmes de développement.

FICHE 67 L'EAU ET SES ENJEUX

Qu'il s'agisse de pénuries, d'inondations ou de pollutions, l'eau constitue un enjeu crucial pour les années à venir. La consommation, et les exigences en matière d'approvisionnement, ne cessent d'augmenter.

1 Ressources et maitrise de l'eau

A Des ressources limitées et inégales

- La planète contient beaucoup d'eau, mais l'eau douce ne représente que 3 % du total, dont 1 % seulement est utilisable par l'homme. L'eau exploitable provient des rivières, des fleuves, des lacs, des nappes phréatiques alimentées par l'infiltration des eaux de ruissellement et des grands nappes aquifères fossiles localisées principalement au Sahara, dans la péninsule arabique et au Sud-Ouest des États-Unis. La répartition est très inégale. Les régions arides et semi-arides ne reçoivent que 6 % des précipitations globales tandis que les régions humides tempérées et la zone intertropicale en recueillent la quasi-totalité.
- L'accès à l'eau potable est une autre source d'inégalité, particulièrement dans les PED où 1,4 milliard de personnes en sont privé. Les quantités disponibles et les coûts varient également selon le milieu social. Les quartiers aisés des villes algériennes disposent ainsi chaque jour de 200 à 300 litres par habitant, tandis que la population des bidonvilles limite sa consommation quotidienne à 10 ou 20 litres. Dans les zones non desservies par les services municipaux, les ménages achètent l'eau à des vendeurs qui la font payer jusqu'à dix fois le prix du réseau municipal.

B Une maîtrise de l'eau complexe

- Les eaux souterraines sont de mieux en mieux exploitées. Des motopompes modernes, branchées sur des conduites adaptées, ont remplacé les techniques traditionnelles (puits à balancier par exemple). Autorisant le stockage et la régulation du débit de l'eau, les barrages sont devenus plus massifs et leur nombre a été multiplié par 7,5 depuis 1950. Ils favorisent l'agriculture irriguée, facilitent la navigation fluviale, permettent de produire de l'électricité « propre » et freinent les inondations ou les crues dévastatrices dans certaines régions (Chine, Inde, Asie du Sud-Est). Des techniques nouvelles, comme le dessalement de l'eau de mer, se sont également développées dans les zones arides pour fournir de l'eau potable (Arabie saoudite).
- Toutefois, là-aussi, les différences Nord-Sud sont sensibles car le système d'adduction est souvent vétuste dans les PED (les fuites occasionnent 40 % à 50 % de pertes à Alger). Par ailleurs, si la construction de barrages a connu un âge d'or jusqu'au début des années soixante-dix, elle est désormais contestée par le mouvement écologiste qui critique le coût des aménagements de grande envergure, les déplacements de populations (le barrage des Trois-Gorges en Chine), le blocage des alluvions (Assouan sur le Nil) et la dégradation de l'environnement.
- Au total, la maîtrise de l'eau vise à récupérer les quantités nécessaires à la consommation et à lutter contre des précipitations excessives. Elle exige aussi de mener une action efficace contre les nombreux gaspillages, en particulier dans l'agriculture. Une réduction de 10 % des volumes utilisés par l'irrigation serait suffisante pour alimenter en eau domestique l'ensemble de la planète.

2 Pollutions, concurrences et tensions géopolitiques

A Pollutions

- La course au productivisme et la mauvaise gestion de l'eau sont à l'origine de pollutions multiples. Les effluents urbains ou industriels et les pesticides employés dans l'agriculture dégradent les eaux de surface. L'eutrophisation (détérioration de l'équilibre biologique par la diminution de l'oxygène dissous), due à l'emploi surabondant d'engrais, a pris des proportions inquiétantes. Elle affecte 54 % des lacs et rivières d'Asie, 53 % en Europe, 48 % en Amérique du Nord, 41 % en Amérique latine, 28 % en Afrique. Les nappes phréatiques sont souillées par les produits agricoles, les métaux lourds et les matières synthétiques entreposés dans les décharges. L'irrigation à outrance provoque la salinisation d'un quart des terres irriguées du monde (l'évaporation dépose à la surface des sols les sels minéraux dissous par l'infiltration de l'eau).
- Ces pollutions peuvent entraîner des phénomènes irréversibles et posent de redoutables problèmes de santé. Les eaux souterraines sont ainsi très difficiles, voire impossibles, à nettoyer, car elles n'ont pas le pouvoir d'auto-épuration des eaux de surface. La salinisation condamne à terme l'exploitation des terres agricoles en les rendant infertiles, comme le montre la dégradation des plaines du Syr Daria et de l'Amou Daria au Kazakhstan. Enfin, l'eau contaminée provoque 80 % des maladies et un décès sur trois dans les PED qui n'ont pas les moyens de collecter et de traiter massivement les eaux usées.

B Tensions et conflits

- L'agriculture utilise plus des deux tiers de l'eau consommée dans le monde (69 %), devant l'industrie (23 %), les villes et le tourisme (8 %). Mais comme la demande urbaine et touristique progresse fortement, du fait de l'explosion des agglomérations du Sud et de l'essor du niveau de vie, la concurrence entre les différents secteurs devient de plus en plus rude. Elle risque encore d'augmenter avec la baisse générale du niveau des nappes phréatiques qui alimentent les villes géantes du Sud – comme Mexico ou Pékin –, l'Afrique du Nord, le Moyen-Orient ou l'Ouest des États-Unis. Elle s'accompagne d'une hausse du prix de l'eau que l'on doit aller chercher de plus en plus loin.
- La compétition s'aiguise également entre pays ou entre régions qui utilisent la même ressource. On note des rivalités entre le Mexique et les États-Unis pour l'exploitation des eaux du Colorado, ou en Espagne – entre l'Aragon et la Catalogne – à propos de l'Èbre. Les concurrences peuvent parfois se transformer en conflits, lorsqu'elles se doublent de divergences politiques majeures, dans des zones arides et semi-arides. La situation est particulièrement tendue lorsque les besoins de plusieurs pays dépendent d'un fleuve qui prend sa source en amont, dans un État hostile. Les eaux du Tigre et de l'Euphrate sont ainsi largement captées par la Turquie, au détriment de la Syrie et de l'Irak situées en aval. De même, le contrôle de l'eau du plateau du Golan par Israël, donne à ce pays un pouvoir considérable, qui aggrave encore le climat régional.

Une utilisation plus rationnelle de l'eau s'impose dans tous les domaines d'activité. L'eau est devenue un enjeu majeur du développement durable.

LA DÉFINITION DE NORMES SOCIALES ET ENVIRONNEMENTALES

La nécessité et les problèmes liés à la définition des normes sociales et environnementales sont au cœur des préoccupations et des débats des différents sommets internationaux.

1 La nécessité de définir des normes sociales et environnementales fait consensus dans les pays riches

A Elles seraient nécessaires pour garantir une concurrence loyale

- Le marché ne peut pas fonctionner sans règles. Celles-ci permettent à la fois de protéger les travailleurs, les consommateurs et plus largement toute la société, mais elles assurent aussi le respect de la concurrence. En effet la concurrence ne peut être loyale que si les différentes entreprises sont toutes soumises aux mêmes normes, aux mêmes règles. Cette régulation apparaît comme essentielle.
- Lorsque les échanges s'effectuent dans le cadre national, les pouvoirs publics nationaux peuvent les encadrer, mais la mondialisation rend nécessaires de nouvelles formes de coordination et d'institutionnalisation. Elle implique notamment la mise en place de normes environnementales (réglementations relatives à l'environnement) et de normes sociales (réglementations relatives aux conditions de travail et plus globalement aux conditions de vie de la population) afin d'encadrer la concurrence internationale et ainsi d'interdire des pratiques assimilables à de la concurrence déloyale (coûts plus faibles en raison de mauvaises conditions sociales ou de non respect de l'environnement).
- Ainsi, les organisations internationales, comme l'OMC, reconnaissent la nécessité de définir des normes sociales et environnementales. La contrepartie de la participation d'un pays au système commercial international serait donc le respect de ces normes.

B Elles seraient nécessaires au développement des pays les plus pauvres

- Les organisations internationales considèrent que la définition de normes sociales et environnementales est nécessaire au développement des pays pauvres. Ainsi l'OMC, le FMI et la Banque mondiale assurent qu'il faut faire de ces normes un levier pour accroître le niveau social dans les pays du Sud. Accepter d'importer des produits qui seraient fabriqués dans le mépris des règles humanitaires les plus élémentaires seraient une façon d'encourager ces mauvaises pratiques. Au contraire, conditionner les échanges au respect de ces normes permettrait d'inciter fortement les PED à améliorer les conditions sociales de leur population, ce qui constituerait un premier pas vers le développement.
- Il existe un relatif consensus dans les pays riches sur la nécessité de définir ces règles internationales. La plupart des syndicats, des altermondialistes et des ONG militent dans ce sens et regrettent le manque d'initiative de l'OMC. Ainsi, par exemple, ATTAC déclare : « le constat s'impose : aucune stratégie de développement n'est viable hors de normes sociales et environnementales universellement

reconnues et respectées. » Ces ONG considèrent que le respect de ces règles est susceptible de neutraliser les dérives d'un libéralisme débridé.

2 Mais des problèmes de mise en œuvre

A Comment les définir et les faire appliquer ?

- Quelles sont les institutions légitimes pour définir ces normes ? Pour le moment, la régulation mondiale est assurée par des institutions internationales dans lesquelles les pays développés sont dominants et qui sont relativement timides dans le règlement des différends de façon à ne pas froisser leurs membres les plus influents. On peut donc considérer qu'il serait souhaitable de mettre en place des contre-pouvoirs, et par exemple d'accepter que des certains syndicats et ONG (représentant la société civile mondiale) aient un rôle croissant.
- Que fait-on lorsque certains pays ne respectent pas ces normes ? Faut-il prévoir des sanctions commerciales ? Les États-Unis et l'Europe avancent prudemment sur ce terrain et se contentent généralement de demander l'introduction de normes minimales (telle que l'interdiction du travail des enfants). La mise ne place d'un « protectionnisme altruiste » a pu aussi être proposée, mais est loin d'être réalisée. Il s'agirait d'opérer de taxer les importations lorsque certains indicateurs définis par l'OIT et le PNUD ne seraient pas respectés et de reverser ces sommes selon de strictes conditions d'utilisation à des fins sociales, éducatives ou environnementales en tenant compte des progrès ou des reculs dans les législations et pratiques sociales.

B L'opposition des pays en développement

- Les pays du Sud peuvent-ils lutter à armes égales avec les pays du Nord ? Vouloir adopter des normes sociales et environnementales communes revient à ignorer les asymétries internationales. Il est important de rappeler que les pays du Nord, ont connu leur révolution industrielle au mépris des règles sociales et environnementales. C'est en exploitant les ouvriers et en dégradant l'environnement (déforestation notamment) qu'il ont réussi leur décollage économique. L'adoption de ces normes par les pays pauvres risque de mettre en cause leur avantage comparatif et de bloquer leur développement. Cette volonté de définir des normes communes peut aussi être comprise comme une nouvelle forme de protectionnisme de la part des pays riches ; ils prendraient prétexte de l'amélioration des conditions de vie dans les pays en développement pour protéger leur propre emploi et leur propre industrie.
- Les PED sont méfiants vis-à-vis de l'introduction de normes sociales et environnementales ; ils les perçoivent souvent comme un moyen pour les pays développés d'ériger de nouvelles barrières non tarifaires agissant comme des protections déguisées et comme une nouvelle forme de colonialisme. Les ONG des pays du Sud ne partagent souvent pas l'avis de celles des pays du Nord ; elles se positionnent avant tout du point de vue de la survie des économies de leurs pays. Elles considèrent souvent que les pays pauvres, contrairement aux pays du Nord, ne peuvent se payer le luxe de faire vivre leur population à l'abri de normes sociales et environnementales.

L'enjeu de la mise en place de normes sociales et environnementales peut se résumer de la façon suivante : permettraient-elles aux pays les plus pauvres de réaliser les premier pas vers le développement, ou au contraire réduiraient-elles les avantages comparatifs de ces pays et constitueraient-elles un obstacle au développement ?

FICHE 69

LA DÉMOGRAPHIE MONDIALE ET SES ENJEUX

La population mondiale augmente désormais moins vite. La fécondité recule, mais les clivages Nord-Sud sont toujours très marqués.

1 Une croissance démographique moins forte

A La croissance de la population devrait se stabiliser vers 2050

- La planète, qui comptait 1,6 milliard d'habitants en 1900 et 2,5 en 1950, en accueille 6,5 en 2005. Stimulé par l'explosion démographique du tiers monde, le rythme de croissance a atteint un sommet en 1965-1970 (2,04 % par an, contre 1,81 % au cours des années 1950-1955). La tendance s'est ensuite lentement inversée au cours des années 1970-1980, avant de connaître un net ralentissement depuis 1990. De 2000 à 2005, le taux de croissance annuel est tombée à 1,2 %.
- Après avoir plus que doublé de 1950 à 2000, la population n'augmentera que de 30 % à 50 % de 2000 à 2050. Selon les projections de l'ONU, elle devrait se situer entre 7,6 milliards (variante basse) et 10,6 milliards (variante haute), au milieu du XXIe siècle, lorsque la courbe démographique se stabilisera ou s'inversera. Avec une hypothèse moyenne de 9 milliards d'êtres humains dans le monde en 2050, on est loin des 15 à 20 milliards annoncés par les experts il y a 50 ans. Le processus de transition démographique (passage d'un régime de natalité et de mortalité élevées à un régime de natalité et de mortalité basses) est désormais bien engagé.

B Recul de la fécondité

- Le recul régulier de la mortalité – dû principalement aux progrès de la médecine – et le maintien d'une forte fécondité, avaient favorisé un fort accroissement naturel jusqu'au début des années 1970. La situation a évolué rapidement ensuite, à cause du repli de la fécondité, qui est passée de 4,3 à 2,55 enfants par femme de 1970 à 2005. Les politiques antinatalistes de nombreux PED, les progrès de la contraception, l'essor de l'éducation des femmes, leur entrée massive dans la vie active, le recul de l'âge de la première naissance, les changements de mentalités, tous ces éléments expliquent en grande partie cette évolution.
- Plus de la moitié de l'humanité vit désormais dans un pays où la fécondité est inférieure au niveau permettant d'assurer le remplacement des générations (2,1 enfants par femme). Ce phénomène ne se limite plus aux seuls pays développés et à ceux de l'ancien bloc communiste, même s'il y est plus marqué qu'ailleurs, à l'image du Japon (1,3 enfant par femme), de l'Union européenne (1,4) ou de la Russie (1,4). Il touche aussi des NPI et des pays émergents comme la Corée du Sud (1,2) ou la Chine (1,7).
- Certes, le nombre d'enfants par femme est encore élevé dans les PED (2,75 en 2005), mais le recul est sensible (5,05 vers 1970). L'Inde et l'Amérique latine ont divisé par deux leur indice synthétique de fécondité depuis 30 ans, qui est tombé à 3 et à 2,38 enfants par femme. En revanche, cet indice demeure important en Afrique (4,68 en 2005), malgré un repli significatif (6,66 en 1970). Il reste également soutenu dans quelques pays du Proche-Orient (7 au Yémen) et d'Asie (4,5 au Cambodge). La pauvreté, l'analphabétisme, le statut inférieur des femmes, l'influence de la religion, favorisent le maintien de comportements traditionnels.

2 Recompositions spatiales et vieillissement de la population

A Recompositions spatiales

- Actuellement, l'augmentation de la population mondiale concerne essentiellement les pays du Sud, dont le taux de croissance annuel (1,43 %) est cinq fois supérieur à celui du Nord (0,30 %). Certains pays développés enregistrent même une stagnation (Allemagne), tandis que d'anciens pays communistes sont engagés dans une spirale négative (Russie). Accueillant 18,7 % de la population mondiale en 2005, contre 27,3 % en 1970, les pays développés ne devraient pas en héberger plus de 13,5 % en 2050, malgré la poursuite des flux migratoires vers l'Europe et les États-Unis (*voir fiche 4*).
- Inversement, avec 18 millions de personnes en plus chaque année, l'Inde – 1,1 milliard d'habitants en 2005 – détient le record mondial de croissance en valeur absolue. Elle devancera la Chine vers 2030 pour culminer à 1,6 milliard d'habitants en 2050. De son côté, la Chine (1,3 milliard en 2005) se stabilisera à 1,45 milliard d'habitants. La population africaine, en revanche, devrait presque doubler en 50 ans, pour atteindre 1,5 milliard vers 2050, malgré les ravages du sida qui pourraient entraîner le déclin de certains pays. Au total, les pays du Sud, qui concentrent déjà 81,3 % de la population mondiale, en accueilleront 86,5 % en 2050. Cette évolution globale s'accompagnera d'un essor général des villes et d'un renforcement des grandes métropoles (*voir fiche 71*).

B Augmentation de l'espérance de vie et vieillissement de la population

- La durée de vie s'allonge sur tous les continents et les écarts Nord-Sud s'amenuisent. Au cours des trente dernières années l'espérance de vie à la naissance dans le monde est passée de 59 à 65,5 ans. Elle a progressé de plus de 4 ans dans les pays développés et de prés de 9 dans les PED. Pourtant de très forts contrastes subsistent. Quand un Japonais peut espérer vivre jusqu'à 82 ans, beaucoup d'habitants d'Afrique noire ne dépassent pas la moitié de cet âge. Dans les pays les plus touchés par le sida, l'espérance de vie tend même à diminuer. En Afrique du Sud, elle est tombée de 62 à 48 ans de 1995 à 2005. Elle recule également en Russie depuis la transition vers l'économie de marché. Globalement toutefois, l'espérance de vie devrait continuer d'augmenter sur la planète, pour atteindre une moyenne de 75 ans en 2050.
- Associé au déclin de la fécondité, cet allongement de la durée de vie provoque un vieillissement général de la population. Déjà commencé dans les pays du Nord, le phénomène n'épargnera aucune région du globe et sera très rapide au Sud. Alors qu'en France, il a fallu un siècle pour que la proportion des plus de 65 ans passe de 8 % à 15 %, la Chine vivra ce bouleversement en vingt ans, de 2010 et 2030. La part des plus de 60 ans dans la population mondiale – actuellement de 10 % – grimpera à 21 % en 2040. L'âge médian s'élèvera de 37 à 45 ans dans les régions les plus développées et de 24 à 36 ans dans les moins avancées. De tels bouleversements auront des conséquences majeures sur les systèmes de retraites, les dépenses de santé, et les comportements collectifs.

La population mondiale devrait se stabiliser vers le milieu du XXIe siècle. L'espérance de vie s'allonge mais les défis du vieillissement devront être relevés.

FICHE 70 VERS UNE SEULE FORME DE CAPITALISME ?

Le capitalisme est un système fondé sur la propriété privée des moyens de production et l'accumulation du capital. L'évolution historique des pays capitalistes s'est traduite par des formes nationales de capitalisme que la mondialisation pourrait remettre en cause.

1 La mondialisation met à mal certaines formes de capitalisme

A Les formes nationales de capitalisme

- Le capitalisme « marchand » (Grande-Bretagne, États-Unis) valorise la concurrence et les mécanismes de marché. Le capitalisme « méso-corporatiste » (Japon) confère aux grandes firmes nippones un important rôle régulateur (détermination des salaires, relations donneurs d'ordre sous-traitants, relations banques-industries, coordination État-entreprises…). Le capitalisme « social-démocrate » (pays scandinaves, Allemagne) privilégie la négociation sociale (syndicats-patronat, avec un arbitrage plus ou moins marqué de l'État), pour réduire les tensions résultant des évolutions économiques, et donne une grande place à la formation, à la limitation des inégalités. Enfin, le capitalisme « étatique » ou « public » (France) est fondé sur une large intervention des administrations publiques, y compris dans la négociation sociale du fait de la faiblesse des corps intermédiaires (syndicats).
- Dans un contexte de mondialisation, le capitalisme « marchand » pourrait paraître plus adapté : la négociation salariale est très décentralisée et la flexibilité du marché du travail ajuste les effectifs et les horaires au rythme de l'activité ; en outre, cette forme de capitalisme semble favoriser l'essor des innovations et des nouvelles technologies. En revanche, les autres formes nationales de capitalisme souffrent de plusieurs handicaps dans une économie de plus en plus mondialisée : le modèle « méso-corporatiste » est moins flexible que le modèle « marchand ». Le capitalisme « social-démocratique » limite le rôle des marchés financiers ; l'intervention de l'État est forte, ce qui alourdit la fiscalité. C'est aussi le cas du capitalisme « étatique » qui connaît en outre de multiples rigidités face aux évolutions de l'économie mondiale.

B Du capitalisme « managérial » au capitalisme « actionnarial »

- La prééminence apparente du capitalisme « marchand » s'inscrit dans un processus plus large. À partir des années 1970, l'essoufflement de la croissance fordiste, le renouveau de la pensée libérale consécutif aux échecs des thérapies keynésiennes appliquées au cours des années 1970, la globalisation financière et la mondialisation économique, qui intensifient la concurrence, ont contribué à l'essor du « capitalisme actionnarial » (ou selon la terminologie d'autres auteurs, du « capitalisme patrimonial »), succédant au capitalisme « managérial » prévalant au cours des Trente Glorieuses.
- Le capitalisme « actionnarial », dont l'extension est favorisée par la mondialisation, repose sur les caractéristiques suivantes : au pouvoir exclusif des managers

se substitue celui des actionnaires (parmi lesquels des investisseurs institutionnels tels des fonds de pension, des organismes de placements collectifs, des compagnies d'assurance…) ; ceux-ci disposent de la capacité de nommer et de révoquer les membres des équipes dirigeantes dont l'activité ne permettrait pas de valoriser les cours des actions et ne génèrerait pas une rentabilité suffisante, source de distribution de dividendes. Ainsi, le partage du revenu de l'entreprise devient plus favorable aux actionnaires au détriment des salariés dont l'emploi peut être flexibilisé, voire supprimé, pour accroître la rentabilité financière des firmes.

2 Les formes nationales de capitalisme évoluent mais subsistent

A Les limites du capitalisme « marchand »

- Le capitalisme « marchand » connaît des défaillances qui peuvent hypothéquer son avenir. Il génère un creusement des inégalités et davantage de pauvreté. Or, le niveau excessif des inégalités peut nuire à la légitimité du capitalisme. Par ailleurs, la croissance peut en souffrir : multiplication des actes de délinquance, démotivation des travailleurs pauvres (*working poors*), freinage de la demande intérieure renforcent le pessimisme et freinent la croissance.
- De plus, le capitalisme « marchand » conduit à négliger l'investissement en infrastructures et les services publics. Les premiers sont trop coûteux pour intéresser le secteur privé ; il revient alors à l'État de les prendre en charge mais dans un contexte où l'impôt et la dépense publique sont jugés négativement, ils risquent donc d'être sacrifiés. Quant aux services publics, leur privatisation risque de faire passer au premier plan les préoccupations de court terme et de laisser de côté la partie non solvable de la population.

B Les atouts des autres formes de capitalisme

- Le capitalisme « méso-corporatiste » japonais est facteur d'innovations de processus par la mise en commun des savoir-faire des entreprises membres de kereitsu (groupes congloméraux réunissant des entreprises commerciales, industrielles et financière liées par des participations croisées) et par la mobilisation de la main-d'œuvre. Les relations étroites entre milieux d'affaires et élites étatiques confèrent à l'État un rôle de coordination et d'impulsion dans une perspective de long terme.
- Les autres formes de capitalisme disposent également d'atouts. Ainsi, le capitalisme « social démocrate », faiblement inégalitaire, fonde la compétitivité des firmes sur la polyvalence des travailleurs et leur formation, les investissements en infrastructure, le dialogue social… Le capitalisme « étatique » n'est pas non plus disqualifié : l'effort public dans le domaine transports, des télécommunications, de la scolarisation…, contribuent à l'amélioration de la compétitivité des firmes. De même, l'intervention publique dans le domaine de la recherche-développement est facteur de croissance.
- Des convergences sont possibles entre formes nationales de capitalisme. Par exemple, au Danemark, la grande flexibilité du marché du travail est associée à un haut niveau de protection sociale et à une politique volontariste de formation professionnelle. Ainsi le capitalisme danois combine le capitalisme « marchand » et le capitalisme « social démocrate ».

La mondialisation influe sur les formes nationales de capitalisme. Celles-ci évoluent mais restent encore spécifiques.

PARTIE VIII

SMI ET GLOBALISATION FINANCIÈRE

FICHE 71

LES PAIEMENTS INTERNATIONAUX

De même que la multiplication des échanges à l'intérieur d'un pays rend nécessaire l'utilisation d'une monnaie, la multiplication des échanges internationaux rend nécessaire l'utilisation d'un moyen de paiement international. Les différents flux entre les pays sont comptabilisés par la balance des paiements.

1 Le rôle d'un Système monétaire international

A La détermination du régime de change et des moyens de paiement internationaux

- Un SMI est nécessaire pour déterminer les modalités de conversion d'une monnaie en une autre. Ainsi, par exemple, le taux de change peut être fixe et ne varier que lorsque des autorités monétaires le décident, ou au contraire être flottant et fluctuer au gré du marché, en fonction de l'offre et de la demande.
- Un SMI est nécessaire pour définir les moyens de paiement internationaux. Ainsi pour remplir ce rôle il est possible de choisir l'or, ou bien une monnaie dite internationale comme la livre ou le dollar, ou alors accepter toutes les monnaies nationales. Le choix d'un instrument de paiement international est d'autant plus important que c'est lui qui servira de moyen de réserve international.

B Un SMI est nécessaire pour financer et réguler les échanges internationaux

- De même qu'il est nécessaire d'ajuster la quantité de monnaie nationale aux besoins des économies nationales à l'aide de mécanismes régulateurs, le SMI doit mettre en place des moyens permettant de concilier la croissance des échanges internationaux et celle des instruments de paiement internationaux.
- Grâce au SMI, les échanges internationaux ne devraient pas être source de perturbations nationales ; le SMI doit permettre d'éviter les variations intempestives des monnaies et les déséquilibres chroniques des balances des paiements menant directement à l'endettement : le SMI doit être source de stabilité. Depuis le XIXe siècle, quatre systèmes différents se sont succédés et seul le premier semble avoir permis d'assurer cette stabilité (*voir fiche 72*).

2 La comptabilisation des échanges : la balance des paiements

A Les principaux comptes

- La balance des paiements est un document comptable qui récapitule, pour une période donnée, les flux attachés aux transactions entre résidents et non résidents d'un territoire économique. Chaque entrée de devise est comptabilisée au crédit et chaque sortie de devise est comptabilisée au débit.

- La balance des paiements comporte trois comptes :
  - un compte des transactions (ou opérations) courantes qui inclut d'une part la balance des biens et services (flux entrants et sortants de biens et de services) et, d'autre part les flux de revenus des facteurs de production (intérêts, dividendes, salaires…) et les flux correspondant à des transferts courants ;
  - un compte de capital qui enregistre les flux entrants et sortants correspondant à des transferts en capital (dons et annulations de dettes) et des achats ou cessions d'actifs non financiers non produits (les brevets par exemple) ;
  - un compte financier comptabilisant les flux entrants et sortants d'investissements directs à l'étranger (mouvements de capitaux motivés essentiellement par des considérations de long terme), d'investissements de portefeuille (mouvements de capitaux motivés essentiellement par des considérations de court terme) et ceux portant sur d'autres opérations financières et monétaires (prêts ou emprunts internationaux par exemple). Ce compte inclut également les avoirs de réserves (ou réserves de changes) détenus par la banque centrale.

B La lecture de la balance des paiements

- Comme pour la comptabilité des entreprises, chaque opération donne lieu à une double inscription, l'une au crédit et l'autre au débit. Ainsi, par définition, une balance des paiements est obligatoirement équilibrée. Un poste « erreurs et omissions » assure l'ajustement exact et permet de pallier les imperfections dans les mesures.

  En revanche, les soldes partiels (celui de la balance commerciale, de celle des biens et services, celui du compte des transactions courantes…) peuvent être excédentaire ou déficitaires. Il en est de même du solde de la balance globale des paiements qui regroupe le compte des transactions courantes, le compte de capital et les flux recensés par le compte financier hors ceux du secteur bancaire et des autorités monétaires. En cas de déficit, le système bancaire s'endette à l'égard de l'extérieur et/ou les avoirs de réserve diminuent ; en cas d'excédent, le système bancaire se désendette vis à vis de l'extérieur et/ou les avoirs de réserve s'accroissent.
- La somme des soldes du compte des opérations courantes et des opérations de capital peut faire apparaître un excédent ou un déficit. Un déficit révèle un besoin de financement de la nation ; au niveau macroéconomique, l'épargne nationale est alors inférieure à l'investissement national ; le besoin de financement de la nation se traduit par un excédent du compte financier : en effet, les agents résidents doivent recourir aux non résidents pour couvrir le déficit d'épargne et /ou puiser sur les réserves de changes de la banque centrale.

  Inversement, un excédent indique une capacité de financement de la nation (l'épargne nationale est alors supérieure à l'investissement national) et se traduit par un déficit du compte financier.

L'étude du solde de la balance globale doit toujours être réalisée avec précaution ; ainsi un déficit ou un excédent n'est pas toujours significatif.

Un excédent du compte financier peut aussi bien être dû à une économie florissante qui attire les capitaux étrangers, qu'à une politique de taux d'intérêt élevés, ou à des emprunts massifs à l'étranger pour aider le pays à surmonter des difficultés économiques.

FICHE 72 DE L'ÉTALON-OR AU SYSTÈME DE BRETTON WOODS

À l'époque de la monnaie métallique (or ou argent), les échanges internationaux se réglaient tout naturellement à l'aide des métaux précieux. Progressivement, les systèmes monétaires internationaux se sont institutionnalisés et sont devenus le résultat d'accords internationaux.

1 Les systèmes monétaires internationaux avant les accords de Bretton Woods

A Le système de l'étalon-or a assuré une certaine stabilité dans un contexte de monnaies nationales stables

- Ce système découle logiquement des systèmes monétaires nationaux qui étaient basés sur l'or. Ses caractéristiques sont les suivantes :
  - l'or a une fonction d'étalon : chaque monnaie est définie par un poids d'or ;
  - les monnaies sont convertibles en or, ce qui limite la création monétaire et assure la confiance des agents économiques ;
  - le moyen de paiement international est l'or, mais les règlements en monnaies nationales convertibles en or ne sont pas exclus.
- Ce système est une source de stabilité : il limite la création monétaire car la base monétaire est l'or et il limite la variation des taux de change.
- La guerre de 1914 conduit à la fin de la stabilité monétaire : afin de couvrir leurs dépenses militaires puis leurs dépenses de reconstruction, les États font largement appel à la création monétaire ce qui engendre une forte inflation et les contraint à supprimer la convertibilité de l'or. La guerre bouleverse les rapports de force : les États-Unis qui étaient les débiteurs de l'Europe en sont maintenant les créanciers. De nombreux pays européens se retrouvent ruinés par la guerre, avec des réserves d'or très limitées.

B Le système de l'étalon de change or n'a pas été en mesure de restaurer la stabilité

- La conférence de Gênes en 1922 a établi les modalités du nouveau SMI (l'étalon de change or) : l'étalon est toujours l'or et les pays doivent établir un taux de change fixe entre leur monnaie et celui-ci, mais la convertibilité avec l'or n'est plus obligatoire et l'or n'est plus le seul instrument de paiement et de réserve international (il est possible d'utiliser les monnaies convertibles).
- Les systèmes monétaires de l'entre-deux guerres furent très instables :
  - la plupart des pays ont mené des politiques de dévaluation compétitive (par exemple la France jusqu'en 1926) afin d'améliorer leurs balances commerciales ;
  - la Grande-Bretagne, quant à elle, a mené une politique de déflation et de revalorisation de sa monnaie afin de rétablir la confiance dans la livre et lui faire rejouer son rôle d'avant-guerre, lui sacrifiant ainsi son économie intérieure ;
  - d'autres pays (ex. : l'Allemagne) sont entrés dans le cercle vicieux de l'inflation et de la dévalorisation monétaire, et connaissent un écroulement de leur monnaie.

- Au début des années 1930, la tendance est à l'isolationnisme et le système monétaire international éclate en plusieurs sous-systèmes : la zone livre sterling ; la zone dollar et le bloc or regroupant les pays restés fidèles à l'or, dont la France.

2 Le Système monétaire international de Bretton Woods

La conférence de Bretton Woods, réunie en 1944, a pour but de créer un nouveau SMI qui pourrait restaurer la confiance. Les Américains imposent un rôle central au dollar.

A Les principes de Bretton Woods

- C'est un système de parités fixes : chaque monnaie a un taux de change fixe avec le dollar (sa marge de fluctuation par rapport à ce taux n'est que de 1 % en plus ou en moins) et le dollar a un taux de change fixe avec l'or (35 dollars l'once d'or). L'or conserve donc une fonction d'étalon : par l'intermédiaire du dollar, toute monnaie a une parité or.
- Chaque monnaie est convertible en dollar (et en n'importe quelle autre monnaie) mais seul le dollar est convertible en or. Le dollar a donc le rôle d'une monnaie internationale, mais il est garanti en dernier ressort par l'or.
- Le Fonds monétaire international (FMI) est créé afin d'aider les pays déficitaires et de limiter les éventuelles dévaluations. Les pays membres doivent verser au FMI une contribution, ou quote-part, déterminée en fonction de leur poids économique. Il est alors possible de puiser dans cette caisse en cas de déficit de la balance des paiements.

B Une certaine stabilité après un début difficile

- La mise en place fut difficile : il y a une pénurie de dollars, les économies européennes et japonaise sont ruinées par la guerre, ce qui oblige les États-Unis à financer la reconstruction économique (plan Marshall par exemple). Les premières années de fonctionnement du nouveau SMI se caractérisent par la très grande souplesse de son fonctionnement : des dévaluations (baisse de la parité) très importantes sont autorisées.
- Entre 1950 et 1960 on assiste à une forte expansion économique et à une internationalisation des échanges ; l'Europe, grâce à ses exportations, peut se constituer des réserves en dollars. À cause des aides économiques et militaires, mais aussi en raison des nombreuses sorties de capitaux au titre de l'investissement à l'étranger et d'un infléchissement des exportations vers l'Europe, la balance des paiements américaine devient déficitaire ; le dollar devient abondant, mais il demeure malgré tout « aussi bon que l'or » et l'hégémonie américaine permet une croissance équilibrée.

À Bretton Woods, Keynes avait proposé une monnaie internationale ne portant la marque d'aucun pays particulier ; le système choisi dépend, lui, de la situation économique des États-Unis ; celle-ci peut évoluer et engendrer des conditions nouvelles impliquant tout le système monétaire international.

FICHE 73 LE SMI DEPUIS LES ANNÉES 1970

Le Système monétaire international de Bretton Woods reposait sur le dollar, et la confiance dans le dollar reposait elle-même sur deux piliers : la puissance économique américaine et la convertibilité du dollar en or. À partir du début des années 1960, une forte augmentation du nombre de dollars détenus à l'extérieur des États-Unis a commencé à saper la confiance en celui-ci, et à créer un mouvement de conversion des dollars en or qui obligea le Président Nixon à supprimer la convertibilité. Le dollar devenu inconvertible, le SMI de Bretton Woods est mis en question et remplacé par le système des changes flottants.

1 La crise du système de Bretton Woods

A La croissance du nombre de dollars détenus à l'extérieur des États-Unis...

- Dès le début des années 1960, le déficit de la balance des paiements américaine (apparu à la fin des années 1950) s'aggrave fortement :
  - la balance des capitaux se dégrade : les aides (dont l'aide militaire) et les prêts américains sont massifs et les entreprises américaines ont de plus en plus tendance à se délocaliser (développement des firmes multinationales), et à accroître leurs investissements directs à l'étranger ;
  - la balance commerciale se dégrade également en raison notamment de la concurrence nouvelle exercée par l'Europe et le Japon vis-à-vis des produits américains sur les marchés mondiaux.
- En raison de la multiplication des échanges, et parce qu'il est le moyen de paiement international, le dollar est de plus en plus demandé à l'extérieur des États-Unis. Des banques non-américaines décident d'accorder des crédits en dollars ; ces dollars détenus et même parfois créés à l'extérieur des États-Unis sont appelés des euro-dollars. Les crédits en dollars se multipliant et le crédit créant la monnaie, on a assisté à un gonflement très important de la quantité d'euro-dollars.

B ... a sapé la confiance dans le dollar et donc dans le SMI de Bretton Woods

- La quantité de dollars détenue à l'extérieur des États-Unis devient largement supérieure au stock d'or américain ; cette situation crée une défiance et accroît les conversions de dollars en or. Mais plus celles-ci augmentent, plus la confiance dans le dollar est sapée... En 1949, les États-Unis disposaient de 80 % des réserves mondiales d'or, en 1971 ils n'en ont plus que 31 %, et le stock d'or détenu à Fort Knox par les États-Unis est seulement de 11 milliards de dollars alors que les avoirs étrangers totaux en dollars s'élèvent à 50 milliards.
- Pour stopper la baisse des réserves d'or, les États-Unis limitent en 1968 la convertibilité du dollar aux banques centrales, mais face aux demandes de conversion de plus en plus importantes en provenance des banques centrales européennes, Nixon décrète unilatéralement l'inconvertibilité du dollar en août 1971. Tout le SMI de Bretton Woods reposait sur le dollar garanti par l'or et par la puissance américaine. Le dollar n'étant plus garanti, les différents pays abandonnent leur parité fixe avec

le dollar. À partir de 1973, après une seconde dévaluation du dollar (de 38 à 42 dollars l'once), il y a flottement généralisé des monnaies.

2 Le système des taux de change flottants

A Les principes des changes flottants

- Le nouveau Système monétaire international se caractérise par :
  - l'abandon de tout étalon : l'or est complètement démonétisé et devient une simple marchandise. Il n'y a plus de parités fixes déterminées par rapport à l'or ;
  - la suppression de la monnaie internationale officielle, même si, dans les faits, le dollar conserve un rôle central dans les échanges internationaux.
- Les monnaies varient librement en fonction de l'offre et de la demande. Si une monnaie est surtout offerte, son taux de change aura tendance à baisser, c'est la dépréciation. Une monnaie surtout demandée sera, quant à elle, une monnaie appréciée. Les taux de change variant librement, il n'est plus possible, dans le cadre du SMI, d'effectuer une dévaluation ou une réévaluation (décision des autorités monétaires de modifier à la baisse ou à la hausse un taux de change fixe), cependant les autorités monétaires peuvent encore intervenir pour limiter l'amplitude des fluctuations.

B Ce système n'a pas permis de supprimer le désordre monétaire

- Selon les libéraux, dont Milton Friedman, la fixation des taux de change par le marché, et non par des décisions administratives, devrait mettre fin aux désordres monétaires et rendre inutile une politique des taux de change. En outre, la libre variation des taux de change devrait permettre un équilibrage automatique des balances. En effet, un déficit de la balance des paiements se traduit par une baisse du taux de change qui permet de baisser le prix relatif des produits, d'où une augmentation des exportations et une diminution des importations et donc un rééquilibrage de la balance commerciale (et éventuellement de celle des paiements). Le mécanisme inverse joue en cas d'excédent.
- Les changes flottants n'ont pas permis d'équilibrer les échanges internationaux ni de stabiliser le SMI. Dans la balance des paiements, le compte financier joue un rôle non négligeable ; un déficit commercial peut être contrebalancé par une forte entrée de capitaux, et donc ne pas se traduire par une dépréciation de la monnaie. Ce fut le cas du dollar entre 1980 et 1985 : sa valeur augmentait fortement alors que la balance commerciale américaine était lourdement déficitaire, parce que les taux d'intérêt américains exerçaient un effet attractif sur les capitaux flottants. Par ailleurs, certaines importations sont incompressibles ; la baisse du taux de change ne permet pas de les diminuer (c'est le cas lorsque la demande n'est pas élastique par rapport au prix) et a, au contraire, un effet de renchérissement de leur coût.

Les changes flottants ont donc été source d'instabilité ; l'exemple le plus frappant est l'amplitude des variations du dollar (dont le cours est passé de 4 francs en 1980 à plus de 10 francs en 1985 avant de retomber aux alentours de 5 francs à la fin des années 1980) qui rend toute prévision économique aléatoire. Afin de créer un îlot de stabilité monétaire en Europe, la CEE a créé en 1972 le serpent monétaire, en 1979 le Système monétaire européen (SME) puis, en 1999, l'Union monétaire européenne.

FICHE 74

LA COOPÉRATION MONÉTAIRE EUROPÉENNE

Face au désordre monétaire international, causé par l'effondrement du système monétaire de Bretton Woods, les pays européens ont tenté de créer, en Europe, un îlot de stabilité des taux de change. Ce fut le serpent monétaire en 1972, le Système monétaire européen (SME) en 1979 et enfin l'Union monétaire européenne en 1999.

1 Du serpent monétaire à l'euro

A La coopération monétaire européenne avant l'euro

- En 1972, le serpent monétaire européen est créé ; son objectif est de contribuer à la stabilisation des taux de change au sein de la CEE. Pour cela les fluctuations sont limitées à plus ou moins 2,25 % autour d'un taux de référence représenté par une parité entre les monnaies européennes entre elles, et entre celles-ci et le dollar. Mais le dollar est très instable et les marges de fluctuations sont trop faibles, ce qui rend le système trop contraignant. De ce fait, le serpent monétaire échoue (dès 1973, la livre quitte le serpent) et le Système monétaire européen (SME) est créé en décembre 1978 à la conférence de Brême ; il entrera en application à partir de 1979.
- Dans le SME, chaque monnaie avait une parité avec l'ECU (*European Currency Unit*), puis l'euro ; cette parité n'est pas le taux de change réel de la monnaie, mais un taux de référence duquel elle ne doit pas trop s'écarter. Si une monnaie, malgré les interventions de sa banque centrale, risquait de dépasser les marges de fluctuation, les autres banques centrales, tenues à la solidarité, devaient aider la monnaie en question par la vente ou par l'achat, suivant le cas. Mais lorsqu'une monnaie avait structurellement tendance à dépasser les marges de fluctuation, sa parité pouvait être revue à la hausse (réévaluation) ou à la baisse (dévaluation).
- Le SME a résisté aux désordres monétaires internationaux et aux variations de forte amplitude du dollar. Malgré de nombreux réajustements (dévaluations ou réévaluations), le SME a assuré une certaine stabilité monétaire en Europe.

B Les causes de la mise en place d'une monnaie unique

- Une monnaie unique permet de supprimer les inconvénients liés au besoin de conversion de la monnaie nationale en devises. Non seulement cela permet de supprimer les coûts de conversion (commission des banques), mais aussi de ne pas craindre de dépréciation monétaire en cas de hausse des importations (tout au moins en provenance de pays membres de la communauté).
- Une monnaie unique permet de supprimer les risques liés à la variation des taux de change et ainsi, non seulement de rendre plus crédibles les prévisions des entreprises tournées vers l'extérieur, mais aussi de ne plus craindre un déficit de la balance des paiements avec les pays membres de l'Union, et donc de limiter la contrainte extérieure.
- Une monnaie unique rend les pays européens solidaires face au reste du monde, l'entité économique n'est plus la nation mais l'Europe.

2 L'Union monétaire européenne

A La création de la zone euro

- Le traité de Maastricht instaure « la fixation irrévocable des taux de change conduisant à l'instauration d'une monnaie unique [...], ainsi que la définition et la conduite d'une politique monétaire et d'une politique de change uniques dont l'objectif principal est de maintenir la stabilité des prix » (art. 3 A). Un Système européen de banques centrales (SEBC) réunissant les banques centrales nationales de l'Union européenne (UE) et la Banque centrale européenne (BCE) est créé. Le SEBC est dirigé par le Conseil des gouverneurs de la BCE qui définit la politique monétaire du SEBC avec comme objectif la stabilité des prix.
- Le respect de cinq critères de convergence conditionne l'adoption de la monnaie unique (l'euro) par les pays membres :
  - le déficit des administrations publiques ne doit pas dépasser 3 % du PIB ;
  - l'endettement des administrations publiques ne doit pas dépasser 60 % du PIB ;
  - le taux d'inflation ne doit pas dépasser de plus de 1,5 point la moyenne des taux d'inflation des trois pays les moins inflationnistes ;
  - le taux d'intérêt à long terme ne doit pas dépasser de plus de 2 points la moyenne des taux pratiqués dans les trois pays les moins inflationnistes ;
  - il est nécessaire de participer au mécanisme de change commun du SME sans avoir dévalué depuis au moins deux ans ; depuis 1999, le SME est remplacé par un mécanisme de change européen II (MCEII), parfois appelé SME bis, pour les pays n'ayant pas encore adopté la monnaie unique mais qui souhaiteraient le faire : la monnaie de ces pays doit avoir une parité officielle en euros dont elle ne doit pas s'écarter de plus ou moins 15 %.
- Lors du sommet européen de Bruxelles, en mai 1998, le Conseil européen a retenu les onze premiers pays (dont quantre seulement respectaient tous les critères) constituant la zone euro à compter du 1er janvier 1999 (mise en circulation de l'euro scripturale ; la mise en circulation des pièces et des pièces et des billets n'intervient qu'en janvier 2002). La Grèce les a rejoint en 2001.

B Une politique monétaire commune

- La politique monétaire est unique et commune à tous les pays de la zone euro ; son objectif est la stabilité des prix. Elle ne peut donc, *a priori*, être utilisée comme instrument de lutte contre le chômage. Le principe de l'indépendance de la BCE est censé garantir la pérennité de la poursuite de l'objectif de lutte contre l'inflation.
- L'Union monétaire implique naturellement une politique unique de change vis-à-vis des monnaies extérieures à la zone euro, et notamment du dollar et du yen. La responsabilité du taux de change de l'euro est partagée entre la BCE et le Conseil ÉCOFIN (réunion des ministres européen de l'Économie et des Finances). L'euro étant une monnaie flottante, la BCE n'a pas de marges de fluctuations à respecter, contrairement aux anciennes monnaies européennes qui devaient rester dans les marges définies par le SME.

Si la coopération monétaire européenne a abouti, il reste encore beaucoup à faire pour renforcer la coopération budgétaire et fiscale (en dépit du pacte de stabilité et de croissance) et encore plus pour renforcer la coopération politique.

FICHE 75 LES DÉTERMINANTS DES TAUX DE CHANGE

Un taux de change est le prix d'une monnaie en une autre monnaie. Il varie sur les marchés des changes en fonction de l'offre et de la demande des devises. Dans un régime de changes flottants ou flexibles, les taux de change peuvent fluctuer sans limite. En revanche, dans un régime de changes fixes, les autorités monétaires de chaque pays déterminent une parité officielle de leur monnaie à l'égard de celle des autres pays et définissent une marge de fluctuation autorisée sur les marchés des changes.

Lorsque durablement les variations des taux de change tendent à dépasser les limites autorisées, les pouvoirs publics vont devoir procéder à une dévaluation ou une réévaluation des monnaies, c'est-à-dire à une modification de leurs parités officielles.

1 TAUX DE CHANGE ET BALANCE DES PAIEMENTS

A Taux de change nominaux, réels et effectifs

- Les taux de change constatés sur les marchés des changes sont des taux de change nominaux. Au sein de chaque pays, les prix peuvent augmenter ou baisser faisant varier le pouvoir d'achat de chaque unité monétaire : il convient alors de calculer des taux de change réels prenant en compte les variations des prix au sein des pays.
- Par ailleurs, la prise en compte de l'importance relative du commerce extérieur des pays à l'égard de chacun de leur partenaire permet d'établir les taux de change effectifs des devises ; pour chacune d'entre elles, on calcule une moyenne des taux de change à l'égard des autres devises, chacun étant pondéré par l'importance du commerce extérieur. Ce taux de change effectif peut être nominal ou réel. L'observation de l'évolution du taux de change effectif, en particulier du taux de change effectif réel, permet de mieux apprécier les conséquences économiques et sociales des fluctuations des taux de change.

B Les taux de change dépendent directement du solde de la balance des paiements

- La balance des paiements (*voir fiche 71*) d'un pays récapitule toutes les opérations avec le reste du monde ; si une balance globale des paiements est excédentaire cela signifie que la monnaie est plus demandée qu'offerte ce qui conduit à une appréciation de la monnaie. Au contraire, une balance déficitaire conduit à une dépréciation puisque la monnaie nationale est convertie en devises pour régler le déficit. Pour analyser les déterminants de la valeur des monnaies, il faut donc examiner les deux principales composantes de la balance des paiements : le compte des transactions courantes et le compte financier (hors secteur bancaire et autorités monétaires).
- Le solde de la balance des transactions courantes dépend essentiellement de la croissance du pays (plus sa croissance est forte plus il a tendance à importer), de la croissance de ses partenaires (plus leur croissance est importante, plus le pays aura tendance à exporter) et de sa compétitivité c'est-à-dire aussi bien sa compétitivité prix que sa compétitivité produit. Le solde du compte financier, hors sec-

teur bancaire et autorités monétaires dépend essentiellement des perspectives de profits pour les investissements directs à l'étranger et des taux d'intérêt et de motifs spéculatifs pour les investissements de portefeuille.

- La politique des changes joue aussi sur les taux de change. Dans un système monétaire à taux de change flottants, il n'est plus possible de dévaluer ou de réévaluer sa monnaie, mais le pays peut tout de même agir sur celle-ci en cherchant à la déprécier ou au contraire à l'apprécier. Pour cela il dispose de deux moyens principaux. Il peut acheter ou vendre de sa monnaie contre des devises (mais cette politique est de moins en moins possible car le montant des transactions est souvent sans commune mesure avec les avoir détenus par les banques centrales) ou bien jouer sur les taux d'intérêt afin d'attirer ou non les capitaux extérieurs.

2 Parité de pouvoir d'achat et parité de taux d'intérêt

A Le taux de change dépend de la parité des pouvoirs d'achat

- Gustave Cassel explique au début du XXe siècle que la valeur externe de la monnaie (et donc son taux de change) est déterminée par son pouvoir d'achat interne, c'est-à-dire par la quantité de marchandises qu'elle permet d'acquérir. En effet, selon la loi du prix unique, en raison de la concurrence et du décloisonnement des marchés, les prix des marchandises doivent être identiques dans tous les pays. On en déduit aisément que le taux de change entre deux monnaies est déterminé par le rapport du niveau général des prix dans les deux pays.
- On peut donc établir un lien de cause à effet entre la variation des prix et celle du taux de change. Ainsi l'évolution du taux de change serait déterminée par l'écart d'inflation entre un pays et ses partenaires (différentiel d'inflation). Un pays qui bénéficierait par exemple d'une bonne compétitivité-prix pourrait bénéficier d'un différentiel d'inflation favorable et donc d'une tendance à l'appréciation de son taux de change.

B Le taux de change dépend aussi de la parité de taux d'intérêt

- La mobilité internationale des capitaux induit l'égalisation des taux de rendement des placements financier entre les différents pays. Si les taux d'intérêt sont plus élevés dans un pays, des capitaux vont s'y placer, cela induira une augmentation de la demande de devises dans ce pays et donc une appréciation de son taux de change. Un déterminant important du taux de change est donc le différentiel de taux d'intérêt.
- La conjonction des mécanismes de parité de taux d'intérêt et de parité des pouvoir d'achat peut provoquer un phénomène de sur réaction mis en relief par l'économiste américain R. Dornbusch. À court terme, les taux de change s'alignent sur le différentiel d'intérêt : si le taux d'intérêt d'un pays est plus faible que ceux de ses partenaires, sa monnaie va se déprécier (selon le mécanisme de la parité de taux d'intérêt). Mais, la faiblesse du taux d'intérêt alimente l'inflation qui, par le mécanisme de la parité des pouvoir d'achat, accentuera sur le long terme la dépréciation des taux de change (« sur-réaction »).

La volatilité des taux de change depuis les année 1980 s'explique par leur « sur-réaction », mais aussi par les différentes anticipations à la hausse ou à la baisse qui amplifient les variations. Par leur comportement « moutonnier » les agents économiques aggravent les déséquilibres.

FICHE 76 L'EURO ET LE DOLLAR DANS L'ÉCONOMIE MONDIALE

Depuis les années 1940, le dollar occupe une place centrale dans l'économie mondiale. La création de l'euro en 1999 (voir fiche 74) *pouvait remettre en cause la domination du dollar. Ce n'est pas encore véritablement le cas.*

1 L'EURO N'A PAS VRAIMENT ENTAMÉ LA DOMINATION DU DOLLAR

A Le dollar au centre de l'économie mondiale

- En 2005, le dollar est l'unité de réserves privilégiée des banques centrales. Il constitue près des 2/3 de leurs réserves officielles en devises (3/4 en 1975). Bien que depuis le début des années 2000, la part de l'euro s'accroisse (actuellement 25 % contre18 % en 1999), le dollar est encore prépondérant. Par ailleurs, le dollar est un instrument de règlement et de facturation dans le commerce international. Ainsi, un peu plus de 50 % des exportations mondiales sont facturées en dollars (25 % en euros) en particulier pour les matières premières et les gros contrats industriels tels ceux concernant l'aéronautique ou l'aérospatial.
- La monnaie américaine est également très utilisée sur les marchés des capitaux mais l'euro la concurrence fortement. Sur les marchés des changes, les opérations impliquant le dollar sont largement majoritaires. Enfin, le dollar est utilisé comme monnaie de référence (ou point d'ancrage) par environ 80 pays (ancrage officiel ou de fait) contre environ 50 pour l'euro. En outre, le dollar circule parallèlement à la monnaie nationale dans des pays dont l'économie est fragilisée (des pays en développement notamment) et qui font l'objet de la défiance des opérateurs sur les marchés financiers internationaux. Dans certains cas (par exemple, Salvador, Équateur, Guatemala), le dollar a même remplacé officiellement la monnaie nationale.

B D'amples fluctuations du dollar et de l'euro

- De 1999, date de la création de l'euro, à 2001, la monnaie unique européenne s'est dépréciée par rapport au dollar sur les marchés des changes (le dollar s'est donc apprécié): son taux de change passe de 1,16 dollar à 0,83 dollar pour un euro, soit une chute tendancielle de 30 %. Depuis, l'euro s'est redressé (le dollar s'est déprécié): il atteint, fin 2004, 1,36 dollar pour un euro, soit une appréciation de plus de 60 % depuis 2001. Du début 2005 jusqu'au début 2006, l'euro s'est déprécié de plus de 10 % (le dollar s'est apprécié) et son cours est légèrement supérieur à celui du début 1999 (1,21 dollar pour un euro).
- Ces fluctuations interviennent aussi à l'égard du yen et de la livre sterling. Ainsi, depuis 2001, l'euro s'est apprécié de 40 % par rapport au yen (après s'être déprécié de 30 % entre 1999 et 2001) et de 15 % par rapport à la livre sterling (après une dépréciation de près de 20 % entre 1999 et 2001). Par ailleurs, le taux de change du dollar en yen oscille de 1999 au début 2006 (appréciation de 20 % jusque 2002, puis dépréciation de 25 % jusque début 2005, puis redressement pour retrouver au début 2006 un niveau comparable à celui de 1999). Par rapport à la livre sterling, le dollar s'apprécie de 1999 à 2001 (+ 20 %) puis se déprécie

jusque fin 2004 (– 20 %) et s'apprécie à nouveau du début 2005 au début 2006 (+ 8 %), son cours étant alors légèrement supérieur à celui du début 1999.

2 Les facteurs qui limitent le rôle international de l'euro

A L'inertie des comportements monétaires

- Pour que l'euro joue un rôle accru dans l'économie mondiale, il faut que des agents économiques jusqu'alors utilisateurs de dollars changent de comportements. Ils doivent alors établir de nouvelles règles de calcul, se référer à une nouvelle échelle de valeur, modifier des logiciels de comptabilité ou de gestion, etc. Ces modifications représentent des coûts qui peuvent être jugés trop élevés en regard de l'intérêt à continuer à utiliser le dollar.
- Symétriquement, l'usage accru de l'euro dans l'économie mondiale suppose que la monnaie unique européenne offre des avantages conséquents par rapport au dollar. Ces avantages tiennent pour beaucoup à la croissance économique de la zone euro qui influe sur les rendements escomptés des placements et des investissements au sein de la zone. Or, la croissance économique est restée modérée depuis la création de l'euro. Certains économistes d'inspiration keynésienne y voient l'effet de politiques économiques conjoncturelles trop restrictives; des économistes libéraux y voient les conséquences de rigidités sources de dysfonctionnements des mécanismes de marché.
- L'intégration des marchés financiers européens n'est pas encore véritablement achevée: par exemple, les marchés boursiers sont partagés entre ceux de Londres, de Francfort et d'EURONEXT (Amsterdam, Paris, Bruxelles); certaines opérations financières transfrontalières au sein de la zone euro sont encore d'un coût élevé; les investisseurs institutionnel européens (compagnies d'assurances, banques) sont encore de taille insuffisante par rapport à leurs homologues américains.

B La gouvernance sous optimale de la zone euro

- La crédibilité internationale de l'euro est fragilisée. En effet, les utilisateurs actuels et potentiels de la monnaie unique européenne s'interrogent sur les modalités de l'Union économique et monétaire mise en œuvre depuis le début des années 1990 (*voir fiche 39*): certains pays de l'Union européenne ont adopté la monnaie unique, d'autres pays ne l'ont pas fait, dont la Grande-Bretagne qui est une grande puissance financière mondiale.
- L'intégration politique avance lentement et la gouvernance de la zone euro relève encore de compromis entre les États dont la coopération n'est pas toujours exemplaire; les rapports entre la Banque centrale européenne et les États révèlent des opposition d'intérêts qui questionnent sur la cohérence et l'efficience de la gouvernance de la zone euro. Une fois encore, la crédibilité de l'euro en pâtit.
- Aucune instance ne représente la zone euro dans les négociations monétaires internationales. Face à la prééminence des États-Unis dont les intérêts sont défendus par leur Président ou leur secrétaire du Trésor, les membres de la zone euro sont divisés ce qui entame la crédibilité internationale de la monnaie unique européenne.

Plusieurs facteurs limitent le rôle international de l'euro. La monnaie unique européenne est de création récente et il faudra du temps pour qu'elle accède au statut d'une monnaie internationale, véritable alternative au dollar.

FICHE 77 LA GLOBALISATION FINANCIÈRE

La globalisation financière, c'est-à-dire la constitution d'un marché mondial des capitaux, s'intensifie depuis les années 1980. Ses effets sur l'économie réelle sont discutés.

1 La globalisation financière s'amplifie depuis les années 1980

A Les facteurs de la globalisation financière depuis les années 1980

- La constitution d'un marché mondial des capitaux résulte du décloisonnement des marchés nationaux, c'est-à-dire la suppression des obstacles aux flux monétaires et financiers internationaux (par exemple : le contrôle des changes est aboli). Au niveau national, le décloisonnement consiste à supprimer ou à atténuer la spécialisation des établissements bancaires ou financiers sur tel ou tel type d'opérations (par exemple : la distinction entre banques d'affaires et banques de dépôts perd de sa pertinence).
- La globalisation financière est également le résultat d'un processus de déréglementation qui assouplit les règles régissant le fonctionnement des marchés monétaires ou financiers et l'activité des banques et des institutions financières qui y interviennent. Le contrôle des pouvoirs publics sur les opérations monétaires et financières internationales et nationales s'amoindrit.
- La désintermédiation participe aussi à la globalisation financière : le financement de l'économie repose davantage sur l'autofinancement et le recours aux marchés financiers et passe moins par le crédit bancaire. La désintermédiation substitue un financement désintermédié par émissions de titres négociables (actions, obligations et autres titres négociables), à un financement intermédié fondé sur le crédit bancaire.

B Les effets positifs attendus de la globalisation financière

- La globalisation financière s'est traduite depuis les années 1980 par l'accroissement considérable des flux financiers dans l'économie mondiale. Ainsi, en 2005, chaque jour, les transactions intervenant sur les marchés des changes s'élèvent à environ 2 000 milliards de dollars en moyenne. Par comparaison, le commerce mondial de biens et de services atteint 12 000 milliards de dollars pour toute l'année 2005. Selon le Fonds monétaire international, les actifs financiers que les agents économiques détiennent hors de leurs frontières nationales représentent dans les pays industrialisés 220 % de leur PIB en 2004 contre 25 % en 1970.
- Pour le courant libéral, la globalisation financière favorise l'investissement et la croissance : elle optimise l'allocation de ressources en améliorant l'ajustement entre besoins et capacités de financement des agents économiques et concourt à la baisse des taux d'intérêt du fait de l'intensification de la concurrence entre les institutions financières. De plus, de nouvelles formes de placements (innovations financières) et la création de nouveaux marchés tel le NASDAQ aux États-Unis, spécialisé sur la cotation d'entreprises de haute technologie, facilitent aussi l'ajustement entre capacités et besoins de financement à l'échelle mondiale ; de

nouveaux acteurs tels les investisseurs institutionnels (organismes de placements collectifs) améliorent l'efficience des marchés financiers en développant leurs activités de collecte d'épargne et de placements au niveau mondial.

2 Les risques de la globalisation financière

A Le risque de déconnexion entre sphère financière et sphère réelle

- L'ampleur de la globalisation financière est sans commune mesure avec le développement de la production mondiale et plus globalement de l'économie réelle. Il en est ainsi, par exemple, lorsque la hausse des cours boursiers ne reflète pas celle de l'activité des firmes cotées (bulle financière). Cet écart peut s'amplifier en raison des comportements mimétiques des détenteurs de capitaux qui calent leurs comportements sur la moyenne du marché représentée par l'évolution des cours ; dès lors, la hausse des cours entraîne la hausse. Lorsque la sphère financière (ici boursière) diverge à l'excès de la sphère réelle, un ajustement est inévitable et se traduit par un krach boursier brutal (comme en 1987) ou « rampant » (comme au début des années 2000). L'interdépendance croissante des pays du fait de la globalisation peut transformer de tels krachs boursiers, localisés dans certains pays, en crises systémiques de plus grande ampleur, comme ce fut le cas lors de la crise asiatique en 1997-1998 (*voir fiche 78*).
- La mobilité des capitaux impose aux États d'éviter toute dérive inflationniste qui réduirait les taux d'intérêt réels ; les épargnants placeraient alors leurs capitaux dans des pays moins inflationnistes et/ou exigeraient des taux d'intérêt nominaux plus élevés qui nuiraient aux investissements. Par conséquent, indépendamment de la situation économique réelle des pays, les pouvoirs publics sont amenés à privilégier les politiques d'austérité pour juguler les pressions inflationnistes au détriment du chômage.

B La globalisation financière peut nuire au développement des firmes

- La globalisation financière participe à l'émergence d'un capitalisme patrimonial ou actionnarial (*voir fiche 70*) : elle accroît le pouvoir des détenteurs de capitaux, en particulier des actionnaires des firmes cotées sur les grandes places boursières mondiales. Ces actionnaires (dont les investisseurs institutionnels) désignent les dirigeants des entreprises ; ils exigent une rentabilité élevée de leurs fonds et leur valorisation.
- Dès lors, les équipes dirigeantes des entreprises cotées vont être amenées à privilégier la rentabilité à court terme pour assurer à leurs actionnaires des revenus ou des plus-values boursières élevés. Par exemple, des dépenses d'investissements (achats de nouvelles machines, dépenses de recherche-développement…) peuvent être sacrifiées, leur rentabilité n'intervenant qu'à long terme. De même, une partie des ressources disponibles au sein des firmes peut être consacrée au rachat en bourse de leurs propres actions afin d'en valoriser le cours, au lieu de financer les investissements productifs.

Les effets de la globalisation financière peuvent être bénéfiques à l'économie mondiale. Toutefois, elle est aussi porteuse de risques. C'est pourquoi des économistes d'inspiration keynésienne préconisent une nouvelle réglementation des flux de capitaux internationaux.

FICHE 78

LES CRISES FINANCIÈRES DEPUIS LES ANNÉES 1970

Une crise financière est un dysfonctionnement des marchés monétaires et financiers nationaux ou internationaux, perturbant gravement l'ajustement entre besoins et capacités de financement des agents économiques. Depuis les années 1970, la globalisation financière participe à l'accroissement de la fréquence de ce type de crises dans le monde.

1 LES TROIS GRANDES FORMES DE CRISES FINANCIÈRES

A Crises boursières, cambiaires et bancaires

- Les crises boursières se matérialisent par un krach boursier (chute des cours) du fait de la multiplication des ventes d'actions ou d'obligations manifestant la défiance des détenteurs de capitaux (par exemple, le krach de 1987 ou le krach rampant de 2001-2003 dans les pays développés ou encore celui de la bourse de Tokyo en 1990).
- Les crises cambiaires (ou crises de changes) se traduisent par une chute brutale des taux de change de certaines devises (par exemple : la livre sterling en 1992, le baht thaïlandais en 1997), suite à des attaques spéculatives contre des monnaies et/ou des sorties massives de capitaux.
- Les crises bancaires (et plus globalement des institutions financières) naissent de la défiance des déposants (ils retirent leurs dépôts) ou des actionnaires des banques ou institutions financières (ils vendent leurs titres), ou encore des prêteurs (ils refusent d'avancer de nouveaux capitaux ou le font à des taux d'intérêt trop élevés). Cette défiance à l'égard des banques provient de leur endettement excessif, de prêts ou placements hasardeux ou de la découverte de comportements douteux (voire de malversations) de leurs dirigeants.

B Des crises qui peuvent se combiner et devenir systémiques

- Ces différentes crises peuvent se conjuguer : ainsi, la chute du baht en 1997 résulte de la sortie massive de capitaux de Thaïlande du fait de la défiance des opérateurs financiers s'inquiétant notamment de la situation des banques thaïlandaises ; celles-ci utilisaient des fonds empruntés à court terme pour des prêts à long terme finançant des programmes immobiliers surdimensionnés. La fuite des capitaux s'est traduite également par la vente d'actions à la bourse de Bangkok d'où un effondrement des cours des actions.
- Les crises financières peuvent provoquer des crises économiques. Au Mexique en 1994-1995, la chute des cours boursiers appauvrit les détenteurs de titres (dont des banques et des entreprises). Dès lors, la consommation des ménages baisse, les entreprises investissent moins (certaines font faillite), les banques diminuent leurs prêts. L'activité économique recule provoquant une hausse du chômage pesant sur la demande.
- Par ailleurs, du fait de la globalisation financière (*voir fiche 77*), les acteurs financiers sont fortement interdépendants : leur activité « fait système ». Dès lors, quand l'un de ces acteurs est défaillant, les autres en ressentent les effets négatifs. Cette interdépendance vaut aussi pour les pays : quand l'un d'entre eux subit

une crise financière, les autres en pâtissent également. Les crises deviennent alors systémiques comme lors de la crise asiatique de 1997-1998.

2 Des crises financières plus fréquentes depuis les années 1970

A La globalisation financière participe à la plus grande fréquence des crises financières

- Les innovations financières (nouvelles formes de placements), la déréglementation et le décloisonnement des marchés financiers (*voir fiche 77*) provoquent l'essor des transactions financières – dont celles correspondant à des opérations spéculatives – sur des marchés boursiers nationaux interconnectés. Les crises boursières sont alors très probables d'autant plus que la libre circulation des capitaux autorise les déplacements rapides des fonds entre places boursières.
- L'abolition du contrôle des changes et la libre circulation des capitaux contribuent à l'instabilité des changes et facilitent les opérations spéculatives sur les devises. Lors des crises boursières et/ou bancaires, les détenteurs de capitaux peuvent plus aisément vendre sur les marchés des changes la monnaie des pays en crise contre celle des pays plus sûrs.
- Du fait de la globalisation financière, la déréglementation assouplit les contrôles dont font l'objet les banques et institutions financières alors que leurs champs d'intervention s'élargissent en raison de l'internationalisation des marchés. De plus, elles peuvent dans une certaine mesure affecter des ressources de court terme à des opérations de long terme du fait du décloisonnement des marchés. Ces évolutions accroissent le risque de leur défaillance.

B L'imperfection de l'information

- Sur les marchés financiers, l'information des agents est imparfaite d'autant plus que ces marchés sont mondialisés. Ainsi, les prêteurs ne disposent pas d'une information complète sur la capacité des emprunteurs à rembourser leurs emprunts. Dès lors, ils ajoutent une prime de risque aux taux d'intérêt qu'ils exigent, ce qui découragera les emprunteurs porteurs de projets sains et capables de respecter leurs engagements. Ce ne sera pas le cas des emprunteurs qui escomptent des gains importants en se livrant, par exemple, à des opérations spéculatives risquées que la globalisation financière facilite. Cette antisélection des emprunteurs (ou sélection adverse) par les prêteurs fragilise les marchés financiers.
- Dans un contexte d'incertitude, le mimétisme semble être le comportement le plus rationnel pour les agents économiques : ils vont caler leurs choix sur ceux d'agents réputés mieux informés ou sur les tendances des marchés censées représenter l'opinion moyenne des agents. Ce mimétisme amplifie les évolutions des prix des actifs financiers (cours des actions ou des obligations) : la hausse des cours implique la hausse des cours, d'où le gonflement d'une bulle spéculative ; son éclatement ouvrira une crise boursière amplifiée par les comportements mimétiques (la baisse des cours implique la baisse des cours). La crise boursière pourra déclencher une crise cambiaire et/ou bancaire dont les effets seront également accentués par les comportements mimétiques que la globalisation financière tend à renforcer, les marchés financiers étant interconnectés.

Depuis les années 1970, les crises financières sont plus fréquentes du fait de la globalisation financière. C'est pourquoi la réflexion des économistes s'oriente vers les modalités d'une nouvelle gouvernance de l'économie mondiale (voir fiche 87).

FICHE 79 LE FMI ET LA BANQUE MONDIALE

Le Fonds monétaire international (FMI) et la Banque internationale pour la reconstruction et le développement (BIRD), une composante de ce qui deviendra la Banque mondiale au cours des années 1950, sont créés lors de la conférence de Bretton Woods en 1944 (voir fiche 72). *Leur rôle a évolué et elles font l'objet de nombreuses critiques.*

1 Deux institutions financières internationales dont le rôle a évolué

A Deux institutions clés dans l'économie mondiale

- Le FMI est une sorte de société de crédit mutuel. Ses ressources proviennent des quotes-parts versées par les pays membres proportionnellement à leur poids dans l'économie mondiale (184 pays membres en 2005) et, depuis les années 1960, d'emprunts auprès des principaux pays industrialisés ; le Fonds dispose également d'un pouvoir très réduit de création monétaire (émissions de droits de tirages spéciaux). Tout pays membre qui connaît des difficultés de balance des paiements peut emprunter au FMI les devises qui lui sont nécessaires (jusqu'à 125 % de sa quote-part). Jusqu'aux années 1970, le FMI veille à préserver la stabilité des changes. Il est parfois nécessaire de procéder à des dévaluations/réévaluations qui, lorsqu'elles dépassent 10 %, nécessitent l'accord du Fonds.
- La Banque internationale pour la reconstruction et le développement (BIRD) est créée en 1944. Plusieurs instances financières spécialisées lui sont ensuite adjointes pour former le groupe Banque mondiale. Ses ressources proviennent des quotes-parts des pays membres (les mêmes que ceux du FMI et selon des modalités identiques) et d'emprunts sur les marchés financiers. Elle octroie des prêts, principalement pour financer la construction d'infrastructures. Initialement instituée pour contribuer à la reconstruction en Europe après la guerre, la BIRD (puis la Banque mondiale) recentre depuis les années 1950 ses interventions sur les pays en développement (PED). Depuis les années 1990, elle intervient aussi auprès des ex-pays socialistes en transition.

B Leur rôle a évolué

- L'instauration des changes flexibles au cours des années 1970 (*voir fiche 73*) implique une modification du rôle du FMI qui doit éviter une instabilité trop grande du SMI. Mais, dans les faits, il ne dispose pas vraiment des moyens de faire respecter ce principe. Par ailleurs, le Fonds s'engage davantage dans l'assistance aux PED et, depuis les années 1990, aux ex pays socialistes en transition. La crise d'endettement et les crises financières que connaissent les PED depuis les années 1980 (*voir fiches 78 et 80*) amènent le FMI à leur accorder des prêts pour qu'ils puissent honorer leurs engagements. Ces prêts sont conditionnés par la mise en œuvre de politiques d'ajustement structurel (PAS) qui sont des politiques conjoncturelles d'austérité et qui visent à long terme à libéraliser l'économie (*voir fiche 30*).

- Les interventions de la Banque mondiale, traditionnellement centrées sur l'aide au financement des infrastructures (routes, ports, aéroports...), sont depuis les années 1980 plus diversifiées. Dorénavant, elle contribue au financement de projets dans les domaines de l'éducation, de l'accès à l'eau potable et l'assainissement, de la lutte contre le sida, de la constitution d'un cadre institutionnel favorable à l'investissement... Ses prêts sont conditionnés par la mise en œuvre de PAS et, depuis la fin des années 1990, la Banque mondiale (ainsi que le FMI) exigent également la mise en œuvre de programmes de lutte contre la pauvreté.

2 Des institutions critiquées

A La domination des pays développés et des interventions trop souvent inefficaces

- Le pouvoir de décision au sein des conseils d'administration du FMI et de la Banque mondiale est fondé sur les quotes-parts des pays membres. De ce fait, les pays du G7 disposent de 47 % des voix ; à eux seuls les États-Unis représentent 17 % des voix. Or, les décisions les plus importantes requièrent au moins 85 % des voix. Les américains disposent donc d'un droit de *veto*. Il en est de même de l'Union européenne si ses membres présentent un front uni. Ainsi, au sein des deux institutions internationales, les principaux pays développés exercent leur domination sur les autres pays.
- L'efficacité des interventions des deux institutions est contestée. Par exemple, les experts du FMI n'ont pas décelé la fragilité du système financier de la Thaïlande et de la Corée du Sud avant que ne se déclenche la crise asiatique en 1997-1998. Les politiques monétaires qu'ils ont ensuite recommandées à ces pays étaient trop rigoureuses. Par ailleurs, la Banque mondiale a maintenu ses aides à des PED alors qu'elles étaient en grande partie détournées par les élites locales. Un rapport très critique élaboré par l'économiste américain Allan Meltzer (2000) fait état d'un taux d'échec de 65 à 70 % des projets financés par la Banque mondiale.

B Des politiques inadaptées aux réalités des PED et des ex-pays socialistes en transition

- Les PAS promues par les deux institutions accroissent, dans de nombreux cas, la pauvreté et le chômage ; elles éliminent les producteurs locaux concurrencés par les firmes multinationales et génèrent une instabilité financière liée aux entrées et sorties de capitaux volatils... En outre, ces institutions semblent parfois ignorer les réalités des PED ou des ex-pays socialistes en transition en leur imposant brutalement le modèle d'économie de marché des sociétés occidentales à qui il a fallu des décennies pour que ce mode de régulation soit véritablement opérationnel.
- Les deux institutions peuvent aussi entrer en contradiction. L'économiste américain Joseph Stiglitz (prix Nobel d'économie en 2001), ancien économiste en chef de la Banque mondiale, indique que les politiques d'austérité promues par le FMI, qui visent à limiter les dépenses publiques, hypothèquent la réussite des projets d'investissements au financement desquels participe la Banque mondiale. En effet, les États réduisent leurs propres efforts d'investissement pour diminuer leurs dépenses. Depuis la deuxième moitié des années 1990, la Banque mondiale reconnaît que le développement n'est pas réductible à une gestion financière orthodoxe.

Le FMI comme la Banque mondiale sont des acteurs importants de l'économie mondiale. Les critiques qui leur sont adressées appellent cependant des réformes pour en améliorer le fonctionnement.

FICHE 80 ENDETTEMENT EXTERNE ET GESTION DE LA DETTE DES PED DEPUIS LES ANNÉES 1970

La dette extérieure des pays en développement (PED) constitue depuis la fin des années 1970 un sujet d'inquiétude pour la communauté internationale.

1 Les PED ont connu un endettement extérieur excessif

A L'endettement externe pour sortir du sous-développement (jusqu'à la fin des années 1970)

- Au cours des années 1970, les PED enregistrent un accroissement de leurs besoins de financement qui les conduit à davantage recourir à l'endettement externe. C'est le résultat de programmes d'investissements massifs et des déficits extérieurs courants que provoquaient la hausse du prix de leurs importations (hausse du prix des produits primaires et des biens d'équipement) et le freinage de leurs exportations du fait du ralentissement de la croissance dans les pays développés.
- Comme les taux d'intérêt réels (taux d'intérêt nominaux – taux d'inflation) supportés par les PED étaient bas et que le taux de change du dollar s'inscrivait dans une tendance baissière, l'endettement extérieur des PED, qui s'exprimait pour une large part en dollars, ne paraissait pas dangereux. En outre, la dette extérieure devait contribuer à l'essor des investissements (dont une partie se traduit par des importations de biens d'équipement), et donc favoriser la croissance des PED ; la hausse du revenu national permettrait alors de rembourser la dette.

B De l'endettement au surendettement (à partir du début des années 1980)

- Conformément aux décisions du G7 à Tokyo en 1979, les pays développés privilégient la lutte contre l'inflation. Aux États-Unis, les taux d'intérêt sont fortement relevés, ce qui provoque la hausse du dollar. Comme l'inflation est bridée, les taux d'intérêt réels américains sur lesquels sont indexés la plupart des taux d'intérêt de la dette des PED se redressent. Par ailleurs, les politiques économiques restrictives menées dans les pays développés freinent leur croissance et donc leurs importations, notamment celle en provenance des PED, creusant leur déficit extérieur ; leur besoin de financement s'accroît d'autant.
- Face à l'alourdissement de leur dette externe, un grand nombre de PED annoncent leur incapacité d'honorer leurs engagements en 1982 (Mexique, Brésil, Argentine, Maroc…). Des programmes de gestion de la dette sont alors mis en œuvre (voir *infra*). Le montant de la dette extérieure des PED continue cependant de croître (environ 2000 milliards de dollars en 2004) mais le ratio du service de la dette (partie du capital emprunté qui est remboursée annuellement et intérêts annuels, en pourcentage des exportations annuelles) s'améliore depuis le milieu des années 1980. Toutefois, selon la Banque mondiale, 40 % des PED sont encore excessivement endettés en 2004. Il s'agit principalement des PED les plus pauvres, fragilisés par leur la spécialisation sur les produits primaires et la déficience de leurs institutions.

2 La gestion de la dette externe des PED

A Les mesures prises jusqu'en 1985

- Avant 1985, les mesures destinées à endiguer la croissance de la dette extérieure des PED s'avèrent insuffisantes. Il s'agit pour l'essentiel de mesures de rééchelonnement de la dette, c'est-à-dire l'allongement de la période de remboursement des emprunts, assorties de nouveaux prêts accordés par les institutions internationales, mais aussi par des banques implantées dans les pays développés.
- L'octroi de nouveaux prêts aux PED est conditionné par la mise en œuvre de politiques d'ajustement structurel ou PAS (*voir fiche 30*), promues par le FMI. Elles comportent un volet conjoncturel, correspondant à la mise en œuvre de politiques de freinage de la demande intérieure pour réduire les importations et l'inflation. Sur le plan structurel, les PAS visent à libéraliser l'économie et donc à désengager l'État (liberté des prix, réduction des subventions, baisse du nombre de fonctionnaires…), à faire de l'épargne le moyen privilégié de financement des investissements, à promouvoir le libre-échange. Ainsi, les PAS s'inscrivent nettement dans une perspective libérale.
- Les PAS ont été critiquées en raison de leurs conséquences négatives sur le chômage et la pauvreté. En outre, les PED ayant réussi leur décollage n'ont pas appliqué les principes libéraux promus par le FMI. Enfin, les résultats des PAS ne sont pas toujours à la hauteur des ambitions de leurs promoteurs libéraux puisque de nombreux PED restent encore confrontés à un endettement extérieur excessif (voir *supra*).

B Les mesures prises depuis 1985

- En 1985, le plan Baker (James Baker était secrétaire d'État au Trésor de Ronald Reagan) offre aux PED les plus endettés la perspective de nouveaux prêts leur permettant de faire face à leurs engagements. Il leur est également demandé de mettre en œuvre des PAS. Cependant, la reprise des prêts n'a pas vraiment eu lieu. Plutôt que d'accorder de nouveaux prêts, les banques préfèrent provisionner leurs créances douteuses.
- Depuis 1989, le plan Brady (Nicholas Brady était secrétaire d'État au Trésor du président George W. Bush) permet aux PED d'emprunter des fonds au FMI et à la Banque mondiale (sous condition d'appliquer une PAS) avec lesquels ils peuvent racheter les titres représentatifs de leur dette auprès des banques à un coût moindre que leur valeur nominale (décote). Ils peuvent également échanger ces titres contre des obligations (soit avec décote, soit portant un taux d'intérêt inférieur à celui qu'ils devaient jusqu'alors supporter), dont le remboursement est garanti par le Trésor américain. Dans tous les cas, les banques acceptent donc d'annuler partiellement leurs créances (décote et/ou réduction des taux d'intérêt).
- Depuis la fin de la décennie 1990, aux PAS sont ajoutés des programmes de lutte contre la pauvreté qui conditionnent l'aide des institutions internationales (Banque mondiale, FMI). C'est notamment le cas du programme initié par le G7 en 1996 à destination des pays pauvres très endettés qui peuvent bénéficier de l'annulation de leurs dettes multilatérales (celles qu'ils ont contractées auprès des institutions internationales).

Au début du XXIe siècle, la dette extérieure des PED ne présente pas le même caractère de gravité qu'au début des années 1980. Toutefois, un nombre important de ces pays sont encore trop endettés et que les moyens employés pour réduire cet endettement ne sont pas sans conséquences sociales négatives.

PARTIE IX

MONDIALISATION, RÉGULATION ET CITOYENNETÉ

FICHE 81 VERS UNE CITOYENNETÉ MONDIALE ?

La citoyenneté est la jouissance de droits civiques et politiques (droits de vote et d'éligibilité, liberté d'association...) permettant aux individus de participer aux prises de décision politique au sein d'un État. La mondialisation qui, dans une certaine mesure, gomme les frontières politiques entre les États, pourrait faire émerger une citoyenneté mondiale.

1 L'ÉMERGENCE D'UNE CITOYENNETÉ MONDIALE

A La mondialisation influe sur l'exercice de la citoyenneté

- La mondialisation économique exerce une contrainte sur l'exercice du pouvoir politique au sein des États. Par exemple, la mise en concurrence des territoires nationaux par les firmes multinationales impose aux États et à leurs citoyens de limiter la pression fiscale et parafiscale : une imposition des bénéfices plus élevée dans certains pays que dans d'autres réduit l'attractivité des premiers au détriment de l'emploi.
- L'activité des agents économiques (ménages, entreprises, États) intervenant dans des espaces nationaux n'est pas sans conséquence pour l'ensemble de la population mondiale. Par exemple, l'épuisement des ressources naturelles et le réchauffement de la planète consécutifs à l'activité humaine hypothèquent à terme le bien être des populations quelles que soient leurs nationalités.
- Les nouvelles technologies de l'information et des communications et les medias élargissent l'univers informationnel au sein duquel s'inscrivent les citoyens des États-nations. Ils ne peuvent alors ignorer les enjeux planétaires de leurs choix politiques ni les contraintes qui pèsent sur ces choix. De même, la connaissance d'événements intervenus hors du territoire national peut participer à l'émergence d'une conscience collective des problèmes planétaires (réchauffement climatique, non respect des droits de l'homme, pauvreté et exclusion...).

B Les manifestations d'une citoyenneté supranationale

- La citoyenneté mondiale s'exprime par l'action des organisations non gouvernementales (*voir fiche 84*). Des forums mondiaux de discussion sont organisés : ainsi, depuis 2001, le Forum social mondial constitue un espace de rencontre et de dialogue annuel pour les mouvements altermondialistes (*voir fiche 83*). Des campagnes de pétitions internationales sont organisées comme par exemple celles d'Amnesty international pour le respect des droits humains dans le monde ; des manifestations réunissent des foules souvent nombreuses comme lors des sessions des grandes institutions internationales (OMC, FMI, Banque mondiale...), pour revendiquer un ordre économique et financier international plus favorable au développement humain.
- L'Union européenne (UE) offre l'exemple d'une citoyenneté supranationale qui s'ajoute et non pas se substitue aux citoyennetés nationales. En effet, l'intégration européenne aboutit au début des années 1990 à la reconnaissance d'une citoyenneté européenne : est citoyen de l'UE, toute personne ayant la nationalité d'un État membre. Chaque citoyen de l'UE bénéficie sur le territoire d'un pays

tiers de la protection de l'ambassade de n'importe quel État membre ; il peut participer aux élections municipales et à l'élection du Parlement européen dans un État membre autre que celui de sa nationalité (comme candidat et électeur), dès lors qu'il y réside.

2 Une citoyenneté mondiale encore hypothétique

A Les freins à l'émergence d'une citoyenneté mondiale

- Au niveau mondial, les instruments traditionnels de la citoyenneté n'existent pas : il n'y a pas de chef de l'État ni de gouvernement mondial, de droit de vote mondial, ni de partis politiques mondiaux. C'est pourquoi certains auteurs évoquent l'émergence d'une citoyenneté sociale (et non d'une citoyenneté mondiale), c'est-à-dire la capacité des individus à participer aux décisions dans différents domaines de la vie sociale selon des modalités autres que celles relevant de la citoyenneté politique.
- Les spécificités culturelles n'ont pas disparu malgré la mondialisation (*voir fiche 59*). Or, la citoyenneté suppose des conceptions communes sur la pratique et la conquête du pouvoir politique. De plus, les niveaux de développement des pays sont très différents et les préoccupations de leurs populations sont de ce fait dissemblables. Dès lors, la prise de conscience collective de l'existence de questions devant être traitées au niveau mondial est elle-même très contrastée.
- Lorsque la communauté internationale s'empare de questions qui relèvent d'une approche mondiale, c'est encore le plus souvent dans une logique interétatique. Il en est par exemple ainsi au sein des grandes institutions internationales spécialisées (FMI, Banque mondiale, OMC) ; cette logique interétatique participe d'ailleurs à la légitimation des États comme espace privilégié de l'expression citoyenne.

B Citoyenneté de protestation et citoyenneté de participation

- Selon Philippe Moreau Defarges, chercheur à l'Institut français des relations internationales (IFRI), la citoyenneté moderne est à la fois une citoyenneté de participation (chacun se sent un élément de la communauté des citoyens) et une citoyenneté de protestation (chacun se positionne en défenseur des intérêt de tous).
- Aujourd'hui, essentiellement grâce au travail de sensibilisation et de mobilisation des organisations non gouvernementales (*voir fiche 84*), se constitue une citoyenneté mondiale de protestation qui se fonde sur une opinion publique internationale (certains auteurs n'y voient que la somme des opinions publiques nationales et non une entité spécifiquement mondiale).
- En revanche, la dimension participative fait encore défaut. Une citoyenneté de participation, nécessiterait que les organisations non gouvernementales s'engagent dans un processus décisionnel (il en est ainsi lorsqu'elles participent aux délibérations des grandes institutions internationales). Mais, la recherche de compromis réalistes les conduit à renoncer, au moins partiellement, à leurs idéaux, ce que leurs adhérents (qui ne représentent qu'une faible part de la population mondiale) ne sont pas toujours prêts à admettre.

Même si une prise de conscience collective des problèmes mondiaux émerge, la planète ne constitue pas encore une communauté de citoyens. L'exercice de la citoyenneté requiert une proximité géographique, culturelle et économique entre les individus, qui s'inscrit en premier lieu dans le cadre étatique.

FICHE 82 L'ANTIMONDIALISATION DANS L'HISTOIRE

Les critiques à l'adresse de la mondialisation ne datent pas de la vague de contestation intervenue depuis les années 1990. Ainsi, au début du XXe siècle, à une époque où la mondialisation s'amplifie, des réactions d'opposition préfigurent celles des mouvements antimondialisation contemporains.

1 Des ferments de l'antimondialisation dans le passé

A La dénonciation des méfaits de la mondialisation

- Au XIXe siècle, des auteurs soutiennent que le libre-échange avantage les pays dominants au détriment des autres pays. De fait, le commerce international est un échange inégal. Le courant socialiste, qui émerge au cours du XIXe siècle, véhicule cette thèse mais ce n'est pas le seul : par exemple, Friedrich List (1789-1846) préconise une phase de protectionnisme pour favoriser l'essor d'une industrie puissante et capable ensuite d'affronter la concurrence mondiale (*voir fiche 93*).
- Au début du XXe siècle, Rosa Luxemburg (1871-1919), puis Lénine (1870-1924) analysent l'extension du capitalisme à l'échelle mondiale ; ils dénoncent l'impérialisme des pays dominants entravant le développement des autres pays notamment par leur colonisation ou en leur imposant des traités inégaux.
- Les dégâts sociaux de la mondialisation inquiètent les responsables politiques quelle que soit leur préférence doctrinale. Par exemple, en France, à la fin du XIXe siècle et au début du XXe, des responsables politiques modérés dénoncent le « péril jaune » (concurrence des Chinois et des Japonais) et critiquent le traité de libre-échange franco-britannique signé en 1860 qui, en mettant en difficulté l'agriculture française, appauvrit les paysans.

B Le nationalisme

- La résistance à la mondialisation peut aussi provenir des sentiments nationalistes des peuples. Mais l'exaltation de la nation est compatible avec la mondialisation : le renforcement de la puissance des États-nations de l'époque (France, Grande-Bretagne, États-Unis, Allemagne à partir de 1871) passe par leur développement économique que leur insertion dans l'économie mondiale peut favoriser. En outre, leurs conquêtes coloniales élargissent leur sphère d'influence et intègrent de nouvelles zones à la sphère des échanges mondiaux.
- En revanche, au cours de la crise des années 1930, la fragmentation de l'économie mondiale doit beaucoup au fait que les États dominants, faisant valoir leurs intérêts nationaux, aient protégé trop fortement leur marché intérieur et rendu moins fluide la circulation des capitaux et les flux migratoires ; ils ont de plus instauré une forme de préférence impériale en polarisant leurs échanges extérieurs sur leurs colonies ou sur les pays qu'ils dominaient.

2 La contestation de la mondialisation libérale depuis les années 1980

A La montée en puissance de la contestation antimondialisation au cours des années 1980

- Au cours des années 1980, la mise en œuvre des programmes de gestion de la dette des PED, sous l'égide du FMI et de la Banque mondiale (*voir fiche 80*, suscite de nombreuses critiques à l'adresse de ces institutions internationales qui promeuvent la mondialisation libérale. Par exemple, des organisations non gouvernementales (*voir fiche 84*) dénoncent les dysfonctionnements des politiques d'ajustement structurel appliquées dans les PED et promues par le FMI et la Banque mondiale (*voir fiches 30 et 80*).
- À partir de 1984, des organisations et groupes anglo-saxons, critiques à l'égard de la mondialisation libérale, organisent des contre-sommets lors des réunions du G7 regroupant les 7 principales puissances économiques du monde (*voir fiche 55*). L'ambition des organisateurs de ces contre sommets est de démentir l'affirmation célèbre du Premier ministre britannique Margaret Thatcher: « il n'y pas d'alternative au libre jeu des marchés » (1981). Progressivement, se définissent les actions qui au cours des années 1990 caractériseront le courant antimondialisation (manifestations, travaux de contre-expertise critiquant les politiques libérales, lobbying auprès des responsables politiques et économiques...).
- Les préoccupations environnementales sont très présentes dans la contestation de la mondialisation libérale: le productivisme et l'exacerbation de la concurrence aboutissent à l'épuisement des ressources naturelles et à l'amoncellement de déchets industriels difficilement recyclables. En fait, les revendications écologiques se sont multipliées dès les années 1960 et, depuis, les associations de défense de la nature sont de plus en plus nombreuses.

B Depuis les années 1990: de l'anti à l'altermondialisation

- Au cours des années 1990, les actions en opposition à la mondialisation libérale s'amplifient. Ainsi, en 1996, des fuites révèlent qu'au sein de l'OCDE est négocié secrètement l'Accord multilatéral sur l'investissement (AMI) destiné à libéraliser totalement les flux d'investissements des firmes multinationales dans le monde. La mobilisation de nombreux collectifs anti-AMI contribue à l'arrêt des négociations en 1998. Une autre étape est franchie, en 1999, lors de la conférence ministérielle de l'OMC à Seattle, dont l'échec est en partie imputable aux manifestations des groupes opposés à la mondialisation libérale.
- Depuis 1971, le Forum de Davos (Suisse) réunit tous les ans des décideurs économiques et politiques du monde entier. Depuis 2001, en opposition à une telle structure, est organisé un Forum social mondial (FSM) qui insuffle un nouvel élan à la contestation de la mondialisation libérale (*voir fiche 83*). Le FSM, organisé chaque année, est un espace de rencontre non confessionnel et non gouvernemental permettant aux organisations participantes d'approfondir leur réflexion pour concevoir une mondialisation plus équitable. Depuis 2002, les opposants à la mondialisation libérale belges puis français se sont proclamés altermondialistes pour mettre en avant leur revendication d'une autre mondialisation (le mot d'ordre du FSM est « un autre monde est possible »). Cette appellation tend à se substituer au terme antimondialisation, sauf en Allemagne et dans les pays anglo-saxons.

La contestation de la mondialisation, qui s'exprime avec force depuis les années 1990, n'est pas un phénomène nouveau. Elle renoue avec de nombreuses critiques prévalant déjà dans le passé.

FICHE 83 L'ALTERMONDIALISME AUJOURD'HUI

L'altermondialisme participe aujourd'hui à une prise de conscience collective des effets négatifs de la mondialisation. Toutefois, ce courant très hétérogène souffre de faiblesses dont le dépassement constitue un enjeu majeur pour les organisations qui le composent.

1 Les caractéristiques de l'altermondialisme

A Les composantes de l'altermondialisme

- L'altermondialisme comprend des organisations créées explicitement pour s'opposer à la mondialisation libérale (par exemple, ATTAC, l'Association pour une taxation des transactions financières pour l'aide aux citoyens, créée en 1998). D'autres instances (organisations non gouvernementales, syndicats, associations) n'ont pas, en premier lieu, pour objet de dénoncer les méfaits de la mondialisation mais sont amenées à le faire pour défendre les intérêts de leurs membres ou des publics auxquels elles s'adressent.
- Les organisations altermondialistes se différencient également par leurs orientations politiques. Certaines militent pour que des réformes plus ou moins radicales soient mises en œuvre afin d'humaniser la mondialisation en la soumettant à la réalisation d'objectifs sociaux (réduction des inégalités dans et entre les pays, recul de la pauvreté, protection sociale élevée, respect des droits de l'homme…). D'autres organisations, ouvertement anticapitalistes et antilibérales, s'opposent au réformisme. Pour cette mouvance, souvent animée par des militants d'extrême gauche, la mondialisation intensifie l'exploitation des travailleurs au bénéfice des détenteurs de capitaux. Le renversement du capitalisme est donc prioritaire.

B Les formes d'action

- Les revendications des organisations altermondialistes sont multiples : annuler la dette externe des pays pauvres, taxer les flux internationaux de capitaux volatils, réformer les grandes institutions internationales (FMI, Banque mondiale, OMC) pour qu'elles agissent en faveur du développement humain, modifier les règles du commerce international pour que les pays pauvres en bénéficient, conférer à certains biens et services un statut particulier pour qu'ils ne soient pas soumis aux règles de la concurrence (services publics, médicaments, œuvres culturelles…).
- Pour défendre leurs positions, les organisations altermondialistes optent pour différentes formes d'actions. D'importantes manifestations sont organisées lors des réunions des grandes institutions internationales et du G8. Ce fut notamment le cas en 1999, à Seattle, lors de la conférence ministérielle de l'OMC qui a été une étape importante de la montée en puissance de l'altermondialisme. Des campagnes de pétitions, l'organisation de festivals, des actions illégales hautement symboliques (par exemple, en France, fauchage de champs de maïs OGM), la pratique du lobbying auprès des firmes ou des partis politiques sont autant d'occasions pour les organisations altermondialistes de faire entendre leur voix.

- Depuis 2001, des forums sociaux mondiaux sont organisés tous les ans. Ils constituent des espaces de rencontres et d'échanges pour les mouvements altermondialistes. Des forums régionaux (voire nationaux et locaux) permettent de préparer les forums mondiaux au cours desquels les organisations altermondialistes débattent, constituent des réseaux, réfléchissent aux alternatives à la mondialisation libérale. Le premier Forum social mondial a eu lieu au Brésil à Porto Alegre en 2001.

2 Les faiblesses de l'altermondialisme

A Une représentativité discutable

- Malgré l'organisation des forums sociaux mondiaux sur leur territoire, les pays en développement sont finalement peu représentés dans l'ensemble des organisations altermondialistes alors que celles-ci ont souvent vocation à intervenir en leur faveur. Ainsi, les plus puissantes organisations sont basées dans les pays riches. L'organisation de manifestations de toute nature et des forums sociaux coûte cher, ce qui limite de fait l'émergence et le rôle d'organisations altermondialistes dans les pays en développement. Dès lors, les préoccupations des populations les plus démunies de la planète ne sont pas forcement pleinement prises en compte.
- Essentiellement animées par des personnes issues des catégories sociales moyennes et supérieures, les organisations altermondialistes ne représentent pas véritablement les catégories populaires pourtant les plus exposées aux effets négatifs de la mondialisation libérale. Ces catégories semblent davantage adhérer aux thèses des partis populistes ou tentés par un repli communautaire, par exemple au sein de groupes religieux intégristes. Par ailleurs, le fonctionnement des organisations altermondialistes n'est pas toujours transparent ni démocratique.

B Un manque d'unité

- L'altermondialisme est une nébuleuse regroupant des organisations intervenant dans des domaines très différents : défense des travailleurs salariés, lutte contre les maladies endémiques ou contre la malnutrition, sauvegarde des droits de l'Homme, aide aux populations pauvres, préservation de l'environnement, respect des droits des immigrés, soutien aux paysans sans terre ou à la petite paysannerie, annulation de la dette des pays en développement, taxation des capitaux volatils, opposition à la guerre… Cette grande diversité des domaines d'action fragmente le mouvement altermondialiste et rend improbable l'émergence d'une unité d'action qui le renforcerait.
- Au sein de l'altermondialisme (voir *supra*), s'opposent des positions difficilement conciliables entre réformistes et radicaux, chacune des deux familles étant elle-même divisée. Lors des forums sociaux mondiaux, un nouveau clivage est apparu entre les organisations altermondialistes ; certaines (elles sont encore minoritaires) souhaitent faire des ces forums l'occasion de définir des plateformes communes, des programmes d'action prévoyant des liens avec les partis politiques traditionnels ; la majorité des organisations altermondialistes veulent en revanche préserver la nature originelle des forums sociaux, espaces de discussion, de débats, d'échanges, sans volonté de construire un projet fédérateur partagé par tous.

L'altermondialisme est aujourd'hui a un tournant : le mouvement est confronté à d'importants problèmes qui peuvent hypothéquer son avenir. Néanmoins, il est devenu un contre-pouvoir que les acteurs de la mondialisation (États, firmes) doivent prendre en compte.

FICHE 84 LA MONTÉE EN PUISSANCE DES ONG

Depuis les années 1980, les organisations non gouvernementales (ONG), dont un grand nombre s'implique dans le mouvement altermondialiste (voir fiches 82 et 83)*, sont très actives sur la scène mondiale.*

1 Les ONG dans la mondialisation

A Les ONG internationales

- Une ONG est une association privée à but non lucratif créée pour défendre les intérêts de ses membres et/ou ceux d'une collectivité humaine plus large et qui n'a pas pour vocation à conquérir et à exercer le pouvoir politique (ce rôle est celui des partis politiques dans les régimes démocratiques).
- Les ONG dont l'activité a une portée internationale sont des organisations non gouvernementales internationales (ONGI). Leur objet est d'améliorer le bien-être des populations en défendant les droits fondamentaux, en promouvant la solidarité mondiale, en aidant au développement des pays pauvres, en préservant la qualité de l'environnement, en secourant les malades ou les victimes de catastrophes naturelles, de conflits entre États, de guerres civiles…
- Le financement des ONGI est en principe privé (cotisations des adhérents, dons privés, ressources propres et emprunts). En fait, elles bénéficient souvent de subventions d'organisations internationales (par exemple de l'ONU) ou régionales (par exemple de l'Union européenne) mais aussi des États. La crédibilité des ONGI peut alors être altérée si les aides publiques représentent une part élevée de leur financement car leur indépendance peut être compromise.

B Des ONGI très actives sur la scène mondiale

- En prenant en charge des problèmes insuffisamment pris en compte par les pouvoirs publics, en œuvrant à la prise de conscience de ces problèmes par les populations, les ONGI se font accepter comme interlocuteurs des pouvoirs publics. Plus proches du terrain que ne le sont les États, elles perçoivent mieux la nature des difficultés auxquelles sont confrontées les populations. En outre, lors d'événements particuliers (catastrophes naturelles, guerres civiles…), elles peuvent répondre à leurs besoins plus rapidement que les pouvoirs publics.
- Les ONGI participent à certaines réunions des grandes institutions internationales. Ainsi, elles sont associées à une partie des travaux des conférences ministérielles de l'OMC depuis 1996 ; l'ONU accrédite plus de 1 500 ONGI (une quarantaine en 1945) et leur fait bénéficier d'un statut consultatif ; depuis les années 1990, la Banque mondiale multiplie ses contacts avec les ONGI intervenant dans le domaine du développement ; elle les associe notamment à la conception de nombreux projets de développement qu'elle finance.
- Le nombre d'ONGI intervenant dans les pays en développement (PED) et les pays de l'Est a beaucoup augmenté depuis 1990. Elles participent à la démocratisation de ces pays et à leur développement. Elles pallient en partie le recul de l'aide publique au développement fournie par les pays riches et, dans une certaine mesure, elles amortissent le choc social des politiques d'ajustement structurel promues par la Banque mondiale et le FMI (*voir fiches 30 et 80*).

2 Des limites à surmonter

A Dans certains cas, un fonctionnement critiquable

- Le fonctionnement interne des ONGI n'est pas toujours transparent ou démocratique. Les fonds qu'elles reçoivent (subventions, aides publiques, dons) peuvent être détournés ou financer des dépenses somptuaires (construction de sièges surdimensionnés, organisation de réceptions coûteuses...) ou encore inadaptés aux besoins des populations. Par ailleurs, certaines ONGI, certes rares, sont des structures masquant des groupes mafieux ou sectaires ; d'autres sont créées par des États dont elles défendent les intérêts.
- Des ONGI peuvent davantage chercher à se maintenir en tant qu'institutions qu'à œuvrer pour les missions qui sont les leurs : la volonté de faire croître le nombre de leurs adhérents et des salariés qu'elles emploient, de disposer de ressources toujours plus élevées, de construire des sièges majestueux, peut l'emporter sur leur détermination à réaliser les objectifs pour lesquels elles ont été créées.
- Des ONGI sont amenées à privilégier les actions à forte portée médiatique au détriment d'autres interventions dont les effets souvent incertains ne seront perceptibles qu'à long terme. Elles organisent des campagnes mondiales de sensibilisation pour réunir des fonds dont une partie croissante est absorbée par leurs budgets de communication en forte expansion et gérés par des professionnels dont la rémunération est élevée, au détriment des actions sur le terrain.

B Des modalités d'interventions discutables

- Les interventions des ONGI tendent parfois à relever du registre de la compassion : elles utilisent leurs ressources pour pallier des situations humainement difficiles, mais elles sont parfois accusées de s'accommoder de la détresse des populations en limitant son ampleur plutôt que d'en éliminer les causes. La montée en puissance des ONGI pourrait ainsi restaurer la logique caritative de l'aide humanitaire qui prévalait au XIXe siècle.
- Par ailleurs, il arrive que certaines ONGI fassent preuve d'irresponsabilité et d'irréalisme dans leurs revendications ou propositions. Par exemple, il est déraisonnable d'exiger l'ouverture totale des marchés agricoles des pays développés aux produits exportés par les PED, sans prendre en compte le coût social élevé que peut représenter une telle mesure sur les paysans dans les pays riches. Il en est de même lorsque les ONGI réclament l'interdiction du travail des enfants dans les PED sans proposer d'alternative pour préserver le niveau de vie de leurs familles.
- Des ONGI conditionnent leurs interventions au respect de critères ou de normes très décalées en regard de la situation des populations à qui ces interventions sont destinées. Ainsi, depuis les années 1980, la promotion du développement durable est devenue une exigence mondiale (*voir fiche 66*). Les ONGI, elles-mêmes porteuses de cette exigence, vont alors conditionner leurs aides au respect de cette norme que les populations pauvres n'ont pas intériorisée tant elle est éloignée de leurs préoccupations quotidiennes.

Les ONG sont des acteurs importants de la mondialisation. Elles sont toutefois confrontées à certaines limites qu'il leur faut dépasser pour préserver la bonne image dont elles semblent bénéficier.

FICHE 85 MONDIALISATION ET DÉMOCRATIE

La question des relations entre la mondialisation et la démocratie politique se pose clairement lors des débats entre les partisans d'une plus grande libéralisation des échanges telle qu'elle est pratiquée depuis la Seconde Guerre mondiale et ceux qui prônent un alter-mondialisme. En effet, le débat porte sur l'influence que peut avoir la mondialisation sur l'extension de la démocratie dans les pays qui s'insèrent dans l'économie mondiale mais aussi sur la forme que prend la nouvelle gouvernance mondiale.

1 MONDIALISATION ET EXTENSION DE LA DÉMOCRATIE

A La mondialisation s'accompagne d'un mouvement de libéralisation économique et politique

- Le développement des échanges internationaux de biens, de services ou de capitaux provoque un développement de l'économie de marché au niveau mondial. Aucun pays ne vit aujourd'hui en autarcie et l'ouverture vers l'extérieur, même minimale, impose un certain degré d'acceptation des principes de l'économie de marché. Le marasme économique des pays du bloc soviétique jusqu'aux années 1990 était en grande partie dû au fonctionnement d'un système économique centralisé qui a provoqué un décalage de développement avec les pays réellement insérés dans l'économie mondiale. Ce qui a eu pour conséquence une transformation du régime économique et aussi des régimes politiques qui se sont ouverts à la démocratie.
- En effet, l'extension de la libéralisation économique rend plus favorable l'expression et le fonctionnement démocratiques. Joseph Schumpeter, dès 1942, dans son ouvrage *Capitalisme, socialisme et démocratie* (1942), a perçu le lien qui existe entre le régime économique et le régime politique en précisant qu'« une classe dont les intérêts sont mieux servis par une politique de non-intervention met plus facilement en pratique la discrétion démocratique que ne sauraient le faire les classes qui vivent aux crochets de l'État »

B La démocratisation est une condition au développement économique

- Même s'il existe au moins une exception notable, celle de la Chine, la mise en œuvre d'un processus démocratique est le plus souvent une des conditions favorables au décollage et au développement économiques. En effet, elle favorise l'expression individuelle, la liberté d'initiative. La libéralisation politique permet un renoncement partiel à l'espace économique étroit d'un pays.
- Forts de cette constatation, les pays occidentaux, dans le cadre de l'aide publique au développement, qu'elle soit multilatérale ou bilatérale, imposent souvent comme condition la mise en œuvre d'un processus démocratique. C'est notamment le cas à l'égard des pays d'Afrique ou d'Amérique du Sud. D'ailleurs, l'émergence de pays comme l'Argentine ou le Brésil sur la scène internationale s'est accompagné d'un retour à la démocratie politique.

2 Mondialisation et reflux démocratique

A La gouvernance mondiale remplace-t-elle l'État-nation ?

- Même si la mondialisation s'est accompagnée d'un développement de la démocratie, il n'en reste pas moins que la question démocratique ressurgit de manière vigoureuse lorsque l'on observe le fonctionnement actuel. En effet, alors que l'État-nation démocratique est avant tout un État de droit, la mise en place des firmes multinationales globales, c'est-à-dire dont l'organisation repose sur une complémentarité de leurs filiales à l'échelle planétaire, échappe aux réglementations et aux lois nationales. En fait, l'espace politique reste national alors que l'espace économique devient mondial.
- Mais la mise en place de la mondialisation impose aux États un certain nombre de modifications dans leur fonctionnement. Si un régime démocratique repose sur le principe de l'expression du peuple au travers de l'élection de représentant, ou dans le cadre d'une démocratie directe, une place modeste est laissée, par définition, à la satisfaction d'intérêts particuliers. Or, face à une mondialisation croissante, les gouvernements des pays démocratiques peuvent avoir tendance à répondre plus spécifiquement aux revendications économiques ou sociales de groupes touchés ou fragilisés. Ainsi, Kenichi Ohmae (1995) précise que « les systèmes politiques en place deviennent de plus en plus l'émanation de groupes de pression et des circonscriptions géographiques pauvres, qui marchandent constamment leur soutien en échange de leur protection et de leurs largesses ». La mondialisation entraîne une dissociation entre l'espace politique, qui reste national, et l'espace économique, qui est mondial.

B La prise en compte très relative des expressions démocratiques

- Le modèle de mondialisation qui se développe aujourd'hui est basé sur le modèle économique des pays occidentaux. D'ailleurs, les organisations internationales, dans le cadre de politiques d'ajustement structurel (*voir fiche 30*), imposent des réformes de structure visant à accroître la flexibilité de l'économie. Ces politiques se heurtent aux structures sociales plus traditionnelles des pays en développement et ne sont donc pas l'émanation d'une validation populaire dans un cadre démocratique.
- Même dans les pays développés à économie de marché les États-nations s'effacent devant la mondialisation. Jean-Marcel Jeanneney, dans son ouvrage *Pour un nouveau protectionnisme* (1978), pose la question et apporte la réponse suivantes : « Un État peut-il mener une politique de bien-être de son choix s'il renonce à manier ses droits de douane ? La réponse sera non. ». Ainsi, si l'État de droit est basé sur un processus législatif qui lui est propre, de plus en plus de réglementation internationale s'impose à lui sans expression démocratique véritable.

La mondialisation transforme le rapport démocratique en en permettant une extension tout d'abord par le vecteur que représente le libéralisme économique mais il dépasse aussi le cadre de l'État-nation. D'ailleurs, le rejet du projet de constitution européenne lors du référendum français de 2005 témoigne de la perception que peut avoir un peuple de ce qui apparaît parfois comme étant éloigné des ses intérêts spécifiques.

FICHE 86 MONDIALISATION ET CONFLITS ENTRE NATIONS

En accentuant les interdépendances entre les pays, la mondialisation peut contribuer à réduire les risques de conflits dans le monde. Cette hypothèse est cependant discutable.

1 Les effets contrastés de la mondialisation sur les relations entre les nations

A Pour les libéraux, la mondialisation favorise la paix

- Au XVIIIe siècle, Montesquieu affirme que « l'effet naturel du commerce est de porter la paix » ; les échanges (« le doux commerce ») rapprochent les hommes et les nations. Un siècle après Montesquieu, l'économiste libéral John Stuart Mill souligne que les pays s'insérant dans les échanges mondiaux souhaitent que la paix soit durable car les avantages tirés de l'internationalisation des économies s'inscrivent eux-mêmes dans la durée.
- *A contrario*, le protectionnisme et les entraves aux flux de capitaux et aux mouvements migratoires accentuent les tensions entre les pays qui, tôt ou tard, auront recours à la guerre pour régler leurs différends. De plus, l'appauvrissement des populations consécutif aux entraves imposées aux flux d'échanges internationaux accentue leur animosité à l'égard d'autres nations et provoquent les conflits.
- Ces analyses sont corroborées par certains faits. Par exemple, la pacification du continent européen depuis la fin de la Deuxième Guerre mondiale, survient dans un contexte de libéralisation des échanges (*voir fiche 15*). À l'inverse, le déclenchement de la Deuxième Guerre mondiale intervient au cours d'une période fortement protectionniste.

B La position libérale doit être nuancée

- Le libre-échange peut-être la conséquence (et non la cause) de la paix et le protectionnisme est souvent la conséquence (et non la cause) des guerres. Des nations en paix sont incitées à libéraliser leurs échanges pour renforcer des relations internationales davantage fondées sur la loyauté. En revanche, en cas de guerres, les États ont tendance à protéger leur marché national et à créer une zone d'influence au sein de laquelle ils souhaitent développer des échanges privilégiés au détriment de leurs adversaires.
- Contrairement à la thèse de Stuart Mill, tous les pays n'ont pas intérêt à la mondialisation (*voir fiches 24, 25, 56, 57 et 58*) tant au plan interne (montée du chômage, appauvrissement des travailleurs peu qualifiés, déclin de certaines régions) qu'au plan externe (creusement des inégalités en nations). En provoquant des mécontentements dans certains pays, la mondialisation peut contribuer à la montée des tensions internationales.
- Brider les échanges internationaux n'est pas nécessairement source de conflits armés. Par exemple, entre 1815 et 1914, mis à part la guerre de Crimée (1853-1856) qui opposaient la Russie à la France alliée à la Grande-Bretagne, et le conflit entre la Prusse et la France (1870-1871), les pays européens les plus puissants ne se sont pas fait la guerre. Pourtant, au cours de cette période, la politique

commerciale adoptée par la plupart de ces pays était protectionniste sauf entre les années 1840 et 1870 (la Grande-Bretagne restant libre-échangiste jusqu'en 1931).

2 La paix toujours menacée

A La volonté de coopération des États est nécessaire au maintien de la paix

- L'ambition personnelle des dirigeants des États intervient dans le déclenchement des conflits. En outre, l'animosité entre les pays peut être attisée par l'esprit de revanche des nations ayant antérieurement subi une ou des défaites sanctionnées par des traités de paix jugés injustes. Mais, plus fondamentalement, la source des conflits armés est la méfiance qu'entretiennent les États les uns à l'égard des autres, surtout lorsqu'aucune coopération internationale institutionnalisée ne permet de dissiper cette méfiance.
- Pour contrer les ambitions personnelles des dirigeants politiques, la démocratie peut être un utile rempart dans la mesure où les populations, qui n'ont rien à gagner à la guerre, s'y opposent. Si des conflits éclatent, il est nécessaire que les traités y mettant fin ne soient pas iniques et n'avilissent pas les nations vaincues. Pour l'essentiel, la préservation de la paix est conditionnée par la mise en œuvre d'instances de coopération permettant aux États de régler pacifiquement leurs différends et d'élever la prospérité de tous, notamment en développant des liens économiques et commerciaux.

B La coopération interétatique ne suffit pas pour préserver la paix

- La coopération internationale s'est renforcée depuis la fin des années 1940. De nombreuses institutions internationales ont été créées (FMI, Banque mondiale, OMC...) au sein desquelles les États peuvent établir des règles régissant leurs relations dans différents domaines. L'Organisation des Nations unies (ONU), mise en place en 1945, est chargée de préserver la paix dans le monde, de promouvoir le développement économique et social des pays membres et la démocratie. La coopération entre les États intervient aussi au niveau régional par la constitution de blocs régionaux (*voir fiche 36*).
- Le nombre des conflits interétatiques a régressé depuis 1945. Le renforcement de la coopération international n'y est probablement pas étranger. En revanche, la paix mondiale est menacée par d'autres formes de conflits (guerres de libération, guerres d'indépendance, guerres civiles) et par le terrorisme international. La mondialisation contribue à ces formes de conflits : elle stimule les réactions nationalistes ou communautaristes face à la menace d'une uniformisation culturelle et à l'appauvrissement des populations les moins adaptées à la compétition mondiale.
- Toutefois, la mondialisation est loin d'expliquer à elle seule la recrudescence de ces formes de conflits. D'autres facteurs interviennent : fragilité des appareils d'État incapables d'assurer pleinement leurs missions créant le ressentiment d'une partie de la population ; régime autoritaire frustrant les minorités ethniques ou religieuses et plus généralement ceux qui se réclament de l'opposition politique ; stigmatisation par le pouvoir en place de certains groupes sociaux ou politiques désignés comme les coupables des maux dont souffrent la société.

Les risques de conflits entre nations peuvent être réduits grâce à la mondialisation mais elle peut aussi attiser les tensions. Cependant, la paix mondiale dépend d'autres facteurs plus déterminants.

FICHE 87 LA NOUVELLE GOUVERNANCE MONDIALE

Le concept de gouvernance mondiale trouve son origine dans la réflexion relative à l'organisation des firmes multinationales. Au-delà, dans une économie mondialisée, ce concept peut être utilisé pour définir l'ensemble des processus de régulation interétatiques qui contribuent à la mondialisation. C'est bien de la manière dont sont pilotées les entreprises mais aussi les relations internationales en matière économique qu'il s'agit.

1 La gouvernance mondiale des entreprises

A Vers la multinationale globale

- En même temps que se développait un mouvement important de concentration des entreprises et de redéfinition de leurs structures organisationnelles, s'est opéré un mouvement intense de multinationalisation des firmes. Si l'entreprise traditionnelle disposait d'un dirigeant-propriétaire clairement identifié, et donc *a fortiori* dont la nationalité était connue, le développement de l'actionnariat, auquel s'est ajouté la libéralisation financière, ont rendu l'identification des firmes floue. Alors que, jusqu'aux années 1980, il était aisé d'indiquer que telle entreprise, même implantée à l'étranger, était américaine ou allemande, la question est d'autant moins aisée aujourd'hui que la volatilité de l'actionnariat est forte. Ainsi, la dimension nationale des donneurs d'ordre dans une entreprise s'efface devant un actionnariat mondial et hétéroclite. C'est donc la fin, comme l'annonce Robert Reich, des « champions nationaux ».
- Les évolutions qui ont touché la structure des entreprises renforcent ce phénomène. Parallèlement à une évolution forte concernant l'actionnariat, on est passé d'une organisation hiérarchique et pyramidale à une organisation plus horizontale de « l'entreprise réseau » dans laquelle les relations entre la maison-mère (le centre) et les filiales sont davantage fonctionnelles, voire uniquement financières. Wladimir Andreff précise même que « les dimensions de la multinationale sont devenues si complexes et globales qu'elles ne se laissent pas enfermer dans une définition ». Ainsi, se développe par exemple un marché interne entre une société mère et ses filiales à l'étranger qui échappe aux territoires sur lesquels elles sont implantées et même aux États.

B Les conséquences de la nouvelle gouvernance mondiale des entreprises

- Ces transformations dans la gouvernance organisationnelle modifient le rapport existant traditionnellement entre les entreprises et les territoires sur lesquels elles évoluent. À l'implantation durable, voire fonctionnelle, qui pouvait s'établir, se substitue progressivement un nomadisme des entreprises qui a des effets sur les stratégies des acteurs locaux (*voir fiche 62*).
- Mais au-delà du territoire, c'est bien à une transformation des relations entre les entreprises multinationales et l'État-nation que l'on assiste. La spéculation financière ou les risques entretenus par la volatilité des capitaux créent une remise en cause de la pertinence de l'État-nation comme unité décisionnelle sur le plan de

la politique économique ou sociale. Les États sont amenés, devant cette gouvernance plus fonctionnelle, à mettre en œuvre des stratégies visant l'attractivité des entreprises ou le maintien de celles-ci sur leur territoire.

2 La nouvelle gouvernance de l'économie mondiale

A La restructuration de la gouvernance mondiale

- La question de la gouvernance des entreprises dans le cadre de la mondialisation trouve un prolongement naturel dans ce qu'il convient d'appeler la gouvernance de l'économie mondiale. La mondialisation a pu avoir des effets sur la remise en cause du bloc soviétique au début des années 1990. La conséquence en fut la généralisation du modèle économique porté par les pays développés à économie de marché tant sur les pays de l'Est que sur les pays en voie de développement. Les règles économiques qui prévalent aujourd'hui sont donc celles de l'économie de marché.
- Au demeurant, les institutions mise en place afin de réguler les échanges économiques internationaux, tant sur le plan commercial que sur le plan financier, participent de cette culture occidentale de l'économie de marché. Le GATT, puis l'OMC, prônent une libéralisation des échanges commerciaux et de services. Le FMI et la Banque mondiale concourent à des réformes structurelles libérales dans les pays en développement. Même au niveau européen, la Banque centrale européenne a pour mission essentielle de lutter contre l'inflation et de maintenir la parité de l'euro.

B Les oublis de la gouvernance mondiale

- Pourtant, la gouvernance mondiale semble oublier, ou minimiser, des dimensions essentielles du développement économique. En effet, les niveaux d'aide publique au développement sont extrêmement faibles par rapport aux objectifs fixés par l'OCDE (*voir fiche 88*). De même, les règles concernant le respect de l'environnement font l'objet d'attentions particulières lors de sommets mondiaux mais ne sont pas toujours suivies d'effets (conséquences de l'émission de gaz à effet de serre par exemple). En outre, les préconisations ou les recommandations des institutions internationales oublient les structures culturelles locales et les blocages sociaux qui peuvent intervenir dans certains PED.
- Plus largement, la mise en place de la nouvelle gouvernance de l'économie mondiale, telle qu'elle se généralise depuis le début des années 1990, est critiquée par les altermondialistes dans le sens où elle ne fait pas reposer sa légitimité sur l'expression démocratiques des peuples (*voir fiche 84*). Elle se substitue ainsi aux États-nations et ne s'inscrit pas explicitement dans le cadre des États de droit. Les États-nations ne sont plus les unités significatives de l'économie planétaire.

La nouvelle gouvernance de l'économie mondiale s'inspire dans son fonctionnement de la gouvernance des firmes multinationales globales en ce sens que les frontières et la légitimité des États sur leur territoire s'effacent devant un intérêt collectif mondial qui n'est pas encore clairement défini et qui a comme vecteurs les institutions internationales ou les groupes mondiaux.

FICHE 88

L'AIDE AU DÉVELOPPEMENT

L'aide au développement, c'est-à-dire l'ensemble des actions mises en œuvre par les pays développés au bénéfice des pays en développement (PED), est au cœur des débats internationaux. Alors que celle-ci connaît, annuellement, des variations importantes, force est de constater que son conditionnement à des réformes structurelles, ou les formes qu'elle prend lorsqu'il s'agit d'aide publique, portent à caution.

1 Les caractéristiques de l'aide au développement

A Qu'entend-on par aide au développement ?

- L'aide publique au développement (APD) correspond aux dons et prêts à des conditions préférentielles accordés aux PED par le secteur public des pays développés. Cette aide peut prendre la forme de dons financiers ou en nature, comme ce fut le cas pour l'aide accordée aux victimes du tsunami de décembre 2004. Elle peut aussi consister en des prêts à des taux d'intérêt réduits ou comportant une partie non remboursable. Il peut s'agir également de mesure d'allègement de la dette.
- Cette aide peut être bilatérale, d'État à État, dans le cadre de relations privilégiées. Elle est souvent « liée », c'est-à-dire octroyée sous la condition que le pays qui la reçoit l'utilise pour assurer des débouchés commerciaux au pays qui la fournit.
- L'aide multilatérale est celle qui est accordée par les organisations internationales comme le Fonds monétaire international (FMI) ou la Banque mondiale. Elle peut aussi prendre la forme de prêts, d'annulation de remboursement ou de mesures de rééchelonnement de la dette. Elle se caractérise depuis les années 1980 par son conditionnement à la mise en place de politiques d'ajustement structurel (*voir fiche 30*).

B L'évolution de l'aide publique au développement

- L'aide publique au développement accordée par les pays membres du Comité d'aide au développement (CAD) des pays de l'OCDE a atteint, en 2005, un niveau record de 106,5 milliards de dollars courants. Ce chiffre correspond à 0,33 % du revenu national brut (RNB) – c'est-à-dire le PIB auquel on ajoute les revenus reçus du reste du monde – des pays membres et à une augmentation de près d'un tiers en volume par rapport à l'année précédente. Cette augmentation est due essentiellement à la progression de l'allègement de la dette des PED, notamment de l'Irak et du Nigeria, à un apport de fonds à la Banque mondiale lui permettant d'augmenter son volume de prêts et à une augmentation des dons vis-à-vis des pays victimes du tsunami.
- L'aide publique au développement a connu, dans les années 1990, un certain tassement puisqu'elle est passée de 0,34 % du RNB en 1990 à 0,22 % en 2001. Ainsi, elle retrouve à peine en 2005 son niveau en pourcentage du début des années 1990. Les principaux donateurs sont les États-Unis, qui consacrent en 2005 27,5 milliards de dollars à l'APD, suivis par le Japon (13,1 milliards), le Royaume-Uni, la France et l'Allemagne. Les pays de l'Union européenne appartenant au CAD ont consacré 55,7 milliards de dollars à l'APD.

2 Les débats relatifs à l'aide au développement

A Une aide publique en trompe-l'œil ?

- Si l'aide au développement a connu, depuis le début des années 2000, une nouvelle progression, on est loin d'atteindre les niveaux auxquels les pays membres de l'OCDE s'étaient initialement engagés. En effet, alors qu'initialement l'objectif fixé par la Conférence des Nations unies pour le commerce et le développement (CNUCED) était de 1 % du PIB des pays développés, le taux a été ramené à 0,7 % du revenu national brut. En 2005, le chiffre atteint donc environ la moitié du niveau cible. Par ailleurs, la part du RNB des États-Unis consacrée à l'APD atteint en 2005 0,22 %, celle du Japon 0,28 %. L'Europe, quant à elle, s'est engagée à atteindre un niveau de 0,39 % de son RNB en 2006. L'objectif de 0,7 % n'est atteint que par le Luxembourg, le Danemark, la Suède et les Pays-Bas.
- Mais la question qui se pose également est de savoir si la nature de l'aide au développement correspond bien à une aide effective. En effet, même si la comptabilisation de l'APD n'intègre pas les pays « en transition » (notamment les pays de l'Est de l'ex-bloc soviétique), l'aide sous forme de prêts, même à taux préférentiel, tend à accroître la dette des PED dont le remboursement augmente les sorties de capitaux à destination des pays prêteurs ! Par exemple, entre 1996 et 2003, les pays du tiers-monde ont dû rembourser 31 milliards de dollars de plus que ce qu'il ont reçu. En outre, les mesures d'annulation de la dette ne correspondent à aucun flux financier alors qu'elles sont comptabilisées dans l'APD.

B Avantages et inconvénients de l'aide au développement

- L'aide au développement permet néanmoins d'aider les pays pauvres à financer une partie de leur développement ou à faire face à des dépenses inopinées. En ce sens, l'aide peut être considérée comme faisant partie intégrante des biens publics internationaux parce qu'elle améliore le bien-être collectif mondial (*voir fiche 90*). À condition, toutefois, que les montants financiers soient utilisés à des dépenses relatives au développement économique et ne servent pas à des financements ostentatoires.
- Pour autant, de nombreuses critiques peuvent être formulées. Dans un premier temps, l'aide peut être considérée comme un assistanat néfaste à l'initiative économique. C'est pourquoi l'aide multilatérale est souvent conditionnée à la mise en œuvre de réformes structurelles et de politiques conjoncturelles rigoureuses. Cependant, le prix à payer en matière d'austérité budgétaire est souvent fort : limitation des dépenses publiques, ouverture des marchés, augmentation de la fiscalité… À tel point que l'aide ne concerne que les pays qui acceptent de mettre en place ces réformes. En fait, l'APD demeure limitée : 18 pays pauvres très endettés ont vu une partie de leur dette annulée par le G8 en 2005 mais leur population ne représente que 5 % de la population totale des pays en développement.

L'aide au développement permet de prendre en considération la situation des PED et en ce sens concourt à réguler les effets inéquitables de la mondialisation. Cependant, les niveaux souhaités sont loin d'être atteints et la nature de l'aide peut créer des effets induits néfastes au développement.

FICHE 89 VERS UN ORDRE JURIDIQUE INTERNATIONAL

Le développement de la mondialisation modifie sensiblement le cadre juridique dans lequel évoluent les acteurs. En effet, s'il est parfois d'usage de considérer que le droit des États s'efface progressivement face à l'action des agents économiques individuels, notamment des entreprises, capables de les contourner, les choses sont moins simples dans la réalité.

1 LES ENJEUX DU DROIT INTERNATIONAL

A L'ordre juridique international est modifié par la mondialisation

- La mondialisation remet en cause le cadre général de l'État-nation tel qu'il est issu des processus de démocratisation depuis le siècle des Lumières. Celui-ci, basé d'abord sur le principe de souveraineté, a constitué un ensemble de règles valables uniquement sur son territoire. Or ce cadre est modifié par la mondialisation, notamment du point de vue économique, pour deux raisons. Tout d'abord, elle limite sensiblement, sur une grande échelle, le principe de souveraineté, qui n'agit plus comme un rempart infranchissable pour des entreprises dont le centre de décision se situe dans un pays différent. Ensuite, la mondialisation voit l'émergence d'acteurs économiques indépendants des États pour lesquels il est nécessaire de définir des règles.
- Ainsi, la mondialisation modifie la problématique du droit international tel qu'il a pu se construire progressivement depuis la Seconde Guerre mondiale. En effet, celui-ci n'est plus là pour réguler les relations entre États mais doit intervenir dans des relations entre des acteurs économiques agissant dans leur propre intérêt. D'ailleurs cette conception ne se limite pas à la régulation des activités économiques, comme le montrent les interventions du tribunal pénal international qui peut juger et condamner des individus même si leurs exactions ont été commises au nom de leur pays pendant un conflit militaire.

B Droit national contre droit international ?

- Le droit international doit s'instituer selon ses propres logiques et n'être, en aucun cas, l'agrégation des droits nationaux. En effet, il a pu être montré par ailleurs (*voir fiche 28*) que l'action des États peut être en contradiction avec l'intérêt général international. Ainsi, le droit international peut parfois agir comme un contre-pouvoir face à la souveraineté nationale sur un territoire et la volonté de se construire un cadre juridique favorable.
- L'exemple du droit de la concurrence permet d'illustrer ce point. Alors qu'aux États-Unis, dès la fin du XIXe siècle, se met en place une politique visant à éviter les trusts, les pays européens ont tardé à agir de la même façon. C'est finalement avec la signature du traité de Rome en 1957, mais surtout à partir de 1989, que l'Europe va se doter d'institutions permettant de limiter la concentration des entreprises. Pour autant, alors que l'Europe économique se construit, les politiques nationales visant à favoriser le rapprochement d'entreprises n'ont jamais réellement cessé (*voir fiche 29*).

2 La mondialisation contribue à la constitution d'un nouvel ordre juridique international

A La mise en place des institutions juridiques internationales

- La signature de traités internationaux s'est accompagnée, le plus souvent au bout d'un certain temps, de la mise en place d'institutions permettant de définir un cadre juridique international. Sans être exhaustif, on peut rappeler que la signature du GATT a permis d'aboutir à la création de l'Organisation mondiale du commerce qui a la compétence de décider de rétorsions envers les pays qui ne respectent pas les règles du libre-échange.
- Sur un plan différent, l'existence de la Cour européenne des droits de l'homme et du Tribunal pénal international renouvelle sensiblement la problématique du droit et de l'ordre juridique international. En effet, si des États peuvent toujours être condamnés pour des exactions, le Tribunal pénal international, qui n'est pas reconnu par tous, va juger des individus même lorsque ceux ci ont agit au nom de leur État.

B Le droit international dans le cadre des unions économiques : l'exemple de l'Europe

- Mais c'est tout de même dans le cadre des unions économiques que le droit international s'est considérablement développé et a même dépassé les instances internationales. En effet, alors que les institutions juridiques internationales se sont constituées à partir d'accords internationaux, l'Europe a été capable de mettre en place un système de démocratie représentative avec le développement des prérogatives du Parlement européen dont les députés sont élus au suffrage universel direct. D'ailleurs, l'adoption du principe de subsidiarité dans le cadre du traité de Maastricht a permis de définir précisément les charges des uns et des autres.
- Pourtant, l'Europe hésite encore entre la logique parlementaire et représentative et la coordination des logiques étatiques. Les instances européennes voient perdurer le pilotage par la coordination intergouvernementale à laquelle s'ajoute le statut, ambigu en terme de représentativité, de la commission européenne. Ainsi, au-delà de l'ordre juridique européen, c'est bien sur la question de la citoyenneté européenne que reposent les enjeux majeurs.

La mondialisation repose clairement la question de l'ordre juridique international. Alors que, traditionnellement, il devait réguler les relations interétatiques, c'est aujourd'hui à une montée de la prise en charge des individualités que l'on assiste. Pourtant, il est évident que la mise en œuvre et l'effectivité d'un droit international posent la question de sa représentativité démocratique et, au-delà, de la citoyenneté mondiale.

FICHE 90 LES BIENS PUBLICS INTERNATIONAUX

Les biens publics (ou collectifs) internationaux (appelés aussi biens publics mondiaux ou globaux selon les auteurs) ont fait leur irruption dans le raisonnement économique et politique depuis quelques années. La mondialisation a en effet renouvelé le débat. Et en abordant cette question, la problématique du développement, et de l'aide qui lui est apporté, de même que la question de la gouvernance mondiale, sont clairement posées.

1 La question des BPI

A Les BPI : un concept multi-varié

- Les biens publics sont très largement présents dans la théorie économique. En effet, la question de la défaillance ou de l'incapacité du marché à satisfaire un certain nombre de besoins économiques est au cœur de la réflexion depuis Adam Smith. Un bien collectif est un bien ou un service indivisible et non excluable, ce qui signifie notamment que la consommation par un individu n'entraîne pas de diminution de la consommation par les autres individus. Ainsi, l'impossibilité d'identifier le consommateur impose que ce n'est pas dans le cadre d'un rapport marchand que peut s'effectuer la production.
- Les biens publics internationaux (BPI) relèvent strictement de cette définition. Un BPI peut correspondre à des biens ou des services collectifs qu'aucun État n'a intérêt à produire seul alors qu'il apporte un niveau réel de satisfaction au niveau mondial. Selon le Programme des Nations unies pour le développement (PNUD) il existe quatre biens publics « globaux » : l'environnement, la santé, la connaissance et l'information, la paix et la sécurité. Selon le RFI, on trouve comme biens publics internationaux les « biens et intérêts communs à tous les peuples, tels que le maintien de la paix, la préservation de l'environnement (eau, climat, biodiversité) ou la recherche médicale pour trouver des remèdes au HIV-sida et aux maladies tropicales ».

B Les questions posées par les BPI

- L'attention particulière portée aux biens publics internationaux tient notamment au fait qu'un certain nombre de questions les concernant ne sont pas résolues. La principale difficulté tient à leur financement. En effet, si certains biens publics internationaux peuvent être considérés également comme des biens publics locaux, comme par exemple la protection de l'environnement, le niveau de prise en charge par les États dépendra de leur niveau de développement et non de leur aptitude (ou non) à polluer. En outre, les dispositifs évoqués pour la prise en charge des BPI (taxe « Tobin » sur les produits financiers, taxe sur les transports aériens ou les ventes d'armes, écotaxe…) permettent d'apporter des niveaux de financement importants, mais peuvent avoir des effets limitant l'efficacité économique.
- L'exemple de la santé publique permet d'illustrer les questions inhérentes aux BPI. Les enjeux de la lutte contre la propagation du virus du sida par exemple, et la question essentielle de l'accès aux soins sont importants, tant sur le plan humain que sur le plan économique. La reconnaissance de la santé comme BPI

permet de poser clairement la question de la non soumission aux brevets des médicaments permettant de contrecarrer les pandémies mondiales. Cependant, on voit clairement les conséquences pour les firmes pharmaceutiques. Certes, les organisations non gouvernementales sont très présentes en matière de santé mais la question essentielle qui se pose est celle de l'amélioration des systèmes de santé nationaux, notamment ceux des pays du tiers-monde.

2 Les enjeux posés par les BPI

A BPI et développement économique

- Mais dans le cadre de la mondialisation, considérer les biens publics internationaux relève d'un enjeu extrêmement important lié au développement. En effet, le concept de BPI fait référence à des préoccupations constantes d'un point de vue géopolitique telles qu'elles ont pu être exprimées par le président Chirac : le besoin de maîtriser mieux et d'humaniser la mondialisation, d'ouvrir des portes nouvelles en matière de gouvernance mondiale, donner une dynamique supplémentaire à l'aide publique au développement, prendre en compte un intérêt général mondial… À cela, on pourrait ajouter ce qu'impose la prise en compte de l'environnement comme BPI, c'est-à-dire l'acceptation qu'il est nécessaire de rechercher le développement durable.
- Ainsi, on peut considérer assez facilement que l'aide publique au développement fait partie des BPI. En effet, le développement des pays du tiers-monde est un élément favorable à la croissance économique et à la richesse mondiales. Ainsi, alors que l'aide au développement est souvent abordée comme relative au principe fondamental d'équité qui permet l'apport par les pays riches de ressources importantes pour les plus pauvres, les BPI relèvent plus de la recherche de l'intérêt général. Développer une réflexion et organiser un développement de la prise en charge des BPI peut avoir pour effet de favoriser la recherche de l'intérêt collectif.

B BPI et gouvernance mondiale

- Pour autant, les biens publics internationaux posent clairement la question de la responsabilité des États et, plus largement, la question de la gouvernance mondiale. En effet, la science économique a clairement montré les risques de comportement de type « *free rider* » (ou passager clandestin) qui sont inhérents aux biens publics. Ainsi, il est possible que des États cherchent à passer au travers d'un financement collectif des BPI. Les comportements de certains pays du Nord, notamment les États-Unis, vis-à-vis des émissions de gaz à effet de serre, ou la faible part du PIB consacrée à l'aide au développement (*voir fiche* 88), permettent d'illustrer l'effectivité de ces comportements.
- Au-delà des modes et du volume de financement des biens publics internationaux, c'est bien de l'organisation de la gouvernance mondiale dont il s'agit, tant du point de vue de la prise de décision que du point de vue des systèmes de rétorsion lorsque les engagements ne sont pas respectés.

La question des biens publics internationaux prend une importance capitale dans une économie et une société mondialisées, les enjeux relatifs à ce qu'il convient d'appeler « l'intérêt collectif mondial » devenant tout à fait cruciaux dans un cadre globalisé. Mais, si au niveau d'un pays la prise en charge des biens collectifs repose clairement sur la responsabilité et le financement de l'État, l'enjeu reste entier au niveau international.

PARTIE X

LA THÉORIE DU COMMERCE INTERNATIONAL

FICHE 91 HARMONIE, CONFLIT ET COOPÉRATION

Jean-Marc Siroën, dans son ouvrage Relations économiques internationales *(Bréal, 2002), distingue les théories du commerce international de conception libérale, qui privilègient l'idée de relations internationales harmonieuses permettant à chacun de profiter de l'échange, des théories du conflit, qui considèrent au contraire que l'échange international est un lieu de pouvoir et de domination.*

1 Le commerce international est un jeu à somme positive qui n'exclut pas le conflit

A Un jeu à somme nulle ou un jeu à somme positive ?

- Les mercantilistes (*voir fiche 92*) considéraient le commerce international comme un jeu à somme nulle. Son seul intérêt réside dans l'enrichissement monétaire qui provient de l'excédent des exportations sur les importations. Les excédents des uns étant les déficits des autres, les pertes compensent nécessairement les gains.
- Les économistes classiques (*voir fiches 94 et 95*) ou néoclassiques (*voir fiche 96*) ou appartenant au courant de la nouvelle économie internationale (*voir fiche 100*) ont montré que le commerce international n'est pas un jeu à somme nulle, mais un jeu à somme positive : non seulement la spécialisation permet d'obtenir une production mondiale plus forte en optimisant l'activité économique mondiale (en faisant produire chaque bien par le pays le plus efficace), mais l'échange international comporte un grand nombre d'avantages : économies d'échelle, accroissement de la concurrence, diversification des produits, augmentation du pouvoir d'achat des consommateurs…

B Un jeu à somme positive ne profite pas nécessairement à tous les joueurs

- Les théories libérales affirment que, puisque le commerce est un jeu à somme positive, les relations économiques internationales sont forcément harmonieuses et que le meilleur moyen pour favoriser leur essor et pour les réguler est le libre-échange, c'est-à-dire la liberté de circulation des produits.
- Mais le fait que le commerce international soit, dans des conditions normales, un jeu à somme positive, ne signifie pas nécessairement que tous les pays soient avantagés pareillement, ni même qu'ils soient tous gagnants. Le tableau suivant schématise trois cas (le gain total est toujours le même).

Situation	Gain total	Gain du pays A	Gain de pays B	Gain de pays C
Tous sont pareillement gagnants	9	3	3	3
Tous sont gagnants mais pas dans une même mesure	9	5	3	1
Certains sont gagnants et d'autres sont perdants	9	7	5	– 3

- Certaines analyses peuvent donc reconnaître que le commerce est un jeu à somme positive, mais considérer que le commerce international n'est pas toujours harmonieux et qu'il est un facteur de conflit (*voir fiche 93*).

2 Un jeu à somme positive auquel tout le monde pourrait gagner s'il y avait coopération

A Le manque de coopération induit le protectionnisme

- Avoir la possibilité d'opter pour un protectionnisme sélectif avec des partenaires libre-échangistes semble être une bonne solution pour un pays. La théorie des jeux montre qu'en cas de non-coopération, le résultat de décisions individuelles rationnelles peut être non optimal.
- Considérons deux pays partenaires commerciaux :
  - la solution globalement la meilleure est que les deux pays optent pour le libre-échange (cela leur apporte un gain de 10 chacun) ;
  - la solution globalement la moins bonne est que les deux pays optent pour le protectionnisme (cela n'apporte aucun gain) ;
  - si un pays opte pour le protectionnisme et que son partenaire opte pour le libre-échange, il cumule les avantages (exporter plus et importer moins), d'où un gain de 15, alors que l'autre cumule les inconvénients (exporter moins et importer plus), d'où une perte de 5.

  À partir de ces hypothèses on peut construire la matrice des gains suivante :

Les gains de gauche concernent le pays A et celui de droite le pays B		**Pays B**	
		Protectionnisme	**Libre-échange**
Pays A	**Protectionnisme**	0 / 0	15 / – 5
	Libre-échange	– 5 / 15	10 / 10

- Si le pays A opte pour le libre-échange, le choix rationnel du pays B est d'opter pour le protectionnisme (gains de 15 à la place de 10 s'il choisit le libre-échange). Si le pays A opte pour le protectionnisme, le choix rationnel du pays B est de nouveau d'opter pour le protectionnisme (gain de 0 à la place de – 5 s'il opte pour le libre-échange).

  De la même façon, le pays A optera pour le protectionnisme que le pays B opte pour le protectionnisme ou pour le libre-échange.

B Harmonie et rôle des institutions internationales

- Si les pays ne coopèrent pas, la décision commune ne sera pas optimale ; on comprend que le rôle des institutions internationales (Union européenne, OMC…) est primordial. En organisant la coopération, ces institutions favorisent globalement le libre-échange.
- Mais comme le libre-échange ne profite pas à tous – des secteurs ou des pays entiers peuvent être en difficulté en raison de la concurrence internationale – les institutions internationales peuvent adoucir les transitions, modifier les règles pour aider les pays ou les secteurs temporairement en difficultés… Dans certains cas, l'harmonie semble davantage provenir de la coopération que du marché.

Considérer le commerce international comme un jeu à somme positive ne signifie donc pas nécessairement croire en l'harmonie spontanée des échanges. Entre celle-ci et le conflit opposant les nations, une solution existe : la coopération internationale.

FICHE 92

LE MERCANTILISME

Le mercantilisme, en vigueur entre le XVIe siècle et le début de XIXe siècle, est à la fois une doctrine et une pratique économique. Le mercantilisme prône l'intervention de l'État, le protectionnisme notamment, afin d'enrichir le pays.

1 Mercantilisme et protectionnisme

A Les principes du mercantilisme

- Né au moment de la Renaissance, le courant mercantiliste rompt largement avec les valeurs du Moyen Âge (vertu, morale, justice, amour de la terre...) et prône l'enrichissement et le commerce.
- Selon les mercantilistes, la richesse, uniquement monétaire, provient de la possession de métaux précieux. Le rôle de l'État est donc de mettre en œuvre tous les moyens, en favorisant notamment le commerce, permettant cette accumulation de métaux précieux.

B Une pensée favorable au protectionnisme

- Avec Jean Bodin (1530-1596), c'est certainement Antoine de Montchrétien (1576-1621) qui représente le plus la pensée mercantiliste. Pour ce dernier, « toute société semble être composée de gouvernement et de commerce » et il est impossible de dissocier les deux. Montchrétien craint que les pays étrangers ne dépouillent la France de ses richesses; l'État, symbolisé par le Roi, doit restreindre les droits étrangers, protéger et isoler l'économie française.
- Pour les mercantilistes, le commerce est un jeu à somme nulle; si certains pays sortent gagnants du commerce, alors d'autres doivent forcément en sortir perdants. C'est donc à la politique protectionniste de faire en sorte que le pays exporte le plus possible, importe le moins possible et donc amasse de l'or.

2 Formes et portée du mercantilisme

A Les différentes formes nationales du mercantilisme

- La Grande-Bretagne s'orienta vers un mercantilisme dit « commercialiste »: pour dégager un excédent commercial, il faut exporter le plus possible au prix le plus élevé possible et importer le moins possible. Les tendances principales de ce mercantilisme furent: la protection de l'industrie et de l'agriculture par différentes mesures dont les principales sont les *corn laws* qui interdisaient les importations de blé et diverses taxes sur les produits industriels; l'appui à la colonisation; l'aide à l'essor de la marine par les actes de navigation de 1651 qui donnaient un monopole aux navires anglais sur le commerce extérieur...
- En France, les interventions mercantilistes ne sont que ponctuelles jusqu'à ce que Colbert, au XVIIe siècle, les systématise en mettant en place un mercantilisme dit « industrialiste ».

Ce mercantilisme met en œuvre une politique industrielle : aide à la création d'entreprises par des subventions, des privilèges (comme l'octroi d'une position de monopole) et des commandes de l'État ; création directe par l'État de nombreuses entreprises (arsenaux, manufacture nationale des Gobelains, manufacture des glaces de Saint-Gobain…). Le colbertisme est aussi protectionniste. Il limite, grâce à des interdictions ciblées et des droits de douane, les importations de produits étrangers et les exportations de matières premières (de façon à ce que celles-ci soient transformées par l'industrie nationale). Enfin, le colbertisme soutient l'établissement de comptoirs d'échanges et le commerce maritime.

- De nombreux pays ont aussi adopté une politique mercantiliste plus ou moins systématique : l'Espagne et le Portugal qui recevaient de l'or de leurs colonies interdisaient la sortie de ces métaux (ce mercantilisme est dit « bullionniste ») ; les nombreux petits États italiens et allemands mettaient en place des mesures protectionnistes et d'aide à l'industrie ; la Russie de Pierre le Grand et de Catherine II avait fondé dans l'Oural des centres industriels contrôlés par l'État ; la politique américaine est restée très protectionniste.

  Le mercantilisme a donc été la norme en matière de politique économique jusqu'au milieu du XIXe siècle.

B Le mercantilisme a jeté les bases de la révolution industrielle

- Même si le but ultime du mercantilisme est d'amasser de l'or, il favorise la croissance économique car il la considère comme un des moyens pour enrichir le pays. En effet, le mercantilisme favorise le dynamisme économique et la volonté d'expansion extérieure sur de solides bases nationales. Le mercantilisme a largement contribué aux grands progrès économiques du XVIIIe siècle et du XIXe siècle : expansion commerciale et monétaire, industrialisation… Ainsi, le colbertisme a dessiné la carte industrielle de la France (forges, arsenaux, manufactures…) et c'est sur cette base que la révolution industrielle débutera. List (*voir fiche 93*) affirmait que Colbert « eut le courage d'entreprendre à lui seul une œuvre que l'Angleterre n'a menée à bonne fin qu'après trois siècles d'efforts et trois révolutions ». Le mercantilisme a fait de l'économie une affaire nationale, un domaine que l'on peut et que l'on doit optimiser.
- Le mercantilisme qui reposait sur l'intervention de l'État, le nationalisme et le protectionnisme va faire naître un système ayant des valeurs inverses : le libéralisme.

  En effet, le mercantilisme a permis l'éclosion du capitalisme (initiative privée) ; il s'est chargé de l'action de base (organiser, stimuler, protéger) favorable à l'essor du capitalisme. Une fois cette mission accomplie, lorsque le capitalisme est arrivé à un certain degré de maturité et qu'il pouvait poursuivre son expansion par ses propres forces, le mercantilisme s'est effacé et a laissé la place au libéralisme (et au libre-échangisme) qui, à son tour, a contribué au développement du capitalisme.

Le mercantilisme n'a pas disparu. Les interventions des États face à la crise des années 1930, et celles des nouveaux pays industrialisés, qui cherchent à jeter les bases d'un futur développement, sont des formes renouvelées de mercantilisme.

FICHE 93 L'ÉVOLUTION DE LA PENSÉE PROTECTIONNISTE

À la suite des mercantilistes, certains auteurs se sont déclarés favorables à la mise en œuvre d'une politique protectionniste. Il faut signaler que les théoriciens favorables à un libre-échange total sont rares et donc qu'un grand nombre d'auteurs sont plus ou moins protectionnistes.

1 La pensée protectionniste du XIXe siècle au début du XXe siècle

A Les analyses d'inspiration marxiste

- Les thèses d'inspiration marxiste critiquent le libre-échange. Pour Karl Marx (1818-1883), le libre-échange est le moyen par lequel les firmes des pays capitalistes dominants enrayent la chute de leur taux de profit en élargissant leurs débouchés et en se procurant des produits primaires peu coûteux. La spécialisation des pays dominés est par ailleurs imposée par les pays dominants en fonction des intérêts des capitalistes.
- La plupart des théoriciens de l'impérialisme, prolongeant les thèses marxistes, développent une analyse critique de l'évolution du capitalisme et du commerce international. Par exemple pour Lénine (1870-1924), l'impérialisme, « stade suprême du capitalisme », se caractérise par la concentration du capital et de la production, la fusion du capital bancaire et industriel, l'exportation des capitaux, la formation de firmes multinationales et le partage du globe par les grandes puissances dont la domination bloque le développement des pays dominés. Ces différentes approches confèrent au libre-échange un statut d'instrument de domination des pays développés sur les pays pauvres et le commerce international ne peut alors leur être bénéfique. Le protectionnisme, en revanche, peut permettre aux nations dominées d'enclencher un processus de développement fondé sur l'essor d'une industrie nationale, abritées de la concurrence des firmes des pays avancés.

B Les analyses des auteurs interventionnistes, mais non socialistes

- Friedrich List (1789-1846) est un économiste libéral allemand qui reconnaît que le libre-échange est avantageux lorsqu'il permet de se procurer des produits à prix moindre, mais il pense qu'il est aussi nécessaire de raisonner en terme de potentiel industriel national. Ainsi, pour développer sa capacité productive, un pays qui n'est pas encore développé peut avoir intérêt à recourir au protectionnisme ; il est souvent nécessaire de protéger les industries naissantes pour qu'elles ne soient pas étouffées par la concurrence étrangère et leur permettre ainsi de parvenir à maturité. Ce « protectionnisme éducateur » (le terme n'est pas de List) est temporaire ; List pense qu'il faut revenir au libre-échange lorsque la nation retardataire a rattrapé les autres nations.
- Henri Charles Carey (1793-1879) est un économiste américain qui remarque une corrélation très nette entre les périodes de renforcement du protectionnisme et celles d'expansion. Carey considère que le libre-échange tend à maintenir les États-Unis dans la position de colonie anglaise. Grâce au libre-échange, la

Grande-Bretagne s'approprie tous les bienfaits de la nature et les métaux précieux du monde entier.

2 Le renouveau des thèses protectionnistes

A La protection des pays les moins avantagés

- Des théoriciens de la dépendance (*voir fiche 98*) pensent que le commerce ne profite pas également à tous les pays. Arghiri Emmanuel considère que l'échange entre les pays développés et les pays en développement est « inégal ». Les pays producteurs de produits de base subissent une dégradation de leurs termes de l'échange, ils doivent alors produire davantage pour importer moins. Ils ont donc intérêt à mettre en œuvre une politique protectionniste leur assurant un développement autocentré.
- Jean-Marcel Jeanneney, qui fut à trois reprises ministre de C. de Gaulle, propose un protectionnisme européen. Selon lui, sous l'alibi du respect des lois du marché, « les forts sacrifient volontiers les faibles » ; le libre-échange a été abâtardi dans les faits car le commerce international s'est développé sous la domination des États-Unis et des firmes multinationales. Le libre-échange réduit l'autonomie des États et risque d'être préjudiciable à l'emploi et au niveau de vie des populations. Un vaste marché intérieur étant nécessaire à la croissance des entreprises, J.-M. Jeanneney ne préconise pas un protectionnisme replié sur un pays, mais un nouveau protectionnisme à l'échelle européenne.

B La protection des activités en danger

- La qualité essentielle du libre-échange est de permettre le développement des importations et des exportations. Mais en période de crise, les importations sont parfois accusées de provoquer des licenciements, et la course à l'exportation est parfois suspectée d'exiger des sacrifices en termes de salaires et d'emplois afin de rationaliser la production. Le protectionnisme peut alors être défensif pour préserver les industries nationales en difficultés, souvent les industries vieillissantes, comme les nommait N. Kaldor, qui sont généralement fortement « travaillistiques », le protectionnisme devient alors le garant de l'emploi.
- Quoique de tradition libérale, Maurice Allais (né en 1911, prix Nobel en 1988) se méfie du libre-échange et considère qu'un « libre-échange total ne peut aboutir qu'à des spécialisations économiques indésirables génératrices de déséquilibres et de chômage ». Il remarque que le libre-échange et les avantages comparatifs sont préjudiciables aux salariés les moins qualifiés. Face à la concurrence des pays à faible coût de main-d'œuvre, il n'existe que deux alternatives : le chômage des moins qualifiés ou la baisse de leurs salaires. L'existence d'un salaire minimum rendant impossible la deuxième solution, le libre-échange conduit inéluctablement au chômage de toute une catégorie de la population. Le seul moyen est donc de recourir à des mesures protectionnistes sélectives pour abriter les activités employant des salariés à faible qualification.

*La frontière entre les analyses protectionnistes et les analyses libre-échangistes est souvent difficile à tracer. Ainsi on classe généralement List parmi les protectionnistes et Krugman (*voir fiche 100*) parmi les auteurs favorables au libre-échange, pourtant la politique commerciale stratégique préconisée par Krugman n'est pas très éloigné du protectionnisme éducateur préconisé par List.*

FICHE 94 LA THÉORIE DU COMMERCE INTERNATIONAL DE SMITH

Adam Smith est né en 1723 et mort en 1790. Philosophe et économiste écossais, il enseigne à l'université de Glasgow où il occupe la chaire de philosophie morale. Il écrit ses célèbres Recherches sur la nature et les causes de la richesse des nations *en 1776 qui feront de lui le père de la pensée économique libérale moderne.*

1 L'ÉCHANGE INTERNATIONAL EST BÉNÉFIQUE

A La réponse de Smith aux mercantilistes

- Le mercantilisme est un courant de pensée né au XVIe siècle qui considère que l'État doit intervenir dans l'économie par différentes mesures protectionnistes et industrielles dans le but d'exporter davantage, de diminuer les importations et donc d'amasser le plus possible de métaux précieux sources de richesse (*voir fiche* 92).
- Smith s'oppose avec force au mercantilisme. D'une part, la véritable richesse n'est pas l'or, mais les marchandises qui ont un double avantage : comme la monnaie (l'or à l'époque) elles peuvent servir de moyens d'échange ; contrairement à la monnaie, elles peuvent être consommées. D'autre part, l'État n'a pas à intervenir dans le commerce : il ne faut pas chercher à réduire les importations car il est profitable d'acheter à l'étranger ce qui y est moins cher et il ne faut pas favoriser les exportations car cela nuit à la concurrence en favorisant artificiellement certains producteurs et certains marchands. Smith affirme qu'en définitive, le mercantilisme qui propose l'enrichissement du pays produit exactement l'inverse.

B Les gains de l'échange

- Le premier avantage du commerce international est, pour Smith, de pouvoir acheter à l'étranger ce qui y est moins cher. Adam Smith compare la nation à un père de famille et explique que, tout comme le père de famille n'a pas intérêt à produire lui-même ce qu'il peut acheter à moindre prix, un pays n'a pas intérêt à produire un bien qu'il peut importer à un prix plus faible. L'échange permet donc de réduire les prix et d'augmenter le pouvoir d'achat.
- Par ailleurs, Smith pense que la liberté du commerce favorise l'extension des marchés, car elle accroît les débouchés et donc incite à produire. L'extension des marchés est au cœur du mécanisme de croissance selon Smith. Naturellement, les hommes ont tendance à échanger et donc à se spécialiser dans les travaux dans lesquels ils sont les plus habiles. C'est la recherche de leur intérêt personnel qui permet de développer les échanges, la production et donc la consommation. Le degré de division du travail résulte de l'étendue du marché : lorsque les échanges sont nombreux, la production peut être importante et donc la division du travail peut être forte. On est donc en présence d'un cercle vertueux : la division du travail accroît les richesses et induit une extension des marchés qui permet un approfondissement de la division du travail.

2 Smith préconise le libre-échange, mais n'exclut pas le protectionnisme

A Spécialisation internationale et avantages absolus

- Smith préconise donc le libre-échange et il comprend que celui-ci mène inévitablement à la spécialisation internationale qui est fortement souhaitable car elle permet d'optimiser les avantages de chaque pays. De la même façon que la division du travail permet, au sein d'une nation, d'augmenter la force productive du travail, la division internationale du travail permet d'augmenter la force productive du travail mondiale et donc d'accroître la création mondiale de richesses et l'étendue des marchés. Cette théorie mène donc à la spécialisation internationale et à la mise en place d'une DIT (division internationale du travail).
- La célèbre théorie des avantages absolus de Smith énonce que chaque pays a intérêt à se spécialiser dans les produits pour lesquels il est le plus avantagé (ceux qui nécessitent le moins de travail pour les produire) et à abandonner la production des autres produits et donc recourir aux importations. Théorie qui sera plus tard appelée « théorie des avantages absolus » pour la distinguer de celle de Ricardo : la « théorie des avantages comparatifs ».

B Smith n'exclut pas toute forme de protectionnisme

Smith pense qu'il existe des cas dans lesquels le protectionnisme est nécessaire ou acceptable. C'est le cas « quand une espèce particulière d'industrie est nécessaire à la défense du pays ». Ainsi, Smith défend les actes de navigation qui donnaient un monopole aux navires anglais sur le commerce extérieur en arguant qu'ils contribuent à maintenir les vaisseaux et les matelots nécessaires à la défense nationale.

- De façon à garantir l'égalité de traitement entre les produits importés et les produits nationaux, il est possible de taxer les importations « quand le produit de l'industrie nationale est chargé lui-même de quelque impôt dans l'intérieur ».
- Smith accepte aussi le protectionnisme en cas de représailles envers une nation qui elle-même est protectionniste.
- Lorsqu'une industrie était jusqu'alors protégée, il peut être nécessaire « que la liberté du commerce ne soit rétablie que par des gradations un peu lentes, et avec beaucoup de circonspection et de réserve », de façon à ne pas faire disparaître soudainement des industries, ce qui priverait de nombreuses personnes d'emploi et de revenu.

Smith bâtit la théorie moderne du libre-échange, mais il n'évoque pas le cas des pays défavorisés dans tous les produits. Son analyse sera donc approfondie et développée par Ricardo (voir fiche 95).

FICHE 95 LA THÉORIE DU COMMERCE INTERNATIONAL DE RICARDO

Avec Adam Smith, David Ricardo (1772-1823) est l'un des deux grands représentants du courant classique anglais qui promeut le libéralisme et donc la non-intervention de l'État. Il développe l'ensemble de son analyse dans Des principes de l'économie politique et de l'impôt *(1817). L'apport le plus important de Ricardo à la pensée économique est sa célèbre loi des avantages comparatifs.*

1 Ricardo prône le libre-échange

A La libre importation du blé permet de reculer l'échéance de l'état stationnaire

- Selon D. Ricardo, trois catégories sociales se partagent trois types de revenu. Les salariés vendent leur travail et reçoivent en contrepartie un salaire de subsistance. Les capitalistes reçoivent un profit qui est égal à la différence entre la valeur des marchandises (qui dépend de la quantité de travail) et le montant des salaires versés. Les propriétaires fonciers reçoivent une rente qui est déterminée par l'écart de rendement de la terre par rapport à celui de la terre la moins fertile (cette dernière ne donne pas lieu à un paiement de rente).
- Pour faire face à l'accroissement de la demande induit par l'augmentation de la population, il est nécessaire de cultiver de nouvelles terres de moins en moins fertiles, dont le rendement est donc décroissant. Les terres moins fertiles nécessitant plus de travail pour les cultiver, le prix du blé augmente ainsi que, par voie de conséquence, les salaires puisque l'achat de blé est nécessaire à la subsistance. Il en résulte que les profits diminuent. Or, le profit étant la motivation principale de la production, celle-ci tend vers un état stationnaire, c'est-à-dire la situation d'une économie sans croissance.
- La seule façon d'écarter le spectre de l'état stationnaire est de stopper l'augmentation du prix du blé de façon à stopper celle des salaires. Pour cela, il faudrait en importer et donc abolir les *corn laws* (lois interdisant toute importation de blé de façon à protéger les agriculteurs britanniques). Les *corn laws* furent abolies en 1846, 23 ans après la mort de Ricardo.

B Le libre-échange ne peut pas être un facteur de déséquilibre des comptes extérieurs

- Selon Ricardo, l'émission de billets doit être liée au stock d'or pour que les banques n'abusent pas de leurs prérogatives en créant trop de monnaie. Dès lors que la banque centrale fixe l'émission de billets en fonction du stock d'or disponible, la stabilité de la valeur de la monnaie (c'est-à-dire la stabilité des prix) est garantie.
- L'étalon-or assure un rééquilibrage automatique des comptes extérieurs. Le commerce ne peut pas être source de déséquilibres durables. Un déficit de la balance commerciale provoque une sortie d'or qui fait baisser les prix intérieurs et rend donc le pays plus compétitif, d'où une augmentation des exportations et une diminution des importations. Au contraire, un excédent provoque une entrée d'or qui fait augmenter les prix intérieurs et qui nuit donc à la compétitivité.

2 Tous les pays tirent avantage à la spécialisation

A La loi des avantages comparatifs

- La célèbre théorie des avantages absolus de Smith (*voir fiche 94*) énonce que chaque pays a intérêt à se spécialiser dans les produits pour lesquels il est le plus avantagé (produits nécessitant une quantité de travail plus faible pour les produire) et à abandonner la production des autres produits. Cette théorie justifie l'échange et la spécialisation internationale, mais n'évoque pas le cas de pays faiblement compétitifs qui n'auraient d'avantage dans aucun produit.
- David Ricardo affirme que le libre-échange et la spécialisation sont toujours favorables et pour tous les pays, même les moins compétitifs. Il justifie en effet le libre échange par la loi des avantages comparatifs. Selon cette loi, quelle que soit la situation d'un pays, la spécialisation et l'échange international procurent un gain. Les pays ont intérêt à se spécialiser dans les produits pour lesquels ils sont les plus avantagés ou les moins désavantagés. C'est ce qu'il explique en prenant comme exemple le vin et le tissu comme produits et le Portugal et l'Angleterre comme pays. Le Portugal est avantagé pour les deux produits, mais il a intérêt à se spécialiser dans la production de vin car son avantage comparatif y est le plus élevé, et la Grande-Bretagne a intérêt à se spécialiser dans la production de tissu car c'est pour ce produit que son désavantage comparatif est le plus faible. Pour que les deux pays gagnent à l'échange international, il suffit que le rapport d'échange international se situe entre le rapport des coûts de chaque pays.
- Le libre-échange permet à chaque pays de bénéficier de plus de produits : ainsi, le revenu réel mondial s'accroît. Le libre-échange est donc un facteur de développement économique.

B Les hypothèses de Ricardo

- La théorie du commerce international de Ricardo retient certaines hypothèses.
  - Les facteurs de production sont mobiles à l'intérieur de chaque pays (c'est ce qui permet d'employer le mieux possible le capital et le travail et aux pays de se spécialiser), mais immobiles entre les pays (s'ils étaient mobiles, les pays désavantagés risqueraient de perdre leurs capacités productives au profit des autres pays).
  - Les avantages comparatifs sont durables ; un pays avantagé le restera. Cela signifie implicitement que les rendements ne sont pas décroissants (s'ils l'étaient l'augmentation de la production due à la spécialisation risquerait de provoquer une diminution de la productivité et donc une perte de l'avantage).
- David Ricardo raisonne dans le cadre d'un échange entre deux nations et dans le cadre d'un commerce interbranche, or il s'agit d'un modèle qui n'est pas toujours conforme à la réalité. Le commerce international est aussi en grande partie un commerce intrabranche (les branches les plus exportatrices sont souvent les plus importatrices comme l'automobile en France).

*Les différentes théories du commerce international qui ont suivi se sont appuyées sur l'analyse de Ricardo. Ainsi, Ricardo raisonnait avec un seul facteur de production (le travail) ; les économistes suédois Ohlin et Heckscher ont bâti leur théorème en raisonnant explicitement avec plusieurs facteurs de production (*voir fiche 96*).*

FICHE 96

ANALYSE FACTORIELLE ET NÉOFACTORIELLE

Différentes théories du commerce international cherchent à déterminer les raisons de l'échange et, ce qui va de pair, les sources des gains qu'il induit. Dans la tradition des auteurs classiques, ces différentes théories demeurent fidèles au libre-échange.

1 Les analyses en termes de dotation factorielle

A Le théorème de HOS

- L'analyse ricardienne est reprise, en 1919, par Eli Heckscher et, en 1933, par Bertil Ohlin, prix Nobel d'économie en 1977. Pour Heckscher et Ohlin, les pays ont intérêt à se spécialiser dans les productions mobilisant les facteurs de production qu'ils possèdent en abondance, et à importer les produits incorporant les facteurs de production qui leur manquent.
- Après le second conflit mondial, plusieurs auteurs complètent les thèses d'Heckscher et d'Ohlin, pour justifier le libre-échange. C'est le cas, en 1948, de Paul Samuelson (prix Nobel d'économie en 1970). Il établit les fondements du théorème d'Heckscher-Ohlin-Samuelson (théorème HOS), montrant que l'extension des échanges et l'adoption du libre-échange induisent la convergence mondiale de la rémunération des facteurs de production. En effet, dans les pays spécialisés sur des productions nécessitant l'emploi d'une main-d'œuvre abondante, la hausse de la production consécutive à celle des exportations conduit à un accroissement de la demande de travail et donc des salaires, tandis que les importations à fort contenu de capital réduisent la rareté de ce dernier dont le prix relatif chute. Symétriquement, dans les pays exportant des produits à fort contenu de capital, le prix relatif de ce facteur s'accroît et celui du travail diminue. Ainsi, les prix des facteurs tendent à converger.

B Le paradoxe de Leontief

- Au début des années 1950, Wassily Leontief, prix Nobel d'économie en 1973, constate que le contenu en facteur travail des exportations américaines est plus élevé que ne le laissait supposer le niveau de l'accumulation du capital aux États-Unis. Ce paradoxe est en partie résolu dès lors que la productivité du travail est prise en compte. Si, par exemple, la productivité du travailleur américain vaut 4 fois celle d'un travailleur dans un autre pays, la dotation en facteur travail des États-Unis est en fait quatre fois plus élevée que la dotation apparente.
- Le facteur travail doit donc être décomposé en plusieurs niveaux de qualification. De la même façon, le capital ne doit pas être considéré comme un stock homogène, il faut tenir compte de son degré de technologie.

2 Les analyses en termes de progrès technique

A L'analyse de Posner

- Posner met en avant en 1966 que l'avance technologique d'un pays lui permet de produire avec des coûts de production moindres et de produire de nouveaux produits. Elle lui confère ainsi un avantage comparatif en lui offrant une situation de monopole à la production et à l'exportation de ce produit. Mais cet avantage est nécessairement momentané car d'autres pays ou d'autres firmes chercheront à rattraper l'avance technologique et à imiter le nouveau processus de production. Par conséquent, le pays ou la firme innovatrice devra de nouveau innover dans de nouveaux processus de production ou dans de nouveaux produits pour se doter d'un nouvel avantage. L'avantage comparatif par l'écart technologique est donc temporaire, mais aussi dynamique.
- Cette analyse s'applique aussi bien aux échanges entre pays de niveaux différents qu'aux échanges entre pays à développement à peu près similaire. Ainsi, l'écart technologique peut être global, dans ce cas les pays les plus avancés technologiquement disposent d'un avantage à l'exportation dans les produits à haute intensité technologique et importent des biens dont la production requiert des technologies moins pointues. Lorsque le développement technologique est comparable, chaque pays pourra connaître une avance dans des branches différentes; on a dans ce cas des échanges croisés dus aux innovations.

B L'analyse de Vernon

R. Vernon distingue, en 1961, les trois phases du cycle de vie du produit.

- La première phase est celle de l'innovation et de l'introduction du produit sur le marché intérieur de la firme innovatrice. Le coût du produit est élevé car l'entreprise produit en petites séries et cherche à amortir les dépenses de recherche-développement. Le marché intérieur sert d'observatoire et permet d'étudier les réactions de la demande qui reste limitée en raison de la cherté du produit.
- La seconde phase est celle de la production et de la consommation de masse. Mais de nombreuses nouvelles firmes entrent sur le marché afin de profiter des nouvelles conditions de croissance. La firme innovatrice perdant le monopole sur son marché cherche à en acquérir un sur les marchés extérieurs et exporte son produit.
- La troisième phase est celle de la maturité du produit. Le marché intérieur du pays innovateur est maintenant saturé. Sur les marchés étrangers, des firmes nationales produisent désormais le produit; en raison de leur faible coût de main-d'œuvre, la firme innovatrice doit se désengager peu à peu de la production du produit et trouver de nouvelles innovations pour redémarrer un cycle ou bien délocaliser sa production afin de pouvoir, elle aussi, bénéficier des faibles coûts de la main-d'œuvre. Souvent, le pays innovateur sera amené, à la fin du cycle du produit, à importer le produit qui avait été innové sur son sol. L'exemple le plus souvent cité est celui de la *Coccinelle* de Volkswagen.

D'autres économistes ont mis en avant l'importance de la demande. Ainsi, l'économiste suédois Linder pense que l'existence d'une « demande représentative » est nécessaire car un bien n'est exportable que s'il est établi sur des bases solides et donc que s'il a d'abord satisfait de façon efficiente la demande intérieure. Quant à l'économiste français Bernard Lassudrie-Duchêne, il affirme qu'un des déterminants du commerce international et de la spécialisation provient de la « demande de différence » : les consommateurs des pays développés demandent une grande diversité dans les produits qui leur sont proposés, ce qui rend nécessaire le recourt à l'importation.

FICHE 97 LA PRISE EN COMPTE DE NOUVEAUX ACTEURS

Ce qui est étudié dans les théories traditionnelles du commerce international est l'échange entre nations. Ces dernières ont des caractéristiques particulières qui permettent d'expliquer leur type de spécialisation. C'est l'hypothèse de l'immobilité des facteurs de production qui permet de fonder d'un point de vue économique l'existence de la nation ; si ceux-ci étaient mobiles, on assisterait à une homogénéisation des conditions internationales de production. La reconnaissance de l'existence de firmes multinationale ou plus globalement de l'effacement des nations dans les échanges nécessite d'actualiser les théories du commerce international.

1 La multinationalisation des activités de production

A L'existence de firmes multinationales

- Charles-Albert Michalet définit la firme multinationale comme « une entreprise souvent de grande taille qui à partir d'une base nationale a implanté à l'étranger plusieurs filiales dans plusieurs pays avec une stratégie et une organisation conçues à l'échelle mondiale ». Les auteurs anglo-saxons ont proposé le concept de « globalisation » pour exprimer ce nouveau commerce international en partie dominé par des entreprises « globales » et apatrides définissant leur stratégie au niveau mondial.
- La division internationale du travail n'est plus seulement une division horizontale en terme de produits ou de groupes de produits, mais de plus en plus une division verticale du travail ; les frontières s'effacent et l'optimisation du processus de production se réalise de plus en plus à l'échelle du monde. Lassudrie-Duchêne parle de « décomposition internationale des processus de production ».
- Dans ce contexte on peut s'interroger sur la validité des différents comptes retraçant les exportations et les importations des différentes nations alors que de nombreux échanges ne s'effectuent plus entre elles, mais au travers d'elles. Michalet pense que « le système de l'économie mondiale » se substitue aux relations internationales traditionnelles et fait perdre à la nation son entité économique. Cette transnationalisation des économies met les pays dans un état de dépendance et limite la marge de manœuvre des politiques nationales.

B Une spécialisation différente

- L'ancien secrétaire au Travail de l'administration Clinton, Robert Reich, dans *L'économie mondialisée* (1993), considère que l'ouverture internationale a modifié les règles du jeu. Les firmes ne recherchent plus principalement à être compétitives par une production de masse, mais elles cherchent avant tout à produire des biens différents qui satisfont et fidélisent leurs clients. Pour cela elles font appel à des collaborateurs nommés par Reich « manipulateurs de symboles » qui identifient les problèmes (c'est le cas des spécialistes en marketing), trouvent les moyens de les résoudre (ce sont les ingénieurs et les techniciens) et organisent l'ensemble (ce sont les entrepreneurs). Les salaires des manipulateurs de symbole (20 % des emplois aux États-Unis selon Reich) ne dépendent pas de leur temps de travail mais de leurs capacités ; ils sont d'autant sollicités que la demande mondiale d'idées est forte.

- En revanche, les deux autres catégories d'emplois qui composent la société développée souffrent de la mondialisation. Il s'agit des « routiniers », qui exécutent des tâches répétitives de production de masse et dont les emplois vont disparaître sous l'effet de la concurrence des pays à bas salaire, et des employés de différents « services personnels nationaux » (employés du commerce, infirmières, fonctionnaires…), qui ne sont pas soumis à la concurrence internationale et dont la demande d'emplois augmente, mais qui ne profiterons pas d'augmentation de leurs salaires en raison de la pression exercée par l'immigration et les travailleurs routiniers dont les emplois sont supprimés.

2 L'effacement des États-nations

A Des États-nations aux États-régions

Kenichi Ohmae explique que l'État-nation décline sous l'effet d'un double mouvement.

- Les échanges mondiaux se tripolarisent et s'effectuent davantage entre les trois grandes régions commerciales qui dominent le monde (que Ohmae nomme la « Triade ») qu'entre les pays qui la composent.
- D'autre part, les États-régions sont des unités économiques plus efficaces et plus homogènes que les États-nations. Le Nord de l'Italie, la région Rhône-Alpes, la Chine méridionale ou la Silicon Valley constituent des marchés suffisamment grands pour rentabiliser les infrastructures nécessaires pour participer à l'économie mondiale (aéroport international, port…), mais suffisamment petits pour qu'un intérêt commun existe encore. L'État-nation serait une unité artificielle qui est incapable d'adopter une vision à long terme de l'intérêt collectif.

B Des États-nations aux blocs régionaux

- La formation de blocs régionaux (Union européenne, ALENA…) contribue aussi à l'effacement de l'État-nation. Un problème est de savoir si cette tendance est favorable ou pas au libre-échange ; d'un côté elle permet la libre circulation des marchandises entre les pays de la zone, mais d'un autre côté elle a tendance à exclure les pays tiers. Jacob Viner a expliqué dès 1950 que les accords entre deux ou plusieurs pays provoquent deux effets : ils favorisent l'expansion des échanges (« *trade creating* »), mais ils suscitent aussi un détournement d'échanges (« *trade diverting* »).
- Paul Krugman (*voir fiche 100*) souligne que les blocs commerciaux ont plus de poids que les pays qui les composent. Ils peuvent donc être tentés d'engager des politiques commerciales plus agressives qui pourraient nuire à la coopération internationale. Ces blocs s'opposent au multilatéralisme et créent une situation de concurrence oligopolistique sur le marché mondial qui peut se révéler contraire à l'intérêt général. Paul Krugman souligne que, « dans le monde très imparfait du commerce international, les groupements régionaux de libre-échange peuvent perturber l'équilibre des forces qui a permis la création d'un système d'échanges mondiaux relativement libéral ».

Alors que la nation était l'agent économique autour duquel tournait toute la théorie traditionnelle du commerce international, de nouvelles théories intègrent une nouvelle donnée : l'effacement de la nation au profit de plusieurs entités plus étroites ou plus larges (la firme, la région ou le regroupement de nations).

FICHE 98 LES THÉORIES DE LA DÉPENDANCE

Les théories de la dépendance refusent de considérer le commerce international comme un facteur de croissance pour tous les pays. En effet, selon ces analyses, le commerce mondial n'est favorable qu'aux pays riches car il leur permet d'exploiter les pays du Sud.

1 La dépendance du Sud vis-à-vis du Nord

A Les fondateurs du courant de la dépendance : Raul Prebisch et les économistes de la CEPAL

- Raul Prebisch, un économiste argentin, est le principal représentant avec Celso Furtado de la Commission économique pour l'Amérique latine (CEPAL) qui a été créée en 1948. Il a aussi été le secrétaire général de la CNUCED.
- Pour Prebisch, les blocages de la croissance de l'Amérique latine proviennent essentiellement de sa mauvaise insertion dans la division internationale du travail. Cette spécialisation dans les produits primaires induit de nombreux blocages :
  - une partie importante du revenu national est ponctionnée par la détérioration des termes de l'échange dont sont victimes les produits primaires ;
  - l'économie est duale ;
  - la répartition des revenus est inégale, ce qui alimente les importations de produits de luxe ;
  - en cas d'industrialisation, il est nécessaire d'importer des biens d'équipement et des biens intermédiaires, d'où une dépendance technologique ;
  - pour compenser la détérioration des termes de l'échange, l'exportation de produits primaires doit augmenter et donc la production agricole doit être de plus en plus orientée vers les produits d'exportation d'où une insuffisance de la production vivrière et la nécessité d'importer des produits alimentaires pour les salariés urbains.
- Les pays en développement sont insérés dans un système de relations économiques internationales : le système « centre-périphérie ». Les pays industrialisés organisent les relations économiques internationales en fonction de leurs propres intérêts. La production des pays en développement est orientée en fonction des besoins des pays du centre ; leurs produits subissent une dégradation des termes de l'échange alors que la périphérie est dans la situation d'acheter des produits toujours plus chers en provenance du centre.

B Les théories marxistes et néomarxistes de la dépendance

- Lénine (1870-1924,) dans son livre *L'impérialisme, stade suprême du capitalisme*, analyse l'internationalisation de l'exploitation capitaliste. Le système capitaliste étant trop à l'étroit dans ses frontières, l'exploitation de la nation par la nation a relayé l'exploitation de l'homme par l'homme. La paupérisation des pays pauvres a remplacé la paupérisation de la classe ouvrière.
- La dépendance et le capitalisme expliquent « le développement du sous-développement » pour reprendre les termes de André Gunder Frank. L'économiste égyptien Samir Amin et l'économiste français Pierre Salama le rejoignent et considèrent que :

– l'origine du sous-développement réside dans la colonisation et dans la néocolonisation qui produisent la dépendance (orientation de la production en fonction des besoins des pays du centre) ;
– le sous-développement perdure en raison des relations centre-périphérie qui mènent à l'échange inégal et donc à l'exploitation du tiers-monde par les pays développés ;
– la solution est donc de rompre avec le système mondial, de se déconnecter des échanges internationaux et de mettre en place une stratégie autocentrée.

2 Échange inégal et croissance appauvrissante

A La théorie de l'échange inégal

- Le modèle de l'échange inégal a été présenté en 1969 par Arghiri Emmanuel. Pour reprendre son exemple, si l'ouvrier africain ne gagne contre son travail que l'équivalent d'un kilo de farine alors que l'ouvrier américain en gagne l'équivalent de 20, il y a échange inégal.
- Les produits vendus par les pays en développement, à prix égal, incorporent beaucoup plus de travail que ceux vendus par les pays riches. Là réside l'inégalité. Les travailleurs des PED sont rémunérés au salaire de subsistance, alors que ceux des pays riches ont réussi, grâce à leurs organisations salariales, à faire augmenter leur salaire.

B La croissance appauvrissante

- Les pays spécialisés dans la production et l'exportation de produits primaires ne bénéficient pas d'une demande mondiale très dynamique ; cette demande est faiblement élastique, c'est-à-dire qu'elle s'accroît peu lorsque les prix diminuent. Pour faire face à la baisse des prix relatifs des produits primaires, les pays producteurs du tiers monde accroissent souvent leur production et donc leur offre ce qui abaisse davantage les cours. Comme le montre l'économiste libéral Jagdish Bhagwati (1958), l'insertion dans le commerce international (consécutive ou non à l'adoption du libre-échange) peut conduire à l'appauvrissement des pays enregistrant une détérioration de leurs termes de l'échange.
- Pour que l'on soit effectivement en présence de croissance appauvrissante, trois conditions doivent être réunies : le secteur d'exportation représente une part importante du PIB ; les importations augmentent fortement quand le PIB s'accroît (forte élasticité des importations) ; la hausse du volume des exportations ne compensent pas la baisse de leurs prix (diminution du pouvoir d'achat des exportations ou termes de l'échange revenu).

Le commerce international serait d'après les théories marxistes un facteur de domination, d'exploitation et donc d'appauvrissement des pays du Sud. D'autres théories, comme celle de l'échange inégal ou celle de la croissance appauvrissante ne considèrent pas qu'il y ait forcément exploitation, mais elles montrent que l'insertion dans les échanges internationaux, d'un certain nombre de pays en développement est une source de déséquilibre et d'inégalité.

FICHE 99

CRITIQUE DES AVANTAGES COMPARATIFS ET PRISE ENCOMPTE DES RENDEMENTS CROISSANTS

Dans les modèles à avantage comparatif (analyse de Ricardo ou théorème de HOS par exemple), les déterminants de l'échange international reposent sur des différences entre pays. La réalité du commerce international est très différente. En effet, si l'on prend l'hypothèse d'économies d'échelle (ou de rendements croissants), l'analyse est modifiée. Rappelons qu'il y a rendements croissants lorsque l'augmentation de la production peut être réalisée par une augmentation proportionnellement plus faible des facteurs (qui voient donc augmenter leur productivité).

1 LA MISE EN CAUSE DE LA THÉORIE TRADITIONNELLE DES AVANTAGES COMPARATIFS

A Un commerce de complémentarité ou de similarité ?

- Dans les analyses des avantages comparatifs, les produits échangés sont différents en fonction des atouts dont disposent les pays. L'échange est donc un échange de complémentarité : des pays différents, et donc complémentaires, s'échangent des produits différents. Cet échange est aussi appelé échange « échange inter-branches » car les pays s'échangent des produits provenant de branches différentes ou pour le dire autrement les produit qu'ils exportent proviennent de branches différentes que les produits qu'ils importent.
- Le commerce mondial est au contraire de plus en plus un commerce entre semblables ; avant la Seconde Guerre mondiale les échanges de certains pays avec leurs colonies étaient importants, mais, peu à peu, les pays industrialisés commercent surtout entre eux. Ainsi, les principaux partenaires de la France ne sont pas les pays qui, disposant de ressources différentes, lui sont complémentaires, mais les pays de l'Union européenne, dont l'Allemagne, qui lui ressemblent et qui ont un niveau de développement et une spécialisation comparables. D'ailleurs, les pays en voie de développement qui se sont insérés dans le commerce international produisent des produits manufacturés et concurrencent les pays développés. Le commerce international est aussi en grande partie un commerce intrabranche. Jean-Marc Siroën affirme que « le commerce international s'est développé entre nations industrielles proches pour des produits voisins ». Ainsi, les branches les plus exportatrices sont souvent les plus importatrices ; l'exemple de l'automobile française est à ce sujet éloquent.

B Nombre de produits et d'offreurs déterminé ou augmentant grâce à l'échange ?

- L'échange intrabranche s'explique en grande partie par le fait que la société de consommation a créé un besoin de diversité. Le consommateur veut avoir le choix entre un grand nombre de produits pour satisfaire un même besoin. Malgré les efforts de multiplication des gammes, les producteurs nationaux ne peuvent faire face à ce besoin de diversité, il faut donc importer. Dans le modèle ricardien, le nombre de produits est donné au départ et ne change pas du fait de l'échange ; la réalité est différente.

- L'échange international permet de renforcer la concurrence car il a pour effet de réduire le pouvoir de marché des monopoles et des oligopoles. En effet, l'échange international permet d'accroître la taille des marchés et donc d'augmenter le nombre d'offreurs en concurrence.

2 Une modification des déterminants des échanges

A L'échange entre pays identique peut être profitable

- Dans la théorie de Ricardo, c'est la différence entre les pays qui rend l'échange profitable. C'est parce qu'un pays est plus avantagé dans la production d'un produit que ses partenaires qu'il est souhaitable qu'il en produise davantage. C'est l'utilisation de ces différences qui permet d'optimiser la production au niveau mondial.
- Lorsqu'il y a des rendements d'échelle, l'échange entre pays est possible et profitable même si les deux pays sont strictement identiques. La spécialisation et les bénéfices qui découlent de l'échange reposent alors sur l'exploitation plus intensive de ces économies. La production de chaque produit devient plus efficace non pas parce qu'elle est réalisé par le pays le plus productif, mais parce qu'elle réalisé, grâce à la spécialisation sur une plus grande échelle.

B Le choix de la spécialisation devient indéterminé

- Dans les modèles fondés sur la notion d'avantage comparatif, la spécialisation des différents pays est entièrement déterminée par les différences de technologies ou de dotations factorielles entre les pays. Le pays se spécialisera dans le produit pour lequel il est le plus défavorisé ou le moins défavorisé. Un pays n'a donc pas le choix de sa spécialisation ; elle lui est imposée par sa situation technologique et économique.
- Au contraire, dans les modèles à rendements croissants, la spécialisation est indéterminée. En effet, les déterminants de l'échange, c'est-à-dire les économies d'échelle, sont exploitables par chaque pays. La spécialisation peut être arbitraire ou découler de conditions initiales de type historique ou politique ; le gain est de toute façon assuré. La Silicon Valley est un exemple qui illustre le caractère aléatoire des concentrations de production liées à l'exploitation des rendements d'échelle.

La prise en compte de rendements croissants modifie donc de façon sensible la théorie du commerce international ; les déterminants et gains des échanges changeant de nature, l'intervention des pouvoirs publics peut être positive. C'est ce que montrent les nouvelles théories du commerce international (voir fiche 100).

FICHE 100 LA NOUVELLE THÉORIE DU COMMERCE INTERNATIONAL

La nouvelle théorie du commerce international est favorable à l'ouverture internationale, mais elle admet des entorses au libre-échange et considère que l'intervention des pouvoirs publics peut parfois présenter de réels avantages. Ces théories sont développées par des auteurs comme E. Helpman et P. Krugman du MIT (Massachusetts Institute of Technology), qui ont notamment écrit Market Structure and Foreign Trade *en 1985.*

Les nouvelles théories refusent la détermination exogène du commerce. Elles considèrent que les avantages comparatifs sont plus une conséquence qu'une cause des échanges internationaux. En se spécialisant et en prenant part au commerce mondial chaque pays multiplie ses avantages ; ce n'est pas essentiellement parce qu'un pays est plus compétitif dans un produit qu'il l'exporte, mais c'est surtout en exportant qu'il devient plus compétitif.

1 Les gains cumulatifs du commerce

L'échange apporte trois types d'avantages : un effet de dimension, un effet de diversification et un effet de concurrence.

A Effet de dimension et effet de diversification

- La prise en compte de l'effet de dimension n'est pas nouvelle, elle est fidèle à la tradition smithienne. L'idée est que c'est le commerce et l'ouverture internationale qui créent l'avantage comparatif car ils permettent la spécialisation : chaque nation peut produire en plus grande quantité certains produits, ce qui offre des avantages comme les économies d'échelle ou les effets d'apprentissage (*voir fiche 99*).
- Le deuxième avantage induit par le commerce profite surtout au consommateur. Il s'agit de l'effet de diversification. Dans la lignée de Lancaster (1966) ou de Lassudrie-Duchêne, la « nouvelle économie internationale » considère que, grâce à l'ouverture, le consommateur peut choisir entre un nombre plus important de produits pour satisfaire un même besoin. Cette diversité permet d'améliorer la satisfaction du consommateur et donc d'accroître son utilité. Ce type d'avantage est relativement nouveau et difficilement quantifiable car ce n'est pas un gain en terme de prix – le prix peut même augmenter dans la mesure où l'utilité du consommateur s'accroît – mais un gain en terme général de satisfaction. Cette diversité de produits disponibles profite non seulement aux consommateurs mais aussi aux producteurs qui auront eux aussi un choix supplémentaire de biens intermédiaires et de biens d'équipement.

B Effet de concurrence

- Le troisième avantage induit par le commerce international est l'effet de concurrence. En effet, de nombreuses entreprises nationales disposent sur leur propre marché d'une situation de monopole ou de quasi-monopole. La théorie microéconomique nous apprend que cette situation profite à l'entreprise en terme de profit tandis qu'elle est préjudiciable au consommateur et à l'économie dans son ensemble, car elle conduit à des prix supérieurs que ceux qui résulteraient de la concurrence et à un niveau de production inférieur.

- Ainsi, l'ouverture des marchés permet à de nouvelles entreprises d'entrer sur le marché, ce qui accentue la concurrence ; les prix et le niveau de la production deviennent donc plus efficients car plus proches de ceux qui résulteraient d'un équilibre concurrentiel.

2 Pour une « politique commerciale stratégique » permettant de construire ses avantages

A Les entreprises nationales peuvent profiter d'un « protectionnisme éducateur »

- Sur des marchés non concurrentiels, les barrières à l'entrée sont généralement importantes. De nouvelles entreprises ne peuvent percer car les entreprises déjà présentes bénéficient d'économies d'échelle, d'effets d'apprentissage et d'une avance technologique. Dans ce cas, la coopération entreprise-État peut s'avérer bénéfique.
- Le seul moyen pour une entreprise de percer sur son propre marché puis, grâce à l'effet d'apprentissage induit, de percer sur le marché international, est de profiter d'un certain protectionnisme de la part de son gouvernement. Ce protectionnisme n'est qu'éducateur (au sens de F. List) car dès que l'entreprise aura profité des rendements croissants, elle sera prête à affronter la concurrence internationale.

B Les entreprises peuvent profiter de subventions

- La « politique commerciale stratégique » peut aussi s'appliquer aux subventions. Certains marchés disposent de barrières à l'entrée qui semblent infranchissables. Les marchés semblent effectivement non contestables lorsque les coûts fixes sont extrêmement élevés. Dans ce cas, seule une aide étatique peut permettre de franchir les barrières à l'entrée.
- Paul Krugman illustre la « politique commerciale stratégique » par l'exemple des avions moyen-courriers. Boeing avait le monopole sur ce marché qui semblait bien peu contestable en raison des coûts fixes considérables qu'impose la production de ce produit. Pourtant, grâce à une subvention d'environ 1,5 milliard de dollars de la CEE, Airbus a pu entrer sur le marché et concurrencer Boeing. Cette intervention a été profitable à la CEE puisque de nombreux emplois ont été créés, à l'ensemble des consommateurs puisque la concurrence a permis de diminuer les prix et à Airbus qui a pu s'introduire sur un nouveau marché ; seul Boeing y a perdu une part de sa rente de monopole.

La nouvelle économie internationale préconise une ouverture croissante des économies et donc une libéralisation du commerce tout en acceptant une politique étatique volontariste d'incitation à l'exportation. Dans ce cadre, bien que s'opposant à une politique globalement protectionniste, il accepte une certaine intervention de l'État pour donner le coup de pouce nécessaire aux premières exportations.

INDEX DES NOMS DE PERSONNES

■ *Les termes recensés dans cet index sont accompagnés du numéro de la fiche dans laquelle ils apparaissent.*

INDEX DES LIEUX

H

I

J

K

L

M

N

O

P

R

S

T

U

V

Y

Z

INDEX DES SIGLES

G

I

M

N

O

P

R

S

T

U

Z

INDEX DES NOTIONS

F

G

H

I

J

L

M

N

O

P

R

S

T

Z

Aubin Imprimeur
LIGUGÉ, POITIERS

Achevé d'imprimer en août 2006
N° d'impression P 70234
Dépôt légal août 2006 / Imprimé en France
804 00 02 / 01

Collection **100 fiches**

• 100 FICHES POUR CONNAÎTRE L'UNION EUROPÉENNE

M. Montoussé (dir.)

Y.-J. Belœil-Benoist - P. Deubel

Cet ouvrage regroupe toutes les notions et termes clés utiles pour la compréhension de la communauté européenne actuelle. Il retrace également l'ensemble des constructions historique, institutionnelle et sociale et met l'Europe en perspective au sein de la mondialisation.

• 100 FICHES POUR COMPRENDRE LES SCIENCES ÉCONOMIQUES

D. Chamblay - M. Montoussé

Cette **troisième édition** se veut plus proche des réalités économiques. Elle propose **de nombreuses actualisations** et l'introduction de **huit nouvelles fiches**. Une synthèse de 100 thèmes importants d'économie qui permet de maîtriser à la fois les notions de base et les mécanismes de la discipline.

Une référence incontournable.

• 50 FICHES POUR COMPRENDRE LES DÉBATS ÉCONOMIQUES ACTUELS

D. Chamblay - M. Montoussé - G. Renouard

50 débats essentiels sont présentés sous la forme de fiches structurées et illustrés de documents variés pour comprendre l'actualité économique et sociale et ses enjeux.

• 100 FICHES POUR COMPRENDRE LA BOURSE ET LES MARCHÉS

M. Montoussé (dir.)

H. Bourachot - G. Renouard - J.-L. Rettel

À quoi servent les marchés ? Quels sont les différents types de produits financiers ? Comment fonctionnent-ils ? Qu'est-ce qu'un fonds de pension ? une OPA ? Comment se produit un krach boursier ? Ces questions et bien d'autres trouvent leur réponse dans cet ouvrage, composé de 100 fiches consacrées à la bourse et aux marchés financiers. Cette nouvelle édition actualisée tient compte des dernières évolutions techniques et institutionnelles dans le domaine des produits et marchés financiers.

• 100 FICHES POUR COMPRENDRE LA SOCIOLOGIE

M. Montoussé - G. Renouard

Cet ouvrage, devenu un classique du genre en sociologie, a été actualisé pour tenir compte des évolutions récentes.

Retrouvez toutes les informations nécessaires sur ces titres et d'autres ouvrages pour les prépas sur notre site :
www.editions-breal.fr

2163